普通高等教育旅游管理类专业系列教材

旅游市场营销学

第 2 版

主编 鲍富元
参编 周诗涛 黄晓娜

机械工业出版社

旅游市场营销学作为旅游管理类专业的必修课程，对培养应用型旅游管理类专业人才意义重大。本书以我国旅游业发展的新态势为背景，系统阐释旅游市场营销学的基本原理，并紧扣现实应用，合理设计内容框架。本书主要内容包括旅游市场营销调研、旅游市场营销环境、旅游市场购买行为、旅游市场细分、旅游市场营销战略、旅游市场营销的4P策略、旅游目的地营销以及旅游营销创新等。本书编写体例清晰合理，重点难点突出，并附有思考题、案例分析等。

本书可作为高等院校旅游管理类专业教材，也可供旅游营销相关工作者参考。

图书在版编目（CIP）数据

旅游市场营销学／鲍富元主编. —2版. —北京：机械工业出版社，2021.7（2023.1重印）

普通高等教育旅游管理类专业系列教材

ISBN 978-7-111-68859-4

Ⅰ.①旅⋯　Ⅱ.①鲍⋯　Ⅲ.①旅游市场—市场营销学—高等学校—教材　Ⅳ.①F590.8

中国版本图书馆CIP数据核字（2021）第155349号

机械工业出版社（北京市百万庄大街22号　邮政编码100037）
策划编辑：常爱艳　　责任编辑：常爱艳　於　薇
责任校对：孙莉萍　　封面设计：鞠　杨
责任印制：郜　敏
北京盛通商印快线网络科技有限公司印刷
2023年1月第2版第2次印刷
184mm×260mm・15.75印张・384千字
标准书号：ISBN 978-7-111-68859-4
定价：49.80元

电话服务　　　　　　　网络服务
客服电话：010-88361066　　机　工　官　网：www.cmpbook.com
　　　　　010-88379833　　机　工　官　博：weibo.com/cmp1952
　　　　　010-68326294　　金　书　网：www.golden-book.com
封底无防伪标均为盗版　　机工教育服务网：www.cmpedu.com

前　言

旅游市场营销学是旅游管理类专业的必修课程之一，内容广泛，对从业人员指导作用突出。我国旅游市场的发展正面临着转型升级，旅游市场的新问题、新现象呈现多样化趋势。本书系统总结了旅游市场营销学的基本原理，并紧扣实际情况，内容编写贴近现实，对推动行业发展和教学改革具有一定意义。

海南自贸区（港）以及国际旅游消费中心的建设目标给海南省的旅游市场带来了新的机遇和挑战。在新形势下，三亚学院高度重视旅游管理学科的发展和专业课程的建设。旅游市场营销学是三亚学院的校级重点课程之一，课程组不断进行课程改革探索。为更好地践行"走进校园是为了更好地走向社会"的育人理念，推动旅游管理类专业应用型人才的培养，课程组以海南省酒店管理应用型本科专业转型建设和校级重点课程建设为契机，组织专业教师编写本书。学生通过学习本书，可以掌握更多实用的营销知识，为今后更好地服务于旅游经济和市场发展创造有利条件。

本书在第1版的基础上，补充了课外阅读素材和案例讨论，对案例、图表、数据等内容进行了更新。本书内容的逻辑关系上更清晰；内容的广度上紧跟现实发展和前沿动态；内容的深度上以重点难点为着手进行强化；内容的组织上突出应用能力的培养。本书内容主要包括绪论、旅游市场营销调研与预测、旅游市场营销环境、旅游市场购买行为、旅游市场细分、旅游市场营销战略、旅游产品策略、旅游产品价格策略、旅游营销渠道策略、旅游产品促销策略、旅游目的地营销以及旅游营销创新等。本书由鲍富元负责拟定编写大纲和完成统稿，具体的编写分工是：三亚学院的鲍富元负责第一章至第八章，信阳农林学院的周诗涛负责第九章、第十一章，辽宁现代服务职业技术学院的黄晓娜负责第十章、第十二章。

本书编写体例清晰合理，重点难点突出，并附有思考题、案例分析等，可作为高等院校旅游管理类专业教材，也可供旅游营销相关工作者参考。

由于编者的知识水平有限，时间仓促，书中难免有不足之处，欢迎广大读者批评指正。

我们为选择本书作为授课教材的教师免费提供电子教学课件（ppt）、教学大纲及课后习题答案，请联系责任编辑索取：changay@126.com。

编　者

目 录

前言

第一章 绪论 ·· 1
学习目标 ··· 1
学习重点 ··· 1
学习难点 ··· 1
第一节 市场营销概述 ·· 1
  一、市场营销的概念 ·· 1
  二、市场营销学的发展 ·· 2
  三、营销观念 ·· 3
第二节 旅游市场营销概述 ··· 7
  一、旅游市场营销的内涵 ·· 7
  二、旅游市场营销的导向 ·· 7
  三、旅游市场营销新理念 ·· 8
  四、旅游市场营销学 ·· 13
第三节 旅游服务的特征 ·· 14
  一、综合性 ··· 14
  二、无形性 ··· 14
  三、生产与消费的同时性 ·· 15
  四、不可储存性 ··· 15
  五、不可转移性 ··· 15
  六、变动性 ··· 15
思考题 ·· 15
案例分析 ·· 16

第二章 旅游市场营销调研与预测 ·· 18
学习目标 ··· 18
学习重点 ··· 18
学习难点 ··· 18
第一节 旅游市场营销信息及系统 ·· 18
  一、旅游市场营销信息 ·· 18
  二、旅游市场营销信息系统 ·· 21

v

第二节　旅游市场营销调研 ·· 23
　一、旅游市场营销调研的演变与内涵 ·· 23
　二、旅游市场营销调研的原则及意义 ·· 24
　三、旅游市场营销调研的类型 ·· 24
　四、旅游市场营销调研的内容 ·· 25
　五、旅游市场营销调研的步骤 ·· 27
　六、旅游市场营销调研的方法 ·· 29
　七、旅游市场营销调研的技术 ·· 30

第三节　旅游市场营销预测 ·· 32
　一、旅游市场营销预测的概念 ·· 33
　二、旅游市场营销预测的类型 ·· 33
　三、旅游市场营销预测的主要内容 ··· 34
　四、旅游市场营销预测的程序 ·· 35
　五、旅游市场营销预测的方法 ·· 36

思考题 ·· 38
案例分析 ·· 39

第三章　旅游市场营销环境

学习目标 ·· 40
学习重点 ·· 40
学习难点 ·· 40

第一节　旅游市场营销环境概述 ··· 40
　一、旅游市场营销环境的含义及构成 ·· 40
　二、旅游市场营销环境的特征 ·· 41
　三、研究旅游市场营销环境的意义 ··· 42

第二节　旅游市场营销的宏观环境 ·· 42
　一、自然环境 ·· 43
　二、人口环境 ·· 43
　三、经济环境 ·· 45
　四、政治法律环境 ··· 47
　五、社会文化环境 ··· 49
　六、科学技术环境 ··· 50

第三节　旅游市场营销的微观环境 ·· 51
　一、旅游企业内部环境 ·· 52
　二、购买者 ··· 53
　三、竞争者 ··· 53
　四、供应者 ··· 54
　五、旅游营销中介 ··· 54
　六、社会公众对旅游市场营销活动的影响 ··· 55

第四节　旅游市场营销环境的 SWOT 分析 ··· 55

一、旅游市场营销环境优势 – 劣势分析 ·· 56
　　二、旅游市场营销环境机会 – 威胁分析 ·· 56
　　三、SWOT 分析与战略选择 ··· 57
　思考题 ·· 58
　案例分析 ··· 58

第四章　旅游市场购买行为 ··· 60
　学习目标 ··· 60
　学习重点 ··· 60
　学习难点 ··· 60
　第一节　旅游消费需求概述 ·· 60
　　一、旅游需求的定义 ··· 60
　　二、旅游需求的特征 ··· 60
　　三、旅游需求指标 ·· 61
　　四、旅游者购买动机 ··· 62
　第二节　旅游者购买行为的影响因素 ··· 64
　　一、人口统计因素 ·· 64
　　二、经济环境因素 ·· 64
　　三、文化因素 ·· 65
　　四、社会因素 ·· 66
　　五、旅游者旅游心理与行为因素 ··· 69
　第三节　旅游者购买行为 ·· 72
　　一、购买行为的概念和特点 ·· 72
　　二、旅游者购买行为的类型 ·· 73
　　三、旅游者购买行为模式 ·· 74
　　四、旅游者购买决策过程 ·· 75
　思考题 ·· 77
　案例分析 ··· 77

第五章　旅游市场细分 ·· 79
　学习目标 ··· 79
　学习重点 ··· 79
　学习难点 ··· 79
　第一节　旅游市场概述 ··· 79
　　一、旅游市场的概念与构成 ·· 79
　　二、旅游市场的核心指标 ·· 80
　　三、旅游流及其流动规律 ·· 81
　第二节　旅游市场细分 ··· 81
　　一、旅游市场细分的概念及意义 ··· 81
　　二、旅游市场细分的原则 ·· 82
　　三、旅游市场细分的标准 ·· 82

四、旅游市场细分的一般程序 ·· 84
　　五、旅游市场细分的方法 ·· 84
　第三节　旅游目标市场选择 ·· 85
　　一、旅游目标市场概述 ·· 85
　　二、评估细分市场 ·· 85
　　三、选择目标市场应遵循的原则 ·· 86
　　四、旅游目标市场选择的模式 ·· 87
　　五、旅游企业目标市场的进入策略 ·· 87
　　六、影响目标市场选择策略的制约因素 ·· 88
　第四节　旅游市场定位 ·· 89
　　一、旅游市场定位的相关概念 ·· 89
　　二、旅游市场定位的意义 ·· 89
　　三、旅游市场定位的方式和方法 ·· 89
　　四、旅游企业定位的原则 ·· 90
　　五、旅游市场定位的步骤 ·· 90
　　六、旅游市场营销定位战略 ·· 91
　　七、运用CI与CS战略进行旅游市场定位 ·· 92
　思考题 ·· 93
　案例分析 ·· 93

第六章　旅游市场营销战略

　学习目标 ·· 95
　学习重点 ·· 95
　学习难点 ·· 95
　第一节　旅游市场营销战略概述 ·· 95
　　一、旅游市场营销战略的概念 ·· 95
　　二、旅游市场营销战略的特点和意义 ·· 96
　　三、旅游市场营销战略的分析、规划制定与控制 ···································· 97
　第二节　新业务发展及战略 ··· 104
　　一、新业务发展概述 ··· 104
　　二、新业务发展战略 ··· 105
　第三节　赢得旅游市场竞争的优势战略 ··· 108
　　一、市场主导者 ··· 108
　　二、市场挑战者 ··· 109
　　三、市场追随者 ··· 110
　　四、市场补缺者 ··· 110
　第四节　旅游市场营销组合 ··· 111
　　一、旅游市场营销组合的概念 ··· 111
　　二、旅游市场营销组合因素 ··· 111
　思考题 ··· 113

案例分析 ··· 113
第七章　旅游产品策略 ··· 115
　学习目标 ·· 115
　学习重点 ·· 115
　学习难点 ·· 115
　第一节　旅游产品概述 ·· 115
　　一、产品与旅游产品 ·· 115
　　二、旅游产品的特点 ·· 117
　　三、整体产品与旅游整体产品 ··· 118
　第二节　旅游产品生命周期理论及营销策略 ··· 120
　　一、旅游产品生命周期 ··· 120
　　二、影响旅游产品生命周期的主要因素 ·· 121
　　三、旅游产品生命周期的营销策略 ·· 122
　第三节　旅游新产品开发策略 ··· 124
　　一、我国旅游产品的现状 ··· 124
　　二、旅游新产品开发概述 ··· 124
　　三、旅游新产品开发的主要步骤 ··· 126
　第四节　旅游产品组合策略 ··· 129
　　一、旅游产品组合概述 ·· 129
　　二、旅游产品组合决策 ·· 130
　　三、旅游产品组合优化 ·· 130
　第五节　旅游产品的品牌决策 ··· 132
　　一、旅游产品品牌的概念和意义 ··· 132
　　二、旅游产品品牌的设计 ··· 134
　　三、旅游产品品牌营销 ·· 134
　思考题 ··· 136
　案例分析 ·· 136
第八章　旅游产品价格策略 ··· 138
　学习目标 ·· 138
　学习重点 ·· 138
　学习难点 ·· 138
　第一节　旅游产品定价概述 ··· 138
　　一、旅游产品价格的构成 ··· 138
　　二、旅游产品价格的形式 ··· 139
　　三、旅游产品定价过程 ·· 139
　　四、旅游产品定价机制和目标 ··· 141
　第二节　影响旅游产品定价的因素 ·· 143
　　一、内部因素 ··· 143
　　二、外部因素 ··· 144

第三节　旅游产品定价的方法 ··· 145
　一、成本导向定价法 ·· 145
　二、需求导向定价法 ·· 148
　三、竞争导向定价法 ·· 148
第四节　旅游产品定价策略 ·· 149
　一、新产品定价策略 ·· 150
　二、心理定价策略 ··· 150
　三、折扣定价策略 ··· 151
　四、招徕定价策略 ··· 152
第五节　旅游产品价格调整策略及反应 ··· 154
　一、维持原价 ··· 154
　二、降价策略 ··· 154
　三、提价策略 ··· 154
　四、价格调整的反应 ·· 154
思考题 ·· 155
案例分析 ··· 155

第九章　旅游营销渠道策略 ··· 157
学习目标 ··· 157
学习重点 ··· 157
学习难点 ··· 157
第一节　旅游营销渠道概述 ·· 157
　一、旅游营销渠道的内涵 ·· 157
　二、旅游中间商 ·· 159
　三、旅游营销渠道的功能和作用 ··· 161
　四、旅游营销渠道的类型 ·· 163
第二节　旅游营销渠道的管理 ··· 165
　一、旅游营销渠道管理的功能 ·· 165
　二、旅游营销渠道的选择 ·· 166
　三、旅游营销渠道管理决策 ··· 170
第三节　旅游营销渠道的发展趋势 ··· 175
　一、旅游中间商的发展趋势 ··· 175
　二、旅游营销渠道的联合发展 ·· 175
　三、新型旅游营销渠道的构建 ·· 176
思考题 ·· 178
案例分析 ··· 178

第十章　旅游产品促销策略 ··· 179
学习目标 ··· 179
学习重点 ··· 179
学习难点 ··· 179

第一节　旅游产品促销组合 …………………………………………………… 179
　　一、旅游产品促销组合的构成 ……………………………………………… 179
　　二、旅游产品促销的意义 …………………………………………………… 181
　第二节　旅游产品广告 ………………………………………………………… 182
　　一、旅游产品广告的特征 …………………………………………………… 182
　　二、旅游产品广告方案的设计 ……………………………………………… 185
　　三、广告投放 ………………………………………………………………… 185
　第三节　旅游产品人员推销 …………………………………………………… 187
　　一、旅游产品人员推销概况 ………………………………………………… 187
　　二、旅游产品人员推销的过程 ……………………………………………… 189
　　三、旅游产品人员推销的基本要求 ………………………………………… 190
　第四节　旅游公共关系 ………………………………………………………… 192
　　一、公共关系的含义及特点 ………………………………………………… 192
　　二、旅游公共关系策划 ……………………………………………………… 193
　思考题 …………………………………………………………………………… 197
　案例分析 ………………………………………………………………………… 197

第十一章　旅游目的地营销 …………………………………………………… 199
　学习目标 ………………………………………………………………………… 199
　学习重点 ………………………………………………………………………… 199
　学习难点 ………………………………………………………………………… 199
　第一节　旅游目的地营销概述 ………………………………………………… 199
　　一、旅游目的地的概念 ……………………………………………………… 199
　　二、旅游目的地营销的概念 ………………………………………………… 208
　　三、研究旅游目的地营销的意义 …………………………………………… 210
　　四、旅游目的地管理组织及职责 …………………………………………… 211
　　五、旅游目的地营销管理过程 ……………………………………………… 211
　第二节　旅游目的地市场分析 ………………………………………………… 214
　　一、旅游目的地市场分析的内容 …………………………………………… 214
　　二、旅游目的地市场细分战略 ……………………………………………… 214
　第三节　旅游目的地营销战略 ………………………………………………… 215
　　一、旅游目的地品牌营销 …………………………………………………… 215
　　二、旅游目的地合作营销 …………………………………………………… 217
　第四节　旅游目的地形象 ……………………………………………………… 218
　　一、旅游目的地形象概述 …………………………………………………… 218
　　二、旅游目的地形象设计 …………………………………………………… 219
　　三、旅游目的地形象测量 …………………………………………………… 219
　第五节　旅游目的地营销模型 ………………………………………………… 220
　　一、旅游目的地调研与形象策划 …………………………………………… 220
　　二、IP模型中的"P" ………………………………………………………… 221

思考题 ………………………………………………………………………………………… 222
案例分析 ………………………………………………………………………………………… 222

第十二章　旅游营销创新 ………………………………………………………………… 224
　学习目标 ………………………………………………………………………………………… 224
　学习重点 ………………………………………………………………………………………… 224
　学习难点 ………………………………………………………………………………………… 224
　第一节　旅游跨界营销 ………………………………………………………………………… 224
　　一、旅游跨界营销概述 ……………………………………………………………………… 224
　　二、旅游跨界营销的运营及设计 …………………………………………………………… 226
　第二节　旅游新媒体营销 ……………………………………………………………………… 228
　　一、旅游新媒体营销概述 …………………………………………………………………… 228
　　二、旅游新媒体与传统营销模式的比较 …………………………………………………… 231
　第三节　技术驱动的旅游营销探索 …………………………………………………………… 233
　　一、5G 时代技术变革带来的新变化 ………………………………………………………… 233
　　二、5G 时代旅游营销发展的探索 …………………………………………………………… 234
　思考题 ………………………………………………………………………………………… 235
　案例分析 ………………………………………………………………………………………… 235

参考文献 …………………………………………………………………………………………… 237

第一章

绪 论

【学习目标】
　　理解市场、市场营销的含义和营销观念的演变。
　　了解市场营销学的发展历程和新的旅游市场营销理念。
　　熟悉旅游市场营销学的研究对象和研究方法。
　　理解并掌握旅游服务的特征。
【学习重点】
　　市场、市场营销的含义和营销观念的演变。
　　旅游市场营销的概念、导向。
【学习难点】
　　市场营销学的发展历程。
　　旅游市场营销新理念。

第一节　市场营销概述

一、市场营销的概念

(一) 对市场的认识

早期，经济学视角下的市场是商品交换的场所，现已成为反映买卖双方的供求经济关系。市场是生产力发展到一定阶段的产物，属于商品经济的范畴。从营销学的角度看，卖方构成行业或企业，而买方则构成市场。广为认可的美国著名营销学家菲利普·科特勒定义市场为"可能与卖者交易的现实的和潜在的买者所构成的集合"，即市场是在一定时间、地点、条件下，具有购买力、购买欲望和购买权利的群体。市场规模的大小，取决于具有共同需要、购买力或其他被人认可的资源，并且愿意用这些资源换取其所需资源的人数。

(二) 市场营销的含义

美国市场营销协会在1960年将市场营销界定为"引导产品或劳务从生产者流向消费者过程中的一切企业活动"。这一定义的特点是把市场营销界定为产品流通过程中的企业行为。此时,"营销"的含义基本与"销售"等同。

美国市场营销协会于1985年对市场营销做出了新的界定:市场营销是"对思想、产品及劳务进行设计、定价、促销及分销的计划和实施的过程,从而产生满足个人和组织目标的交换"。这一定义较之前者更为全面和完善,主要表现为:产品内涵被扩大,它不仅包括产品或劳务,还包括思想;市场营销内涵不仅包括营利性组织的经营活动,还包括非营利性组织的活动;更强调交换过程;突出市场营销计划的制定与实施。

至今,被广泛接受的是菲利普·科特勒的定义,他认为:市场营销是组织或个人通过交换提供满足消费者需求的产品的社会管理过程。

二、市场营销学的发展

(一) 市场营销学的界定

根据对市场营销的界定,美国市场营销协会进一步将市场营销学定义为:市场营销学是研究引导商品和服务从生产者流向消费者或使用者过程中所开展的一切企业经营活动的科学。由于对市场营销学的理解角度不同,因此对市场营销学的定义也众说纷纭。下面是其他表述。

市场营销学是研究通过双向选择而实现的交换,从而满足以各自需求为目的的人们的经济活动的一门科学。

市场营销学研究供求双方在已达成交换协议的基础上,为促进、刺激交换的实现,个人或集团(营利性的和非营利性的)所进行的各种活动。

市场营销学研究企业的全部经营活动如何适应市场需求,以满足消费者利益,其研究领域扩展到生产、分配和消费这三个环节。

市场营销学研究在各种变动环境中,以促进并实现交换为目的的个人或集体的一切经济活动。

综合上述观点,我们认为,市场营销学是一门指导企业进行营销活动或研究企业市场营销活动规律的经营管理科学。

(二) 市场营销学理论的发展进程

市场营销学是为了适应现代商品经济的高速发展而产生与发展起来的,作为企业市场营销实践的总结与系统化,并反过来指导企业市场营销活动的理论依据的市场营销学诞生于以美国为代表的西方学界。纵观市场营销学理论的发展进程,大体上可以分为四个阶段。

1. 市场营销学的孕育期

1905年,美国宾夕法尼亚大学学者克罗伊西(W. E. Kreusi)开设了"产品的市场营销"课程,这是 marketing 这个词汇的首次出现;1912年,哈佛大学的哈杰特齐(J. E. Hagertg)写出第一本以"marketing"命名的教科书,实际上是重点研究具有生产观念特点的销售学;1915年,肖(A. W. Shaw)对早先发表的题为"关于市场分配的若干问题"的论文进行了修改,并出版发行,第一次将企业的中心课题定位在以推销为导向的市场分配上。这些研究为市场营销学的诞生奠定了基础。

2. 市场营销学的萌芽期

1916年,历史上第一本以市场营销命名的论著诞生,这就是韦尔德(Weld L. D. H)所写的《农产品的市场营销》;1920年,彻林顿(P. T. Cherington)出版了《营销基础》;

1927年，梅纳德（H. H. Maynard）出版了《市场营销学原理》；1930年，保尔·康弗斯（Paul D. Converse）撰写了《市场营销学基本原理》一书。

3. 市场营销学的成形期

1912—1959年，企业经营思想实现了从推销观念到市场营销观念的转变。同时，经过众多学者的辛勤探索，1960年，美国的杰罗姆·麦卡锡（E. Jerome McCarthy）集各家之大成，编著了《基础市场营销学》一书，提出市场营销组合理论（产品、分销、定价、促销），使市场营销学成为超越某一行业和某一经营环节的、具有普遍意义的市场经营理论，它标志着市场营销学成为一门新兴的独立学科。

4. 市场营销学的成熟期

与企业经营思想从市场营销观念向社会市场营销观念的转变相呼应，1984年，菲利普·科特勒（Philip Kotler）编著了《市场营销学纲要》，提出社会市场营销观念，标志着当代市场营销学的成熟。进入20世纪90年代，由于社会经济发展的需要与各国学者的不断探索，市场营销学已发展成为一门以市场研究为中心，集思想、方法、技术为一体的系统的企业经营学说，并结合经济学、管理学、社会学、心理学、组织行为学、公共关系学等学科发展成为一门重要的交叉学科。

（三）**市场营销学发展过程中体现的特点**

1. 强调企业必须以消费者需求作为市场经营活动的中心和出发点

能否满足消费者的需求，是企业能否生存和发展的关键。现代市场营销学认为，最大限度地满足消费者的需求与追求企业的最大利润是一致的。消费者需求的满足是企业创造利润的前提和基础，企业市场经营活动的不断发展又为满足消费者需求提供了更好的条件。两者之间的这种辩证关系以及相互协调，是现代市场营销学的核心。

2. 研究范围拓宽

现代市场营销学的研究范围是研究如何从生产到消费，又从消费反馈到生产的整个经营活动的规律，它并不是单向地研究生产到消费的流通过程，而是研究市场交换活动的全部单元以及单元之间的循环；它既研究企业内部的经营活动，又研究不断变化的外界环境，且特别注意研究在复杂的市场变动中与消费者有关的各种影响因素。

3. 研究内容不断深化

现代市场营销学已不是单纯地研究市场营销技巧或销售方法，它从企业的长远战略目标出发，通过研究市场营销组合策略、运用现代科技的新成果，形成了组织和指导企业整体活动的一门管理学科。

三、营销观念

营销观念是企业在营销活动中所遵循的指导思想和经营哲学，是经营者处理企业、消费者与社会三者关系所依据的基本原则。营销理论诞生的近百年来，企业依照市场供需关系的变化，采用了不同的营销指导观念。这些观念主要包括生产观念、产品观念、推销观念、市场营销观念和社会营销观念五种。

（一）**生产观念**

生产观念认为：消费者喜爱那些可以到处都能买到并且价格低廉的产品，因而生产导向性的企业的管理层总是致力于获得高生产率和广泛的销售覆盖面。

生产观念是在卖方市场中产生的。在 20 世纪 20 年代以前，世界范围内生产的发展不能满足需求增长的要求，多数商品都处于供不应求的地位。在这种卖方市场下，只要有商品，且质量过关、价格便宜，就不愁销路，多数商品是顾客主动上门求购，于是生产观念就应运而生。在这种观念的指导下，企业以产定销，专注于集中一切力量扩大生产、降低成本，生产出尽可能多的产品来获取更多的利润。这种生产导向性企业提出的口号是"我们会生产什么就卖什么"，而不关心具体的市场需求。

（二）产品观念

产品观念认为，消费者最喜欢高质量、多功能和有特色的产品，企业组织总致力于生产优质产品，并不断地改进产品质量，使之日臻完美。

奉行产品观念的企业将自己的注意力集中在现有产品上，集中企业主要的技术和资源进行产品的开发和大规模生产。这些企业看不到消费者需求的不断发展变化，看不到新的需求带来了产品的更新换代，看不到在新的市场形势下市场供求关系在发生着根本性的变化，认为只要有好的产品就不担心客源，营销策略未随市场情况的变化而变化，主张以产品之不变去应市场之万变，最终导致"营销近视症"，即不适当地把主要精力放在产品上或技术上，而不是放在市场需要上，其结果导致企业丧失市场，失去竞争力。

（三）推销观念

推销观念也称销售观念，该观念认为消费者通常有一种购买惰性或抗衡心理，消费者一般不可能主动购买大量本企业的产品，因而企业管理的核心是积极推销和大力促销。这类企业奉行的是"我们卖什么，人们就买什么"。

在推销观念的指导下，企业相信产品是"卖出去的"，而不是"被买去的"。他们开始致力于产品的推广和广告活动，以求说服甚至强制消费者购买。市场上涌现出大批的推销专家，广告宣传大量出现，极力夸大产品的优点，对消费者进行无孔不入的促销信息推广，试图运用推销技术来影响和改变消费者的需求，促使人们购买产品。

（四）市场营销观念

市场营销观念的形成是企业经营观念的一次"革命"，它是作为对上述观念的挑战而出现的一种崭新的企业经营哲学。这种思想的核心原则在 20 世纪 50 年代中期基本定型，并逐步成为世界范围内企业经营的主导理念。市场营销观念认为：实现企业目标的关键在于充分了解目标市场的需求和欲望，生产出满足目标市场需求的产品。

1. 市场营销观念的形成

自 20 世纪 50 年代以来，西方发达国家的市场已经变成名副其实的买方市场，卖主之间的竞争激烈，而买方处于优势地位；科学技术和生产的迅速发展使人们的文化生活水平迅速提高，消费者的需求向多样化发展并且变化频繁，他们不再满足于接受企业给他们造成的既定事实，而是要求企业用不断翻新的花色品种去满足他们多样化的购买需求和欲望。

消费者的购买动机常常是非理性的，更多地掺杂着情感型的、冲动性的购买，容易受到企业产品、广告宣传及周围环境的影响。而且由于消费者对许多商品知识的无知，往往依赖于商品信用及其对信息的判断，特别是不少消费品的替代性强，需求弹性较大，因而消费者也更容易接受卖方促销活动或社会潮流的影响而改变主意。正如日本著名企业家盛田昭夫所说的那样："我们的政策是，以新产品去引导消费，而不是先调查消费者喜欢什么商品，然后再投其所好。"

2. 市场营销观念和推销观念的区别

市场营销观念和推销观念是完全不同的。推销观念注重卖方需求，以现有产品为出发点，要求大力推销与促销，以实现有利的销售；而市场营销观念则注重买方需求，以顾客的需求、欲望为出发点，通过融合和协调影响消费者满意程度的营销活动来赢得和维持顾客的满意，从而获得利润。市场营销观念表明了对消费者主导论的信奉，即究竟应该生产什么的决定权不在企业手中，而是在消费者手中；企业应该生产消费者所需要的商品，才能使消费者的利益达到最大化，进而使企业获取合理利润。

营销学家在总结营销经验和市场规律的基础上，把市场营销观念出现之前的生产观念、产品观念和推销观念合并概括为"生产者导向"的营销理念，把市场营销观念称作"消费者导向"的营销理念。市场营销和推销的差异比较见表1-1。

表1-1 市场营销和推销的差异比较

不同类型	侧重点	出发点	内容	目标
推销	卖方需求	现有产品	推销与促销	销售收入
市场营销	买方需求	顾客的需求、欲望	融合和协调营销活动	顾客满意

3. 市场营销观念指导下企业营销活动的特征

市场营销观念指导下企业的营销活动具有如下特征。

（1）顾客需求是企业营销活动的出发点。长期以来，企业活动的重点和出发点一直放在企业内部的生产环节上，企业往往按照自身的生产条件来安排组织生产，当产品生产出来后再采取促销手段，在产品生产之前从不考虑市场。其产销活动的过程是"生产——销售——消费"。而以顾客为核心的市场营销理念则将顾客需求作为企业活动的出发点，成立专门的市场调研部门，安排专业的市场分析研究人员，花费大量的人力、物力、财力来了解顾客需求的特点和变动趋势，再根据市场消费需求组织生产。企业的经营过程变成了"需求——生产——销售——消费"。这种变化使顾客需求由过去的被动地位转化为主动地位，并成为企业经营的主导因素。

（2）发现目标市场和顾客的潜在需求，然后集中企业的一切资源占领目标市场是企业成功的关键。既然企业将顾客需求作为其经营活动的出发点，那么，企业首先要发现顾客的潜在需求，重视对顾客潜在需求的挖掘，然后根据市场机会确定目标市场。一旦目标明确，企业就集中一切可控资源进占目标市场。这样就改变了企业以往片面注重推销手段，营销活动顾此失彼的被动局面。

（3）营销理念和活动贯穿于企业经营管理的全过程。要满足顾客需要并实现企业的营销目标，必须综合运用各种营销手段，使企业营销管理活动形成一个有机的整体，如市场调查与预测、产品开发与品牌设计、分销渠道与市场布局、销售与公关、广告宣传、生产组织与财务分析等。这一切都要贯穿于企业经营活动的全过程并形成完整的体系，这样才能发挥营销的整体效果。

（4）追求企业的长远利益和持续发展。过去，企业仅仅追求眼前利益，甚至为了产品销售不惜牺牲企业真正的长远利益，导致企业缺乏后劲。随着以顾客为中心的营销理念的确立，企业开始注重自身的长远利益。营销人员意识到企业追求利润的途径应该建立在满足顾客需求的基础上。消费需求被满足的程度越高，说明企业在顾客心目中的地位就越高，企业盈利的可能性也就越大。因此，企业在营销过程中必须首先注重商品或服务对顾客需求的满足程度。

市场营销观念虽然抓住了"顾客"这个市场核心，实现了企业指导思想的根本变革，但仍存在不足之处。例如，片面注重顾客需求和供求两方利益而忽视其他社会利益的存在。一些企业在贯彻营销观念的过程中甚至伤害了其他社会利益群体。由此，营销理念又期待着新的"革命"。

（五）社会营销观念

1. 社会营销观念的形成

社会营销观念的核心观点是企业提供的产品和服务不仅要满足消费者的市场需求或短期欲望，还要符合消费者的长远利益和社会的长远发展，改善社会福利。即企业决策者在确定经营目标时，应当根据自己企业的优势，既要考虑市场需求，又要注意消费者的长远利益和社会利益，综合运用各种营销手段，引导消费者合理消费，实现企业利益和社会效益的统一。

2. 社会营销观念的特点

（1）消费者利益和社会利益并重，成为企业营销活动的双层目标。它克服了企业单纯以顾客需求为中心的片面性，在关注消费者现实需求的同时，还关注消费者的长远利益和整个社会的整体利益，倡导资源的有效、合理利用，维护人类生存的环境。

（2）全面、完整地运用营销手段是企业成功的关键。企业不仅综合利用各种营销手段尽力寻找和满足顾客需求，而且通过各种措施引导顾客进行合理消费。例如，景区在满足游客需求的同时，教育及引导游客爱护和保护环境等。

（3）重视追求企业的长远利益和社会的全面进步。

【总结】市场营销观念的比较

市场营销观念的比较见表1-2。

表1-2　市场营销观念的对比总结

观念	出发点	关注重点	营销方法	营销目标
生产导向观念	企业	生产	扩大生产、降低成本	通过扩大生产获得利润
产品导向观念	企业	产品	生产优质产品	通过优质生产获得利润
销售导向观念	企业	产品	推销和促销	通过销售获得利润
营销导向观念	市场	消费者需求	整体营销	通过消费者满意获得利润
社会营销观念	社会	社会长远利益	战略营销	通过社会满意获得利润

【知识拓展】

内部营销

随着市场营销活动的发展，营销对象的范畴不再局限于外部的顾客，对内部员工的营销也成为企业关注的重点。把营销思想用于员工，把员工当作"顾客"。向员工提供令其满意的服务支持，从而激发员工的工作热情，提高服务质量。员工满意是顾客满意的源泉。满意的员工创造满意的顾客。与满意的顾客打交道，员工会感受到工作乐趣；这样一来，高水平的顾客满意也就创造了高水平的员工满意。

【知识拓展】

营销的核心与本质

市场营销的核心内容：营销主体都需要通过市场进行交换，提供或向市场购买产品和服务，以满足人类需要和欲望为目的，通过市场将潜在交换转变为现实交换。营销商品不但包括单一的物质产品，还包括思想、劳务、服务等非物质产品。市场营销作为综合性的经营管理活动，贯穿于生产领域、流通领域和消费领域。

市场营销学的性质：市场营销学是一门研究市场营销活动规律的应用学科，还是一门研究市场营销活动规律的综合性学科。市场营销学的研究对象是市场营销主体的营销活动。市场营销学的研究内容：营销环境分析，营销战略设计，营销策略设计，营销实施过程，营销管理控制。

第二节 旅游市场营销概述

一、旅游市场营销的内涵

旅游市场营销是市场营销的特定领域，具备市场营销的一般内涵，是指旅游经济组织或个人通过交换来提供满足旅游者需求的产品的社会管理过程。

从上面的定义可知，旅游市场营销具有三层含义。

（1）以交换为中心，以旅游消费者为导向，以此来协调各种旅游经济活动，力求通过提供有形产品和无形服务使游客满意，来实现旅游企业的经济和社会目标。

（2）旅游市场营销是一个动态过程，包括分析、计划、执行、反馈和控制，更多地体现旅游经济个体的管理功能。旅游市场营销是对营销资源（如旅游市场营销中的人、财、物、时间、空间和信息等资源）的管理。

（3）旅游市场营销适用范围较广。一方面体现在旅游市场营销的主体上，包括所有旅游经济个体（组织或个人）；另一方面，旅游市场营销的客体不仅包括对有形实物的营销，还包括对无形服务的营销以及旅游经济个体由此所发生的一系列营销行为。

二、旅游市场营销的导向

旅游市场营销作为旅游企业在市场中生存发展的有效途径，对旅游企业的影响巨大。旅游市场营销活动一般坚持以下导向。

（一）市场导向

旅游企业的一切经营活动都必须以市场需求作为出发点和归宿。旅游企业的服务对象是人，因此，如何针对不同人的不同需求来设计和开发旅游产品，是旅游企业生存和发展的根本。旅游企业以旅游消费者为核心，通过满足游客的需求来获得利润。

（二）管理导向

旅游企业的营销环境由诸多因素（人口、政治、文化、经济、社会和技术等）构成，这些因素随着时间和空间不断变化，而旅游市场营销的实质在于旅游企业对于动态环境的创造性的适应——运用一切可利用的资源，通过产品、渠道、价格和促销等实现对环境的适应。为了应对环境变化，旅游企业要做相应的变化。

（三）信息导向

旅游市场营销的最终目的是满足游客的需求，这必须借助于信息的传导。现代旅游消费特征日趋个性化，必须对复杂、多样的游客需求进行深入、细致的调查。同时，旅游企业的内外部环境多变，且其产品缺乏专利保障，因此，旅游企业之间的竞争日益侧重于旅游产品的质量、服务及旅游企业形象，这无形中增大了旅游企业的经营风险，所有这些均决定了充分利用信息的重要性。

（四）战略导向

旅游市场营销对旅游企业的长远发展具有重要的影响，要求旅游企业具备对市场环境的长期适应性。因而，最有战略眼光的现代旅游企业纷纷推出"绿色旅游""可持续旅游"和"生态旅游"等，一方面使人们回归大自然，另一方面加强人们的环境保护意识。在环境多变且不确定的时代，旅游企业若要持续地发展，必须依赖于对环境的适应以及现代市场营销中的战略导向。

三、旅游市场营销新理念

20世纪90年代以后，市场营销出现了许多新变化，旅游市场营销理念也日益丰富。例如，随着个人计算机的普及和互联网的出现，产生了"旅游网络营销"的概念；随着人们对绿色产品的喜好和对环境保护的关注程度的提高，出现了"旅游绿色营销"的概念；随着知识经济时代的到来，诞生了"旅游服务营销"和"旅游文化营销"；此外，还出现了"旅游关系营销"的概念。

（一）旅游网络营销

旅游网络营销是借助联机服务网络、通信和数字交互式多媒体等来实现旅游营销目标，实质是以计算机互联网技术为基础，通过与潜在旅游者在网上直接接触的方式向旅游者提供更好的旅游产品和服务的营销活动。

1. 旅游网络营销的优势

（1）利用互联网进行营销活动，使小规模的旅游产品可以降低营销费用，实现全球营销。

（2）通过网络购物，旅游者能够根据自己的所需得到旅游产品，这和传统的营销活动只能让旅游者大致满意的情形相比，进步了很多。

（3）虽然旅游网络营销是定制营销，但并没有因此而增加旅游营销成本；恰恰相反，网络营销大大降低了旅游营销费用。

（4）利用网络营销方式可以提供全天候的广告及服务而无须增加开支，计算机软件24小时自动进行往来信息的处理、统计和存档等工作，计算机工程师监控系统运作，处理突发情况，无须旅游公司本身增加营运成本或人力成本。全天候的广告及服务有利于增加旅游企业与旅游者的接触机会，增加潜在销售机会。

2. 旅游网络营销方式

按目前在互联网上的商业应用方式,旅游网络营销可分为以下几种:旅游网上广告、旅游电子商店和旅游新媒体营销。

(1) 旅游网上广告。网上广告可以说是网络营销中应用最多、技术也最为成熟的一种营销形式。

(2) 旅游电子商店。电子商店是指通过互联网将商品以多媒体展示的方式供全球游客浏览和选购。

(3) 旅游新媒体营销。通过微博、抖音、直播平台、网络社区等开展旅游营销活动。

(二) 旅游绿色营销

环保意识的增强和绿色浪潮的到来,使营销必须重新定位。从国际旅游市场的需求来看,随着环境问题的日益明显,人们对环境的关注程度越来越高。一方面表现为人们的环保意识增强:在工业化国家,有85%的居民认为环境是第一公共要素;另一方面,生活消费需求已成为新的消费时尚。据美国旅游数据中心的调查,旅游者在其消费支出中平均愿意多支付8.5%来购买对环境负责的供应商所提供的旅游产品和服务,1/3的美国旅游者将企业是否对环境负责作为选择旅游供应商的一项重要因素。在旅游发达国家,自20世纪80年代以来,生态旅游以每年30%的速度发展,它被视为"大众旅游产品"的替代形式并成为旅游市场增长最快的产品形式。

1. 旅游绿色营销的概念

旅游绿色营销,即在旅游企业生产经营活动的各个阶段减少或避免环境污染,在市场营销过程中注重生态环境保护,旅游企业建立自己的竞争优势,利用各种营销方式赢得社会的认可,制造和发现市场机遇,通过长期满足现有和潜在游客的需求来实现自己的目标。

2. 绿色旅游产品

(1) 绿色旅游产品开发的原则。旅游绿色营销的产品开发是满足旅游者绿色需求、改善旅游消费结构、提高人们的生活品质、改进环境质量的物质基础。要使旅游产品在市场上具有竞争优势,得到旅游者的认可,满足环境保护方面的要求,产品开发必须遵循以下原则:①节省原料和能源;②减少非再生资源的消耗;③低污染或者没有污染(包含物质污染和精神污染);④不对旅游者的身心健康造成损害;⑤尽可能多地以服务的形式体现。

(2) 绿色旅游产品开发应树立的观念。旅游业是资源导向性产业,生态环境的破坏对其造成的负面影响比其他产业更为直接和显著。要实现旅游业的可持续发展,必须注重生态效益和社会效益,实现低生态代价和低社会成本下的经济增长,以绿色为特色塑造企业形象是现代旅游企业经营的新理念,绿色将成为21世纪企业经营的主色调之一。

旅游企业在营销过程中应做到如下几点。

(1) 从管理人员到员工都必须树立可持续发展的长远观念,将保护生态环境视为己任,促进生态与经济的协调发展。

(2) 要树立资源价值观,因为对旅游企业而言,今天对资源的无节制消耗意味着明天将失去企业发展的源泉。

(3) 树立环境法制观,自觉以法规约束企业行为。

（4）树立环境道德观，我国政府已将环境保护归入生态文明建设的范畴，现代旅游企业应以高度的社会责任感自觉遵守社会道德观。

（5）对游客进行绿色消费的引导与教育。

只有在上述观念的支配下，旅游企业才能与社会和环境融合发展。

（三）旅游服务营销

1. 旅游服务营销的构成要素

服务营销的思想起源于实体产品的销售，将服务营销引入旅游服务产品的销售后，旅游服务产品自身不同于实体产品的特性使得旅游服务营销也不同于一般的产品营销。具体来说，在传统市场营销的"4P"组合策略（产品、价格、渠道、促销）基础上还需要考虑另外3个因素，即人员（People）、环境（Physical Environment）和程序（Process）。

【知识拓展】

服务（Service）的国际化解释

微笑（Smile for everyone）：微笑待客。通过微笑进行情感交流，让客人享受愉快的氛围。

优秀（Excellence in everything you do）：提供优秀服务。服务的不可弥补性，要求员工对每项细微的服务工作都做得出色。

准备好（Ready at all times）：随时准备为客人提供服务，包括物质上和精神上的准备。

看待（Viewing every customer as special）：将每位客人都视为特殊的、重要的，以及需要给予特殊照顾的贵宾。

邀请（Inviting your customer to return）：邀请每位顾客再次光临。对客服务即将结束时，应发自内心地邀请客人再次光临。

创造（Creating a warm atmosphere）：为客人创造温馨的、热情服务的气氛。营造家的感觉，提供个性化的服务。

眼神（Eye contact that shows we care）：用热情好客的眼光关注客人，表达对客人的关心，有超前服务意识。

2. 旅游服务营销的差异化战略

对提供旅游服务的企业来说，解决价格竞争的办法是创造差别供应、差别交付和差别形象。实行差异化有助于争取客人、扩大市场份额。为使自己提供的旅游服务产品有别于其他企业，可以从四个方面创造差异化：人员、环境、程序、品牌。

【学习拓展】

迪士尼乐园对员工的精心培训

到东京迪士尼乐园去游玩，人们不大可能碰到经理，门口卖票和检票的工作人员也许只会碰到一次，碰到最多的还是园区的清洁工。因此东京迪士尼对清洁员工非常重视，将更多的训练和教育集中在他们的身上。

1. 从扫地的员工培训起

东京迪士尼乐园的清洁工有些是利用暑假工作的大学生，虽然他们只兼职两个月时间，但是培训他们做清洁要花三天时间。

◆ 学扫地

第一天上午要培训如何扫地。扫地有三种扫把：第一种是用来扒树叶的；第二种是用来刮纸屑的；第三种是用来掸灰尘的，这三种扫把的形状都不一样。怎样扫树叶，才不会让树叶飞起来？怎样刮纸屑，才能把纸屑刮得很好？怎样掸灰，才不会让灰尘飘起来？这些看似简单的动作都有严格培训。而且扫地时还另有规定：开门时、关门时、中午吃饭时、距离客人15m以内等情况下都不能扫。这些规范都要认真培训，严格遵守。

◆ 学照相

第一天下午学照相。十几台世界上最先进的数码相机摆在一起，各种不同的品牌，每台都要学，因为客人会叫员工帮忙照相，而客人可能会带世界上最新款的照相机来这里度蜜月、旅行。

◆ 学包尿布

第二天上午学怎么给小孩包尿布。因为孩子的妈妈可能会叫员工帮忙抱一下小孩，但如果员工不会抱小孩，动作不规范，不但不能帮忙，反而增加了顾客的麻烦。员工不但要会抱小孩，还要会替小孩换尿布。给小孩换尿布时要注意方向和姿势，应该把手摆在底下，尿布折成十字形，最后在尿布上面别上别针，这类过程都要认真培训，严格规范。

◆ 学辨识方向

第二天下午学辨识方向。有人要上洗手间，"右前方，约50米，第三号景点东，那个红色的房子"；有人要喝可乐，"左前方，约150米，第七号景点东，那个灰色的房子"；有人要买邮票，"前面约20米，第十一号景点，那个蓝条相间的房子"。顾客会问各种各样的问题，所以每一名员工都要把整个迪士尼的地图熟记在脑子里，对迪士尼的每一个方向和位置都要非常熟悉。

训练三天后，发给员工三把扫把，开始扫地。如果在迪士尼里面，碰到这种员工，人们会觉得很舒服，下次会再来迪士尼，也就是所谓的引客回头，这就是所谓的员工面对顾客。

2. 会计人员也要直接面对顾客

迪士尼规定：会计人员在前两三个月中，每天早上上班时都要站在大门口，对所有进来的客人鞠躬、道谢，因为顾客是员工的"衣食父母"，员工的薪水是顾客掏出来的。会计人员在感受到什么是客户后，再回到会计室中去做会计工作。迪士尼这样做，就是为了让会计人员充分了解客户。

迪士尼其他重视顾客、重视员工的规定包括：

◆ 怎样与小孩讲话

迪士尼有很多小孩游玩，迪士尼的员工碰到小孩要说话时，统统都要蹲下；蹲下后，员工的眼睛跟小孩的眼睛要保持一个高度，不要让小孩子抬着头去跟员工讲话，因为这些孩子是未来的顾客，将来都会再回来游玩，所以要特别重视。

◆ 怎样对待走丢的小孩

从开业到现在的十几年里，东京迪士尼曾走丢过约两万名小孩，但都找到了。重要的不是找到，而是在小孩子走丢后从不广播。东京迪士尼里设有10个托儿中心，只要看到小孩走丢了，工作人员就用最快的速度把他送到托儿中心，然后从小孩的衣服、背包来判断他大概是哪里人，衣服上有没有绣姓氏；再问小孩，有没有哥哥、姐姐、弟弟、妹妹，以此来判断父母的年龄；有的小孩小得连妈妈的样子都描述不出来，就要想办法在网上开始寻找，尽量用最快的方式找到父母，然后用电瓶车把父母接到托儿中心，小孩正在中心吃薯条、啃汉堡，过得挺快乐。东京迪士尼就这样在十几年里找到了约两万名小孩，最难得的是从来不广播。

3. 旅游服务营销展示

旅游服务一般通过有形展示得以实现。有形展示在旅游服务营销中是指那些可以传达旅游服务特色及优点的有形组成部分，这些有形展示是支持和反映旅游服务产品质量的有力证明，可以帮助游客感觉旅游服务的优劣，增强游客享受旅游服务时的愉悦感。

旅游服务企业在进行有形展示时应遵循两个原则：①应把旅游服务与游客容易认同的物体联系起来，如果有形展示易被游客认同，那么旅游服务也相应地更容易为游客所接受；②注重旅游服务人员的作用。

【学习拓展】

海底捞火锅的服务

海底捞火锅服务细节贯彻客人吃火锅的整个过程当中，具体如下：

（1）用三种毛巾擦桌子：第一种是蓝色湿毛巾，用于擦去桌面上的残渣，同时，喷洒洗洁精，并涂满整个台面；第二种是红色湿毛巾，用于擦去台面上的洗洁精和油污；第三种是白色干毛巾，用来擦干台面上的水珠。

（2）热情与笑脸：当客人进入海底捞后，服务员就笑脸相迎，像迎接久违的朋友。落座后，服务员为客人服务的过程当中充满了热情，非常有感染力，并且会跑动着为食客服务。

（3）为客人着想，通过观察客人的人数来向食客建议点菜的量，以避免客人因拿不准而浪费金钱和食物。

（4）客人等待时提供水果和饮料，还提供擦鞋、美甲等服务；客人用餐时提供眼镜布、手机套。

海底捞的员工不仅用自己的职业精神将服务做到了让客人满意，更是升华到了让客人被自己的快乐所感染的程度。海底捞的每名员工都在用自己的快乐感染着，让每一位客人在消费的过程中都能体验到愉悦与被满足。

(四) 旅游文化营销

1. 旅游文化营销的特点

（1）可持续性。旅游资源根据其性质特点可以分为自然景观旅游资源和人文景观旅游资源两大类。从一定意义上讲，文化旅游活动的对象主要是人文景观旅游资源。旅游景区的魅力长存，较大程度上依靠的是其丰厚文化底蕴的维系，没有文化赋存的旅游资源是没有生命力的。旅游业是一项文化的经济产业。旅游文化是旅游业可持续发展的灵魂。

（2）知识密集。旅游者渴望在旅游过程中得到实质性的收获，文化旅游是最直接有效的一种方式，它能为旅游者提供丰富的科普知识和历史知识。另外，各种文化旅游还可以使游客接受艺术熏陶，提高文化修养，从中得到某些感悟并使思想升华，形成新的知识财富。文化旅游产品蕴含着大量的知识信息，是一种知识密集型旅游产品。

2. 旅游文化营销途径

（1）根据旅游地形象的等级和地域条件确定主要客源市场，对客源地文化和旅游者素质、欣赏习惯和个性特征进行形象定位。

（2）根据旅游者在目的地的游览和消费行为确立食、住、行、游、购、娱六要素合理配置、产品体系完善的旅游地形象，研究旅游者需求，提供优质和个性化的服务。

（3）注重广告宣传，保持旅游地形象的连贯性、新颖性和独特性。旅游业的激烈竞争使得广告媒体的作用更加突出。

3. 旅游文化营销理念

知识与经济相互促进、相互交融、相互包含的知识经济时代的到来，使旅游产品不再是一个纯粹意义上的经济概念，而是一种在满足人们的个性化需求（包括理想、观念和意愿等）的基础上融合了文化知识因素并以文化性质为主的产品形式。

（五）旅游关系营销

1. 旅游关系营销的概念和特点

（1）旅游关系营销的概念。旅游关系营销是以系统论和大市场营销理论为基本思想，将旅游企业置身于社会经济大系统中来考察旅游企业的市场营销活动。

（2）旅游关系营销基本特征有：双向交流，协同合作，互惠互利，反馈机制。

2. 旅游关系营销的内容

（1）旅游企业与游客的关系。这种关系应是双方共同的愿望，因而旅游企业必须采取一定的措施来激发游客主动与旅游企业建立关系。

（2）旅游企业内部关系。内部关系包括部门间的关系和员工间的关系。只有处理好内部关系，员工才能更努力地工作，关系营销的实施才能有更好的基础。

四、旅游市场营销学

旅游市场营销学是市场营销学的一门分支学科，它专门针对旅游业，指导旅游企业的营销活动并研究其内在的活动规律，是市场营销学在旅游经济领域的具体应用。

（一）旅游市场营销学的研究对象

旅游市场营销研究的范围已经扩大到从研究消费者开始到如何使消费者的需求得到满足为止的全部领域过程，它包括生产领域、流通领域和消费领域，这是一种在生产者与消费者之间完成的周而复始的循环过程。旅游活动是商品经济高度发展的产物，在市场经济中体现出来的旅游供给总量大于旅游需求总量的基本态势下，旅游消费者的需求千差万别，因此旅游市场的竞争必然十分激烈。同时，旅游产品自身的无形性、不可储存性、易损害性及生产与消费的同时性等特征也决定了旅游市场竞争的激烈性。

（二）旅游市场营销学的研究方法

1. 宏观分析和微观分析相结合

研究旅游市场营销需要综合分析旅游市场的宏观环境和微观环境，将两者结合起来进行全面的研判。

2. 定量分析和定性分析相结合

定量分析是建立在数学、统计学、系统论、控制论、信息论、运筹学、计算学和计算机等学科的基础上，运用图表、模型和计算机等进行的数量分析。定性分析是建立在经验和逻辑思维的基础上，运用历史分析、描述法和交叉影响分析法等进行的分析。

3. 动态分析与静态分析相结合

在研究工作中既要采用动态分析，又要采用静态分析。在市场营销的研究中，之所以主要采用动态分析方法，是因为影响营销的内外在因素、竞争对手的选择和市场占有份额等情况客观上是经常变动的。

4. 数理、统计分析法

运用这种分析法必须掌握数学、统计学、宏观经济学和微观经济学等基础理论。

第三节 旅游服务的特征

自改革开放以来，旅游业成为我国服务业中最具活力和潜力的新兴产业以及我国国民经济新的增长点。旅游业在国民经济发展中的作用日益显著，旅游供给全面增长，产业规模不断扩张，配套设施明显改善，旅游品质不断提升。

伴随着世界范围服务业的崛起，人们对服务活动中营销规律的认识日益深刻，并逐步形成了以"服务营销理论"为主导的营销流派，极大地丰富和拓展了传统营销理论体系。

一、综合性

与其他服务行业相比，旅游业的综合性较为突出。旅游服务的综合性表现在旅游服务涉及的行业和部门很多。旅游服务的综合性决定了旅游业对其他行业和部门的依赖性，这给旅游企业的经营带来了极大的风险。在许多情况下，并不是旅游企业提高服务质量就可以给旅游者带来美好的感受，外在因素也可能影响旅游者对服务质量的评价。

二、无形性

旅游服务是抽象的、无形的，它没有一定的形态，又不可触摸。虽然很多旅游产品都需要有形设施和设备的支持，但它们只是作为旅游服务生产的条件而存在，旅游者真正感觉、评价和衡量的服务质量来自于和服务人员的互动。旅游服务的无形性会影响到顾客的感知判断，因此，需要通过多种内部渠道和外部渠道来保证顾客的感知判断形成。具体的渠道如下：

1. 内部渠道

内部渠道是旅游者在服务现场可以感受到的服务线索，也是旅游企业展示服务质量的实体渠道，主要包括物质因素、人的因素和氛围因素。

（1）物质因素。物质因素是旅游企业传递服务线索的最外层包装，包括实物因素、产品价格和服务标准的量化。

（2）人的因素。实物因素在传递服务信息时往往显得机械、呆板，但人具有主观能动性，其在旅游服务有形化过程中营造出的效果是生动活泼的。

（3）氛围因素。氛围因素是旅游企业所创造的富有特色的服务享受场景。

2. 外部渠道

外部渠道是指通过一定的媒体渠道或旅游企业长期努力所形成的声望等方面向旅游者传递服务质量的渠道。外部渠道强调把无形的服务与信息的有形化结合起来，在信息有形化过程中传递服务质量的信息。具体的方式如下：

（1）品牌形象。品牌形象是旅游企业在长期经营中对服务质量的积累所形成的一种品质象征。

（2）社会形象。旅游企业不仅是经济实体，也是社会的一个基本单位。它的社会形象与其所承担的社会责任有直接的关联。

（3）媒体渠道。报纸杂志、广播电视和互联网是旅游企业与旅游者以及相关群体进行交流的有效渠道。

（4）名人效应。在消费旅游服务时，名人的示范作用对普通的旅游者具有强大的号召力。

（5）公众口碑。由于旅游服务购买的风险性，旅游者在购买旅游服务时必然格外谨慎。此时，其他游客口碑的传播将较好地坚定旅游者的感知判断。

三、生产与消费的同时性

旅游服务的生产必须以旅游者的到来为前提，没有旅游者的参与，旅游服务就不可能发生。当旅游者结束旅游时，旅游服务自然也就结束了。这种生产与消费的同时性给旅游服务的经营带来了许多不便。

四、不可储存性

旅游服务是在生产中被消费的，其使用价值往往有一定的时间限制和供给刚性，因此，不能像物质产品那样被储存起来。例如航空公司的机票、酒店的客房等旅游服务的提供不能进行累计和保存。

五、不可转移性

物质产品在生产出来以后需要经过一定的流通环节才能到达消费者手中，表现为实物形式的流动。而旅游服务依赖特定的时间和地域条件，不具备转移的综合条件。

六、变动性

服务的变动性也称为异质性。服务的质量与提供服务的人、时间和地点密切相关。引起服务变动的原因有很多。首先，服务的生产与消费是同时进行的，管理者或质量控制部门很难介入其中对服务质量进行监控，不像物质产品的生产可以在工厂生产和商店销售之间加上产品质量检验程序。因此，服务质量主要依靠服务人员的自我控制，这不可避免地会造成生产过程具有可变性和服务质量具有差异性。

【思考题】

1. 旅游市场营销的新理念有哪些？

2. 如何根据旅游市场营销的服务特征开展有针对性的营销活动？

【案例分析】

建设海南国际旅游消费中心

2018年12月28日，国家发展改革委印发《海南省建设国际旅游消费中心的实施方案》。方案指出，要拓展旅游消费发展空间，构建丰富多彩的旅游消费新业态。依托海南的特色资源优势，实施更加开放的政策，加快旅游产业转型升级，推动旅游与相关产业融合发展，培育旅游消费新业态、新热点，全面提升旅游消费供给质量。

（一）打造全球免税购物中心和时尚消费中心

（1）实施更加开放便利的离岛免税政策。创新监管模式，丰富提货模式，将乘轮船离岛旅客纳入离岛免税政策的适用对象范围，实现各种交通方式离岛旅客全覆盖。适当提高离岛免税政策免税限额，进一步增加免税商品品种，对旅游人数达到一定规模且具备免税品安全离岛等实施条件的区域，可考虑增设免税店。

（2）建设时尚高端消费品设计展示交易中心。吸引全球时尚高端消费品牌入驻，鼓励设立品牌代理总部或地区总部。建立黄金珠宝、高级定制时装等时尚高端消费品发布、定制和展示交易中心，吸引独立设计师品牌、大师工作室、艺术研究机构及时尚营销机构集聚，带动时尚潮流资讯传播和时尚产品消费。建设全球知名品牌区域消费中心，满足高端个性化消费需求。

（二）丰富提升国际旅游产品供给

（1）拓展邮轮旅游。鼓励吸引国际邮轮注册，发展国际邮轮和外国游客入境旅游业务。对外国旅游团乘坐邮轮入境实行15天免签。研究扩大邮轮航线至更多国家和地区。允许以国际中转物资方式入境的邮轮维修备品、备件等，办理海关申报和检疫手续后直接供船。优化邮轮游艇卫生检疫监管模式，推广出入境邮轮游艇电信检疫。加快推进三亚向邮轮母港的方向发展。

（2）发展游艇旅游。放宽游艇旅游管制，简化入境手续，探索在海南省管辖海域对境外游艇实施游览水域负面清单管理。降低游艇入境门槛，进一步提升游艇通关便利化水平，对海南自驾游进境游艇实施免担保政策。在满足相关法规和安全管理要求的前提下，积极支持游艇租赁业务发展。创新游艇监管体制机制，研究将游艇户口簿管理改为备案管理，便利港澳地区游客驾乘游艇赴海南旅游。

（3）稳步发展低空旅游和海岛旅游。深化低空空域管理服务保障示范区建设，探索在适宜的景点景区、特色城镇开展热气球、直升机、水上飞机等通航观光体验和翼装、滑翔、跳伞等航空运动。加快培育通用航空产业，完善通用航空示范区及机场体系建设，构建完整的通用航空产业链。有序推进西沙旅游资源开发，稳步开放海岛游。

（三）培育旅游消费新业态

（1）壮大健康旅游消费。全面落实、完善博鳌乐城国际医疗旅游先行区政策，办好和引进博鳌超级医院等一批先进的医疗及医养结合机构，对于先行区医疗机构因临床急需进口少量药品（不含疫苗）的，由海南省人民政府实施进口批准，鼓励高新医疗技术研发以及高端医疗装备、新药品的应用，将先行区建成一流的国际医疗旅游目的地。建设国家级健康旅游示范基地，利用海南温泉、冷泉、森林以及南药、黎药等资源，发展特色康养旅游。

（2）提升文化旅游消费。推动文化与旅游相结合，大力发展动漫游戏、网络文化、数字艺术、数字阅读、知识产权交易等新型文化消费业态。发展国际版权贸易，鼓励具有中国特色的影视、出版、演艺、动漫、游戏、软件等产业的版权输出。研究探索符合条件的外商独资或中外合资、中外合作拍卖企业在国家南海文博产业园区从事文物拍卖业务。完善中国（海南）南海博物馆功能建设。充分利用现有资源，规划和建设一批特色鲜明、兼具文化和休闲功能的小型博物馆、图书馆、文化馆等公共文化设施；鼓励开发特色文化创意产品。

（3）发展会展节庆旅游消费。实施更加开放的会展业发展政策，允许境外组织机构在海南举办符合国家法律规定的会展。高水平建设一批国际化的会展设施，重点打造海口、三亚、琼海国际会展集聚区。对接国际会展活动通行规则，引进顶级专业会展公司，高水平举办国际商品博览会、国际品牌博览会、国际电影节、国际时装周、国际音乐节等大型国际展览会和世界级节事活动。

（4）扩大体育旅游消费。全面推进体育与旅游产业融合发展，建立完善的体育旅游产品体系和产业政策体系，建设国家体育旅游示范区。鼓励沙滩运动、水上运动、赛马运动、航空运动、汽车摩托车运动、户外运动等项目的发展。支持海南加快探索休闲渔业规范化管理，有序发展游艇游钓活动。放宽参赛运动船艇、飞行器、汽车摩托车的入境限制。加快建设国家体育训练南方基地，打造一批国际一流的运动训练和赛事基地。

（5）加快发展全域旅游。大力推进"旅游+"，促进旅游与其他产业融合、产城融合，打造创意产品、体验产品、定制产品和各类旅游新业态。全力推进"美丽海南百镇千村"工程，建设美丽宜居村庄、旅游小镇、风情县城，打造一批精品旅游景区和旅游度假区。高标准建设航天、海洋等不同主题的公园、乐园以及国际化、高端化的大型旅游综合体。鼓励在海南开展主题丰富、形式多样的研学旅行。

[案例思考]

海南建设国际旅游消费中心，如何实现旅游新业态的升级发展？

第二章

旅游市场营销调研与预测

【学习目标】

理解旅游市场营销信息系统的概念与构成。

掌握旅游市场营销调研的内涵、类型、内容、步骤、方法以及技术。

了解旅游市场营销预测的概念、类型、内容、程序和方法等。

【学习重点】

旅游市场营销信息系统的子系统及特征。

旅游市场营销调研的内涵、类型、内容、步骤、方法以及技术。

【学习难点】

旅游市场营销调研的技术与方法。

旅游市场营销预测的概念、类型、内容、程序和方法等。

第一节 旅游市场营销信息及系统

旅游企业只有在充分了解国际和国内旅游市场状况的基础上,才能更好地把握未来的发展方向。作为旅游企业的营销决策者,任何科学决策都必须以掌握有效的市场信息为前提。掌握和运用有效的市场信息,是新形势下我国旅游企业开展高效市场营销活动的关键问题。

一、旅游市场营销信息

随着经济发展,信息资源已经成为主要的战略资源,及时、有效地掌握旅游市场营销信息是所有旅游营销活动的首要任务。资金、设备、人力等要素是旅游企业以往的运营关键;而在信息时代,市场信息的重要性日益凸显。旅游企业要获得及时、准确、适用的旅游市场营销信息,就必须建立一个科学的旅游营销信息系统,形成综合性、全方位的营销信息网络,使旅游市场营销信息在更高的程度上、更广泛的基础上被旅游企业所利用,从而提高旅游企业处理营销信息和决策的能力。

(一) 旅游市场营销信息的概念

旅游市场营销信息是指在一定的时间和条件下,旅游商品交换以及与之相联系的生产与服务的各种消息、情报、数据、资料的总称。旅游市场营销信息一般通过文字、语言、数据、凭证、报表、符号、广告和商情等表现和传递。

狭义的旅游市场营销信息，是指有关旅游市场商品销售的信息，如旅游产品销售情况、消费者情况、销售渠道与销售技术和产品的评价等。广义的旅游市场营销信息包括多方面反映旅游市场活动的相关信息，如社会环境情况、社会需求情况、流通渠道情况、产品情况、竞争者情况、科技创新和应用情况等。

（二）旅游市场营销信息的特征

旅游市场营销信息除了具有一般信息的特征外，更具有旅游市场营销信息的特殊性，主要体现在以下几个方面。

（1）时效性。旅游市场所面临的微观环境和宏观环境常常瞬息万变，有效的旅游市场信息就必须是及时的、迅速的。如果采集的旅游信息是滞后的信息，那么这些信息就没有利用价值。

（2）系统性。旅游市场营销信息系统不应该是零星的、分散的、个别的信息汇总，而应该是若干具有特定内容的同质信息在一定时间和空间范围内形成的系统集合。旅游企业必须连续地、多方面地收集和加工相关旅游信息，分析它们之间的内在联系，提高它们的有序化程度。这样的旅游信息才是有价值的且可以利用的。

（3）社会性。旅游市场营销信息反映的是人类社会在市场经济中与旅游相关的活动，是旅游营销活动中人与人之间传递的旅游社会信息，是旅游信息传递双方能共同理解的数据、文字和符号。

（三）旅游市场营销信息的重要作用

旅游市场营销信息是旅游企业制定经营战略与策略、进行旅游市场竞争的重要依据。旅游企业内部的各种条件，企业外部环境的现状和变化状况都会以一定的信息形式出现，旅游企业如果需要制定准确的经营战略和策略，就必须依靠这些信息，充分发挥主观能动性，灵活地适应外部环境，以便在竞争中处于优势地位。

同时，重视旅游市场营销信息是旅游企业提高经济效益的有效途径。旅游企业只有通过分析旅游市场营销信息才可以掌握和利用经营机会，从而提高经营收益。而且，旅游市场营销信息有时也可以作为一种资源直接用于交换，为旅游企业增加财富。

另外，旅游市场营销信息是旅游企业发掘经营机会的源泉。经营机会来源于旅游企业自身条件的改变和客观环境的变化。内部优势的发现、市场环境机会的掌握都离不开旅游经营信息做引导。对旅游经营信息的及时搜集和分析有助于及时发现新的经营机会。

旅游市场营销信息还是旅游企业生产经营的先导。旅游市场营销信息可以反映旅游企业竞争的参与状况、旅游市场的变化及其发展趋势，并且能够反映旅游产品供应状况、销售渠道，以及对广告和推销方式的适应情况等。旅游企业通过对这些市场信息进行收集、整理、传递、储存、运用，来制定本企业的销售渠道、促销活动与价格策略，使得自身在激烈的市场竞争中求得生存与发展。可见，在旅游市场营销活动中，旅游市场营销信息是旅游企业的重要资源和无形资产，是旅游企业的市场机会。旅游企业能否在瞬息万变的市场竞争中求得生存与发展，较大程度上取决于是否掌握旅游市场信息的变化情况。因此，旅游企业只有树立信息观念才能发挥自身优势，不断开拓旅游市场。

(四) 旅游市场营销信息的构成

旅游企业的市场营销信息主要包括两大组成部分：旅游企业外部市场环境信息和旅游企业内部条件信息。

1. 旅游企业外部市场环境信息

旅游企业的外部市场环境信息是指来源于外部的宏观大环境和微观小环境的营销信息，它具有不可控制的特点，对旅游企业的市场营销活动起着较大程度上的促进或阻碍作用。旅游企业的外部营销环境信息具体包括以下几个方面：

（1）外部宏观营销环境信息。它是指旅游企业面对的外部的、宏观的关于经济、政治、法律、文化、科技等方面的营销信息。

1）经济环境方面的营销信息，主要包括旅游客源地和旅游目的地的经济发展状况信息（如国内生产总值、国民人均收入、通货膨胀率、失业率、物价水平及国际收支等指标）、旅游客源地和旅游目的地双方的经济发展政策和产业政策等。

2）政治环境方面的营销信息，主要包括国际政治环境、旅游客源地和旅游目的地的政治制度、政治活动、基本对外关系政策，以及双方的相互关系等。

3）法律方面的信息，主要包括有关旅游企业经营管理方面的立法、政府为保护消费者权益而制定的法律和法规，以及旅游客源地与旅游目的地双边或多边的有关公约与协定等。

4）社会文化方面的营销信息，主要包括旅游客源地和旅游目的地的居民的基本价值观、宗教信仰和生活习惯、民族特点和风俗，人口的年龄构成、性别构成和职业构成以及受教育程度等。

5）科学技术方面的营销信息，包括现代科学技术的发展现状和发展趋势，现代科学技术对旅游客源地和旅游目的地人们的生产方式、生活方式以及对旅游企业市场营销活动的影响等。

（2）外部微观营销环境信息。外部微观营销环境信息是指各旅游企业所面对的不同的旅游目标市场、旅游供应商、旅游中间商、同行业竞争对手及社会公众等方面的信息。

1）旅游目标市场信息，主要包括旅游目标市场顾客的购买特点与购买能力，目标市场顾客的现有规模和增长情况，顾客的旅游频率、旅游时间、旅游方式，顾客对价格的敏感程度和对旅游的季节性变化的反应等。

2）旅游供应商信息，主要包括供应商的商业信誉等级、产品价格、产品和服务的质量、供货能力等。

3）旅游中间商信息，主要包括旅游中间商的实力、商业信誉、经营能力、合作意愿、对佣金的要求，营销渠道的长度和宽度等。

4）同行业竞争对手信息，主要包括确定本企业的现实竞争对手和潜在竞争对手，主要竞争对手的综合实力、竞争策略、业务组合优劣势等。

5）社会公众信息，主要包括公众的态度和意见，尤其要密切关注当地居民、大众新闻媒体、政府机构以及非官方旅游组织的态度与意见。

2. 旅游企业内部条件信息

旅游企业的内部条件信息主要是指来源于旅游企业的内部、影响本企业活动的各种信息，它具有可以控制的特点。旅游企业的内部条件信息主要包括以下四个方面。

1）旅游企业有形资产状况的信息，主要包括旅游企业的人力、物力、财力等有形资源方面的信息。

2）旅游企业组织管理状况的信息，主要是指旅游企业在计划、组织、领导及控制等企业管理基本职能方面的信息。

3）旅游企业的市场营销组合状况，主要包括产品的开发与组合、产品的定价、分销渠道以及促销宣传等方面的信息。

4）旅游企业的无形资产状况的信息，主要包括本企业的品牌价值、美誉度、信誉等级以及产品或服务的差别利益等方面的信息。

二、旅游市场营销信息系统

旅游企业要实现市场营销决策的科学合理和高效率的目标，就必须有一套行之有效的信息管理办法，建立科学的程序来对各种信息进行收集、整理、分析、评估、传递和储存，利用这些信息为旅游企业的营销决策服务。

（一）旅游市场营销信息系统的内涵

旅游市场营销信息系统处于旅游市场环境与旅游市场营销决策者之间，它的作用就是评估旅游市场决策者的信息需求，收集所需要的信息，并将信息及时传递给旅游市场营销决策者。由此可见，旅游市场营销信息系统是旅游企业收集、处理并利用相关环境数据的工具，有效的旅游市场营销信息系统能向旅游市场决策者提供迅速、准确、可靠的信息。

旅游市场营销信息系统是指由旅游企业市场营销决策者、信息处理机器以及计算机运作程序构成的相互联系、相互影响的系统，该系统收集、整理、分析、评估、传递和储存获得与本企业营销活动有关的市场信息，为本企业营销决策者的科学决策提供有力的支持和帮助。其任务是准确、及时地对有关的信息进行收集、分析、评估和传递，供营销决策者运用，以便使营销计划的制定、执行和控制具有高度的科学性和准确性。

从上面的定义可以看出，旅游营销信息系统具有以下特征。

（1）目标指向性。旅游营销信息系统的运行具有明确的目标——为营销决策服务。该系统是现代营销思想和方法与信息技术的有机结合，能使企业与外界保持紧密的联系，通过及时地挑选、收集、评价和分析系统，为营销决策需要及时提供所需要的信息，帮助管理者做出决策。

（2）综合性。旅游营销信息系统是一种综合性的人机系统。所谓综合性，意味着将企业内部所有的功能系统连接成一个整体。对于营销组织而言，可以首先设计各个领域的系统，确定所需要的信息，并采集信息，利用各种统计分析、模型分析及其他分析处理技术处理信息，然后进行综合，为决策提供依据，这是旅游营销信息系统最理想的目标。

以酒店为例，综合性首先应实现内部管理的智能化，达到预订、排房、住宿、结算、客源市场分析、财会计划的全自动化。其次应大力发展酒店网络，除了内部各业务环节互相联网，还要与旅游管理部门、公安、旅行社等部门之间联网以及实现酒店之间的联网。就旅行社而言，综合性体现在要加强内部管理的现代化，加快与酒店、航空公司等联网，提高外联组团、散客服务、出境旅游团体定位、结算、财务、接待等所有管理环节的自动化和联网水平。

（3）信息资源性。在信息时代，信息不是可有可无的情况、消息和情报，而是一种与能源和材料一样必不可少的资源。在当今这个信息社会，旅游业是信息依赖型产业，旅游信息的传播和流通成为沟通旅游者、旅游供应商和旅游代理商的重要方式。旅游者在决定出游前，必先了解与其目的地有关的旅游信息，目的地旅游信息是否容易获取成为衡量目的地旅游业是否成功的关键性因素之一。为了更好地开发利用旅游资源，吸引更多的旅游者前来观光旅游，旅游企业内部不仅要实现信息资源共享，还要为旅游者以及与旅游相关的行业和部门提供全面的旅游信息服务，使旅游信息形成共享，打破对旅游信息的垄断和各种形式的封锁，加速旅游信息的流通，提高旅游信息的使用率，不仅必要，而且是势在必行的。

（二）旅游市场营销信息系统的构成

对不同的旅游企业而言，构建市场营销信息系统的侧重点是不一样的，但有效的旅游市场营销信息系统一般由四个子系统组成，即内部报告系统、营销情报系统、营销调研系统和营销分析系统。

1. 旅游企业内部报告系统

旅游企业内部报告系统一般由旅游企业的财务部、人力资源部和营销部等部门共同组成，其主要职能是为本企业的其他部门收集、储存和传递信息。

报告的内容涵盖订单、销售额、价格、库存等；相关的数据往往是最基本、容易得到的事后资料。

2. 旅游企业营销情报系统

旅游企业营销情报系统是为旅游企业的市场营销决策者提供关于旅游营销环境和营销活动变化发展的信息系统，该子系统提供的是当前正在发生的数据。营销情报系统的主要作用是向市场营销决策部门提供外部环境发展变化的情报信息。因此，营销情报系统可以概括为营销人员用以了解有关外部环境发展趋势的信息的各种来源与程序。

该系统是制定和调整市场营销计划的基础，情报的主要来源是企业销售人员、各类中间商、专业调查公司、内部信息中心，报告的内容主要是当前市场营销环境的变化情况。

3. 旅游企业市场营销调研系统

在旅游企业的市场营销决策中，不但要充分利用内部报告系统和市场营销情报系统提供的信息，还要经常针对旅游企业的特定问题进行更为全面和深入的专门研究，这种研究必须要依靠市场营销调研系统来进行。

该系统涉及的主要内容是针对特定问题开展的。系统的基本特点是：为特定问题委托他人或成立专门机构进行的正式调查，是系统设计、收集、分析并报告与公司面临的特定市场营销状况有关的数据和调查结果的过程。

4. 旅游企业市场营销决策系统

旅游企业通过市场营销调研获得了大量的营销信息，必须对众多的信息进行去粗取精、去伪存真，这有赖于市场营销的分析决策系统。旅游企业的市场营销分析决策系统是指由资料系统、工具和统计技术、分析决策模式等构成的集合，它主要由统计库和模型库组成。

【知识拓展】

国家旅游局数据中心

国家旅游局数据中心是为适应新形势下国家战略与旅游产业发展的需要而成立，于2015年12月3日在京揭牌。国家旅游局数据中心的核心职能是负责旅游行业的统计和经济核算工作，目标是成为国家级旅游统计工作平台、旅游数据分析平台、涉旅决策支持平台、相关产业引导平台和国际交流合作平台。国家旅游局数据中心的成立，从根本上结束了我国旅游业统计体系缺失的历史，从根本上改变了旅游统计严重滞后于国家旅游发展战略的格局，从根本上结束了我国旅游统计数据无法与国际接轨的历史。随着国家旅游数据中心的成立，地方各级政府将陆续建立地方旅游数据中心。

（三）旅游市场营销信息系统的作用

首先，在有限的时间内，该系统能最大限度地收集信息，从而提高旅游企业对市场的反应能力。其次，单位信息的传递在最短的时间内得到了最大面积的传播，以利于旅游企业采取标准、统一的行动。最后，信息交流与沟通的快捷，有利于集团的旅游企业成员得到较为长期而又准确的预报，便于旅游企业集团实现信息集中管理，更有利于集团成员对信息的筛选和检索。

第二节　旅游市场营销调研

旅游市场营销的根本目的是通过比竞争者更好地满足市场需求来赢得竞争的优势，取得一定的市场份额，因而必须了解旅游市场，了解旅游市场的实际需求和竞争者的最新动态，而掌握这些信息就需要开展市场调研。只有广泛、系统地收集各种旅游市场营销信息，进行全面深入的分析，才能进一步发现旅游市场机会，选择旅游目标市场，进行旅游市场定位，进而再科学地制定旅游营销中的产品策略、价格策略、分销渠道策略和促销策略。由此可见，旅游市场调研是旅游市场营销活动的前提和基础。

一、旅游市场营销调研的演变与内涵

旅游市场营销调研的含义和手段是随着旅游经济规模的发展变化而变化的。在简单的旅游经济条件下，旅游经济的规模相对较小，市场范围狭小，旅游商品的供求比较单一和稳定，旅游市场的变化也比较微小，对旅游商品的生产和销售影响甚微，因此也不需要对旅游市场进行深入细致的调研。此期间的旅游市场调研主要是针对顾客所做的调研，即以购买旅游商品、消费旅游商品的个人或组织为对象，以探讨旅游商品的购买及消费的意见及动机。这是狭义的旅游市场调研。

随着旅游经济的发展及旅游市场不断扩大，旅游产品销售问题日益得到重视，旅游市场竞争日趋激励，旅游企业为了将旅游产品销售出去，开始对旅游市场进行常态化的分析和研究。在旅游市场日益规模化和全球化的今天，旅游市场竞争加剧，旅游企业的产品销售问题显得更为突出。为了更好地解决该问题，也为了给旅游企业制定科学有效的销售策略提供依据，旅游市场调研的职能范围开始变得更加广泛，不再单纯局限在旅游商品的流通领域中，而是以满足消费者或用户的需要为中心，参与旅游企业的内部经营活动的决策，为旅游企业的经营活动提供可靠的决策依据。这是广义的旅游市场调研。

广义的旅游市场营销调研包括从认识旅游市场到制定旅游营销决策的全过程。例如，旅游产品分析，从旅游商品的使用及消费角度对旅游产品的形态、大小、质量、美观、色彩、价格等进行分析，同时，对旅游产品销售的途径、市场营销的方法、销售组织、经销人员的培训、广告作用、促销活动等问题进行分析。

旅游市场营销调研是指运用科学的方法，有目的、有计划、有步骤、系统地收集、记录、整理和分析有关市场营销方面的各种情报资料，掌握旅游产品从企业到达消费者的各种情况和趋势，为旅游企业管理人员进行经营决策提供重要依据。

二、旅游市场营销调研的原则及意义

（一）旅游市场营销调研的原则

1. 客观性原则

旅游市场营销调研首先要求市场调研人员必须保持实事求是的态度，在调研过程中不能掺杂任何的个人主观意愿和偏见，坚决禁止任何夸大事实或隐瞒真相的行为。其次是要求市场调研人员在实际调研过程中采用科学的方法设计调研方案、收集和分析信息，对信息进行有效的选择和利用。

2. 及时性原则

市场机会稍纵即逝，旅游市场调研人员必须以积极的态度投入市场调研的过程中，避免出现由于拖延时间而导致所收集到的信息和得出的调研结论失去应有的价值。

3. 经济性原则

旅游企业应当有一定比例的市场调研预算。各类资源投入应控制在预算的范围之内，力求以最少的资源投入获得最令人满意的调研成果。

4. 针对性原则

旅游企业的市场调研是针对某一方面的问题专门进行的调研活动。该问题对旅游企业的经营具有重大意义，对该问题进行市场调研，目的性非常明确。

（二）旅游市场营销调研的意义

科学有效的市场调研工作已经成为旅游业持续、健康、稳定发展的重要法宝。旅游市场营销调研的具体作用主要有三个。

（1）旅游市场营销调研有利于旅游企业的营销决策者了解旅游市场的现状和发展态势，在复杂的市场环境中发现市场机会。

（2）旅游市场营销调研可以充实和完善旅游市场营销信息系统。

（3）旅游市场营销调研有助于旅游企业进行科学决策，从而改善旅游企业的经营和管理，提高旅游企业的经济效益、社会效益和环境效益。

三、旅游市场营销调研的类型

根据市场调研目标和要求的不同，旅游市场营销调研可以划分为探测性调研、描述性调研、因果性调研和预测性调研四种类型。

（一）探测性调研

探测性调研是指当旅游企业的市场调研人员对所面临的问题不太清楚，尚未确定具体的调研内容时进行的试探性的小规模、低层次的调研活动，主要回答"是什么"的问题。

一般的探测性调研采用非正式的调查方式，具有比较强的灵活性和直觉性，而且较多地运用二手资料或经验总结。因此，在进行探测性调研时，要求旅游企业的市场调研人员要具有丰富的工作经验和敏锐的洞察力。

探测性调研的重点是收集相关资料并进行初步分析，采用的方法通常是简便易行的，在调研过程中可以及时发现问题并随时调整，能够有效识别问题的疑点和难点。探测性调研常被用作许多大范围的市场调研活动的前期试探性工作。

（二）描述性调研

旅游企业在进行市场营销调研时，当问题已经比较清楚、需要寻找问题答案时常采用描述性调研。该类型的调研是通过对客观事物或现象进行如实的描述来掌握问题出现的原因。旅游企业市场调研的许多内容是描述性的，解决的问题是"如何"或"何时"。

在进行描述性调研之前，应对存在的问题有相当程度的认识。描述性调研比较适用于对客源情况、销售渠道的选择、市场潜力的测定、市场占有率和市场销售预测等调研内容的描述。由于描述性调研的调查规模和深入程度都超过了探测性调研，因此，进行描述性调研时应事先做好周密的调研方案，对工作进度做好安排。

（三）因果性调研

因果性调研是对旅游市场上出现的各种现象之间或问题之间的因果关系进行调研，目的是找出问题背后的因果关系。因果性调研是在描述性调研的基础上进行的，通过收集有关旅游市场变化的实际资料，并运用逻辑推理和统计分析的方法，找出它们之间的因果关系，从而预测旅游市场的发展变化趋势。因果性调研的内容非常广泛，旅游企业经营过程中的任何事情都可以问"为什么"，因此任何事情都可以进行因果性调研。由于因果性调研的内容广泛且实用性强，以致被认为是一种最关键、最重要的调研方式。

（四）预测性调研

预测性调研是旅游企业为了推断和测量旅游市场的未来变化与发展而进行的调研。它在收集和整理信息的基础上运用科学的预测方法，分析市场在未来一定时期内的变化情况，其主要目的是掌握市场机会，制定有效的营销计划。

从上述分析可知，探索性调研主要是发现问题并提出问题，描述性调研主要是说明问题，因果性调研主要是分析问题产生的原因，预测性调研主要是估计未来发展的趋势。这四种调研类型是相互联系、逐步深入的关系。应该说，任何旅游企业的市场营销调研都离不开这四种类型，只是侧重点有所不同。

四、旅游市场营销调研的内容

旅游市场营销调研的内容多种多样，旅游企业因调研的目的和要求不同，其调研的内容和侧重点也不同。旅游企业市场营销调研的内容主要包括以下几个方面。

（一）旅游宏观环境信息调研

通过对旅游宏观环境信息的调研，可以了解旅游客源地和旅游目的地的基本状况。旅游宏观环境信息调研的内容主要包括以下五个方面。

1. 政治环境调研

政治环境调研主要用于了解国际政治总体形势，旅游客源地和旅游目的地的政治关系，以及关于旅游市场管理的管理制度和方针政策等。

2. 法律环境调研

法律环境调研主要用于了解旅游客源地和旅游目的地的有关法律和法规状况。

3. 经济环境调研

经济环境调研主要用于了解旅游客源地和旅游目的地的国内生产总值、人均国民收入、经济发展速度、消费者收入水平和消费水平、物价水平以及通货膨胀情况等。

4. 科学技术发展状况调研

科学技术发展状况调研主要涉及国内和国际科学技术发展的现状及趋势。

5. 社会文化调研

社会文化主要包括旅游客源地和旅游目的地的价值观念、居民受教育程度、职业构成、民族分布、宗教信仰和风俗习惯、审美观念等。

（二）旅游市场需求信息调研

旅游者的需求在很大程度上决定了旅游供给，因此，收集和分析旅游市场需求，以及影响这种需求的旅游消费者的心理、偏好、购买行为等信息，是旅游企业进行市场调研的核心内容。旅游企业关于旅游者需求信息的调研主要包括以下三个方面。

1. 旅游者规模及构成的调研

旅游者规模及构成的主要内容包括：旅游客源地经济发展水平与人口特点，旅游者的可自由支配收入和余暇时间，旅游者的数量和消费构成，旅游者对旅游目的地旅游产品的总体评价等。

2. 旅游动机调研

旅游动机是推动人们进行旅游活动，并使人们实现旅游目的的内在动力。

3. 旅游者消费行为调研

旅游者消费行为调研主要是调研旅游者的消费偏好、消费习惯、消费特点和购买行为等。

（三）旅游市场产品供给调研

旅游产品从供给构成的角度可以划分为旅游吸引物、旅游设施、旅游服务和旅游地的可进入性这四个方面。

1. 旅游吸引物调研

旅游吸引物是指凡是能够激发旅游者的旅游动机，吸引旅游者产生旅游行为的自然现象、人文景观和社会现象的总称。

2. 旅游设施调研

旅游设施是指为旅游者提供服务所凭借的物质条件，它可以分为旅游基础设施和旅游上层设施。

3. 旅游服务调研

旅游服务是旅游产品的核心部分。进行旅游服务调研的内容主要包括售前服务、售中服务和售后服务。

4. 旅游目的地可进入性调研

旅游目的地可进入性调研主要是评估旅游者进入旅游目的地的难易程度。

（四）旅游企业市场营销组合调研

旅游企业的市场营销组合是指旅游企业为了增强自身的竞争实力，在选定旅游目标市场的基础上，综合运用旅游企业可以控制的产品、价格、分销渠道和促销等因素，实现最优化组合和旅游企业的目标。旅游企业市场营销组合调研包括四个方面。

1. 旅游产品调研

旅游产品是旅游企业赖以生存的物质基础，旅游企业只有不断地推出能满足旅游者需求的旅游产品，才能在激烈的旅游市场竞争中持续发展。

2. 旅游产品价格调研

旅游企业的盈亏与产品价格之间存在着必然的联系。因此，需要调查影响定价的关键因素，并基于此做好价格波动的管理。

3. 旅游产品促销调研

旅游产品促销是刺激旅游销售的有效手段，其实质就是实现旅游企业与旅游者的沟通。

4. 旅游营销渠道调研

要提高销售的效率、降低销售费用，旅游企业就必须选择合适的旅游产品营销渠道。

（五）旅游企业经营效益调研

1. 经济效益调研

旅游企业的性质决定了它的根本目的是追求企业利润的最大化。反映现代旅游企业的经济效益指标主要包括旅游企业的产品市场占有率、营业总成本、销售总量、营业总收入、营业总利润等指标。

2. 社会效益调研

现代旅游企业不仅关注本企业经济效益的提高，同时还关注本企业和产品良好形象的树立，希望与公众建立良好的社会关系，形成公众对企业和产品的认可甚至赞誉。

3. 环境效益调研

旅游业的可持续发展战略要求旅游企业应当而且必须关注生态环境效益。

五、旅游市场营销调研的步骤

旅游市场营销调研的步骤是指一项正式的旅游市场调查从调查准备到调查结束全过程的先后阶段。为了提高调研效率，确保调研的质量，旅游市场调研必须有计划、有步骤地进行。各种类型的旅游市场营销调研由于其目的、范围和内容不同，步骤也不尽相同，但归纳起来，可分为以下几个步骤。

（一）旅游市场营销调研准备阶段

旅游市场营销调研准备阶段的工作步骤大体如下。

1. 明确调研任务

确定调查任务是调研过程的起点，也是调研过程中最重要和最困难的环节。只有任务明确，才能为调查指明方向，使调研人员的调研活动有明确的目的，才能判断收集的数据是否恰当适用。例如，旅游产品的销量连续下降的原因何在？是消费者的旅游需求发生了变化还是用户对旅游产品质量有意见？是对旅游产品价格有看法还是对售后服务不满意？是经济不景气还是旅游市场上有竞争性产品？调查人员对这些问题要认真、仔细地分析，并做试探性调查，以缩小问题范围，然后抓住问题的关键所在，确定一个或几个调查目标，集中力量开展调查。

2. 选定调研方法

调研方法属于技术性问题，调研方法正确与否，对调研结果会产生很大的影响。市场调研的基本方法各有优缺点，各自适应不同的对象和范围。调查人员应根据确定的调研任务和所需信息的性质进行选择。

3. 选定样本

在确定调查任务和调研方法的同时，调查者必须确定被调查对象，并从其总体中选取一部分有代表性的对象作为样本。选择是为了保证样本的代表性和调查结果的准确性。

4. 制定调研计划

目标确定后就要拟订调研计划，调研计划是指导市场调研工作的总纲，其内容必须具体，一般应包括：调研目的、数据的收集和处理、调查的内容、调查的方法与技术、调查日程安排、经费估计以及人员的安排。

（二）旅游市场营销调研实施阶段

旅游市场营销调研实施阶段的主要任务就是组织调研人员，按照调研计划的要求系统地收集资料和数据，这个阶段的工作大体可分为以下两个步骤。

1. 收集资料

收集一手资料应明确是单独采用访问法、观察法或实验法，还是多种方法同时使用。收集一手资料时，应明确资料是来源于消费者、中间商、企业推销员，还是企业协作单位、同行竞争对手、专家等。收集二手资料时，应明确资料是来源于企业内部的报表资料、销售数据、客户访问报告、销售发票、库存记录，还是来源于国家机关、金融机构、旅游行业组织、旅游市场调研或咨询机构发表的统计数字，或院校研究所的研究报告、图书馆藏书或报纸杂志。

2. 整理和分析市场营销信息

市场信息收集完毕后，旅游企业的市场营销调研人员应使用恰当的统计分析方法，对收集到的信息进行初步整理和分析，并得出全面的、合乎逻辑的结论。

（三）市场营销调研结果的处理阶段

调研结果的处理是对调研资料的分析和总结，市场调研获得的资料大多是分散的、零星的，甚至某些资料是片面的、不准确的，因此，要反映市场的特征和本质就必须对资料进行分析整理，使之系统化、条理化。这个阶段的工作大体可分为以下几个步骤。

1. 资料整理与分析

资料整理与分析主要是对调研所得的资料进行编校、分类、统计、分析。编校就是对资料进行编辑、校正，以达到去伪存真、消除错误和含糊不清的目的；分类就是将资料分门别类地编号收存；统计与分析就是运用数理统计方法把分析结果表达出来，并制成相应的统计图表，以便更直观地观察信息资料的特征。通过"去粗取精、去伪存真、由此及彼、由表及里"的整理分析过程，得出合乎客观发展规律的结论。

2. 编写调研报告

市场调研报告要全面、系统地反映调研内容，一般包括：第一部分，项目的基本情况介绍，对调研项目的目的和意义做简要说明；第二部分，报告主体，包括调研的问题、方法、步骤、样本分布情况、统计方法、数据误差、调研结果及其对企业经营活动影响的分析，调研结论和建议；第三部分，附录部分，提供与调研报告有关的资料以供参考，如资料汇总统计表、原始资料来源等。编写调研报告应掌握的原则是：内容真实客观；重点突出而简要；文字简练；应利用易于理解的图表来说明问题；计算分析步骤清晰，结论明确。

3. 跟踪调研效果

通过市场实践活动检验报告反映的问题是否得到了解决，提出的建议是否可行、实用，效果如何，并总结市场调研的经验教训，不断提高市场调研水平。

六、旅游市场营销调研的方法

旅游市场调研的方法比较多，但是在旅游企业营销实践活动中最常见的调研方法主要有四种：文案调研法、访问调研法、观察调研法和实验调研法。

（一）文案调研法

文案调研法就是通过收集各种二手资料，从中提取与旅游企业营销活动有关的信息并对这些信息进行统计分析的一种调查方法。该方法又称资料分析法或室内研究法。

（二）访问调研法

访问调研法是指旅游企业市场营销调研人员以口头或书面的形式询问被调查者，以收集与营销调研计划有关的信息的一种方法。根据营销调研人员与被调查者的接触方式，访问调研法包括以下几种类型：

1. 面谈式访问

面谈式访问是指旅游企业的市场营销调研人员当面访问被调查者以获取有关信息的方法。该方法主要有座谈和登门访问等形式。座谈特点是：节省时间，容易捕捉到有用信息；需防止人云亦云、意见集中。登门访问的特点是：时间从容，可灵活控制，资料可靠；人力、财力和时间消耗大，对访问员要求较高。

2. 电话式访问

电话式访问是指旅游企业的市场营销调研人员根据抽样要求选取样本，用电话询问被调查者，以此获取有关信息的方法。特点是：访问迅速、直接，可以广泛抽样进行；但受时间限制，被调查者拒访时无法控制局面。

3. 邮寄式访问

邮寄式访问是指旅游企业的市场营销调研人员将设计好的调查表邮寄给被调查者，请被调查者根据要求填写调查表，填好后按时寄回的一种获取有关信息的方法。其特点包括：节省人力，受访者有充分的时间思考，问题可以提得全面些；但回收率低，真实性难以保证。

4. 留置式问卷调查法

留置式问卷调查法是指旅游企业的市场营销调查人员把调查表送交被调查者，再定期收回填写好的调查表，由此而获取有关信息的方法。其特点是：调查对象的填写时间充分，真实性相对高；但回收成本高，且回收难度大。

（三）观察调研法

观察调研法是指旅游企业市场营销调研人员在现场观察具体事物和现象的一种资料收集方法。在观察过程中，调查人员不直接介入。

（四）实验调研法

实验调研法是指旅游企业的市场调研人员通过特定的小规模试验来测试某一产品或某项营销措施的效果，在获取相关信息之后决定是否进行推广的一种方法。常用的实验调研法有以下两种。

1. 实验室实验

实验室实验是指在特定控制的环境下进行的实验，这种方法常用于传播媒体的选择和广告效果的研究。

2. 现场实验

现场实验就是在市场上进行小范围的实验,即把旅游新产品先投放到有代表性的目标市场进行试销,以此了解目标市场旅游者的反应,收集相关的信息,再对信息进行分析、预测,最后决定是否进行全面推广。

七、旅游市场营销调研的技术

科学有效的市场调研不但需要制定周密的调查计划,选择合适的调研方法,还需要运用恰当的调研技术。在旅游企业市场调研实践中,调查问卷设计技术、抽样调查技术是两项最为常用的调研技术。

(一) 调查问卷设计

旅游企业收集一手资料时,一般需要被调查者填写各种表格或问卷。调查表或问卷设计得合理与否直接关系到资料的准确性。设计调查表时,调研人员必须精心确定所提问题的内容、形式、措辞和次序,要符合简明、突出主题和便于统计分析的要求。一份优良的问卷,首先要有一个清晰的结构。尽管不同的市场调研问卷可以有不同的结构,但是一般而言,其基本的内容应该包括六个方面:前言、调查内容、结束语、样本特征资料、计算机编号、作业证明记载。

【知识拓展】

问卷基本构成

(1) 前言。前言是对调查项目的目的、意义及有关事项的说明。其主要作用是引起被调查者的重视和兴趣,争取它们的积极支持和合作。前言部分的文字应该简洁、准确,语气要谦虚、诚恳、平易近人,更重要的是要有吸引力和可读性;前言的内容包括:调查人员自我介绍,包括对调查人员所代表的研究或调查公司的介绍及本人的职务和姓名;本项调查的目的、意义;酬谢方式。

(2) 调查内容。调查内容是调查问卷的主要部分,所占篇幅也最大,是整个问卷调查的目的之所在。拟定一份完善的问卷需要有相当的技巧与学问,并要特别注意所问问题的类型、措辞、形式和次序。

(3) 结束语。结束语是在调查内容完成之后,简短地向被调查者表示谢意,或征询被调查者对本问卷的看法和感受。

(4) 样本特征资料。样本特征资料也是问卷所要搜集的基本资料,它记录样本的各种特征,可分为个人、家庭、企业。或对消费者而言,如他(她)的性别、年龄、婚姻、受教育程度、职业和收入等;对企业而言,如其营业面积、企业类型和职员收入等。

(5) 计算机编号。计算机是对大量问卷的调查原始数据进行整理与分析的最重要的应用工具。计算机编号是为了对问卷调查结果资料进行计算机统计处理和结果分析,面对问卷的有关项目预先做好的计算机编码。

(6) 作业证明记载。其是用来证明访问作业的执行、完成、访问人的责任等情况,以便于检查、整理和修正等。作业证明记载的内容包括:受访者姓名或名称、电话,访问的地点、时间。

1. 调查问卷设计的注意事项

(1) 文字表述应清楚明白。

(2) 内容反映调研的目标。

(3) 格式规范。

一份合格的问卷应该简洁、有趣、具有逻辑性且问题明确；一份合格的问卷不仅要考虑主题和受访者的类型，还要考虑访问的环境和问卷的长度；一份合格的问卷必须使问题适合潜在的应答者，避免使用专业术语。

【学习拓展——问卷设计应用1】

涉及年龄、财产、收入、婚姻状况等隐私时应用的有效方法：

1. 给出几个档次供选择

1-1. 请问您的年龄属于哪一档？

(1) 18岁以下　　(2) 19~25岁　　(3) 26~30岁

(4) 31~35岁　　(5) 36~40岁　　(6) 40岁以上

2. 递进式构造问句

2-1. 您的收入在家中排第几位？

2-2. 您的月收入属于哪一档位？

3. 假借被访对象

3-1. 请问您的业余时间如何安排？（多数被访者会往"好"的方面说，不愿如实回答，尤其是爱好打麻将、玩游戏等的被访者。）

3-2. 请问您周围的朋友在业余时间主要干什么？（不但维护了被访者的面子，真实性也会更强一些。）

【学习拓展——问卷设计应用2】

询问简单明了，并确认被访者和访问者对问题的理解一致。

1. 用浅显易懂的词语，尽量少用专业术语

1-1. 您认为三亚蜈支洲的宣传是否充分？（"宣传是否充分"过于专业，可改为：您对三亚蜈支洲了解到什么程度？）

2. 不要用程度副词等不明确的词语

2-1. 您是否经常乘飞机？（被访者无法判断"经常"是指每月一次还是每周一次。）

3. 避免引导性的、偏激的词语

3-1. 您认为三亚亚龙湾美高梅酒店是三亚最好的五星级酒店吗？（这是有引导作用的询问，是不合适的。）

3-2. 住国际品牌酒店，让外国人赚更多的钱；住中国自己品牌的酒店，扶持民族品牌，您的选择是什么？（这是一个偏激的询问，容易导致获取的数据不真实。）

4. 有没有隐含的假设

4-1. 为了保护三亚的旅游环境，所有酒店都应该加收服务费，您是否同意？

4-2. 为了保护三亚的旅游环境，所有在三亚的酒店都应该加收15%的服务费，您是否同意？（当将隐含的假设明确表达出来时，应答者的回答会有所变化。）

2. 调查问卷的提问形式

（1）封闭式提问是旅游企业的市场调研人员事先准备好被提问的问题的所有可能的答案，让被调查者从中进行选择。

（2）开放式提问由市场调研人员提出问题，不准备任何可供选择的答案，由被调查者以文字的形式表达出来，不受任何限制。

（二）抽样调查技术

抽样调查是指按照随机的原则，从全部对象中抽取一部分对象作为样本进行观察，根据对样本的调查结果，通过科学的计算来推断总体，并有效地控制抽样误差的一种统计调查方法。

1. 随机抽样调查

该方法是在广泛的调查对象中不做任何有目的的选择，纯粹用偶然的方法选取样本，又称概率抽样。随机抽样使样本中调查对象的分布状况接近总体分布情况，使样本比较好地代表了总体，因此可以以样本得出的结论来推断总体。常用的随机抽样调查方法主要有简单随机抽样、分层随机抽样、分群随机抽样。上述随机抽样的方法比较见表2-1。

表2-1 随机抽样调查的类型

类型	界定
简单随机抽样	总体的每个成员都有已知的或均等的被抽中的机会
分层随机抽样	将总体分成不重叠的组（如年龄组），在每组内随机抽样
整群抽样	将总体分成不重叠的组（如街区组），随机抽取若干组进行普查

2. 非随机抽样调查

该方法是当调查总体不明确或无法确定时，调查者希望迅速得到调查结果，于是按调查者主观设定的某个标准抽取调查对象的调查方法。常见的非随机抽样方法主要有任意抽样、判断抽样、配额抽样。三者的区别见表2-2。

表2-2 非随机抽样调查的类型

类型	界定
随意抽样	调查员选择总体中最易接触的成员来获取信息
估计抽样	调查员按自己的估计选择总体中可能提供准确信息的成员
配额抽样	调查员按若干分类标准确定每类规模，然后按比例在每类中选择特定的数量进行调查

第三节 旅游市场营销预测

旅游市场营销预测是根据过去和现在的情况推测未来的发展，并通过分析研究，为旅游企业的营销决策提供进行比较、选择的初始方案以及实施这些方案的最佳途径。旅游市场营销预测的内容十分广泛，一般来说，对旅游市场需求、旅游市场占有率、旅游市场价格、旅游产品生命周期和旅游营销效果等都可进行预测。旅游市场需求预测是对未来旅游市场需求的估计。在大多数情况下，旅游企业的营销环境是在不断变化的，由于这种变化，旅游总市场需求和旅游企业需求都是变化的、不稳定的。这时，准确地预测旅游市场需求和旅游企业需求就成为旅游企业成功的关键，因为任何错误的预测都可能导致决策错误从而销售额下降等的不良后果。

一、旅游市场营销预测的概念

预测就是根据过去和现在的已知因素，运用已有的知识、经验和科学方法，对与人们切身利益有关的事物的未来发展趋势做出估计和推测。预测作为一门科学，在各个领域都有着广泛的应用。旅游市场营销预测是预测科学的一个重要组成部分，是经济预测领域里的重要内容。旅游市场营销预测就是运用科学的手段和方法，在旅游市场调查的基础上，根据所获得的旅游市场信息，对旅游市场未来的发展趋势做出估计和判断的过程。

要准确和全面地理解旅游市场营销预测，应把握以下要点：旅游市场营销预测是探索旅游市场未来发展趋势的行为；旅游市场营销预测要有充分的依据，它是根据旅游市场的过去和现在来预测和推断旅游市场的未来，也就是说，探索的过程是依据充分的客观资料和环境条件进行的，因此，旅游市场营销预测要在掌握各级系统和准确的旅游市场信息的基础上进行；旅游市场营销预测必须运用科学的方法，其中包括科学的逻辑推断和数学计量方法，还包括实践中积累的经验和主观判断能力。

旅游市场营销预测一般要经历三个阶段：第一阶段是广泛收集有关的旅游市场信息资料，并进行去粗取精、去伪存真的加工和整理；第二阶段是根据已知因素，运用主观经验和判断能力以及科学的方法和手段，进行一系列的加工计算和科学分析，寻找旅游市场发展的客观规律，并力图用一定的模式来表述这种规律；第三阶段是利用已经找到的反映旅游市场发展的客观规律，运用定性和定量的方法来预测未来。

科学的旅游市场营销预测是旅游企业编制本企业发展计划和调整营销策略的依据，也是增强旅游企业竞争能力的重要途径。促使旅游企业及时地进行产品更新换代，有利于提高旅游企业的影响力及其产品竞争力，可以降低旅游企业的经营风险。

二、旅游市场营销预测的类型

（一）按照预测期划分

1. 长期预测

长期预测一般是指预测期在 5 年及以上的预测。长期预测是旅游企业制定长远规划的科学依据。

2. 中期预测

中期预测一般是指预测期在 1 年以上、5 年以下的预测。它将为实现 5 年内中期规划编制的实施方案提供依据。

3. 短期预测

短期预测一般是指年度、季度或月度的预测，它为近期安排经营管理、制定营销决策、解决近期旅游市场出现的突出问题所采取的措施提供依据。

（二）按照预测范围划分

1. 旅游宏观市场预测

旅游宏观市场预测是指对影响旅游企业营销活动的总体市场状况的预测，主要内容包括对未来政治法律政策状况、经济发展情况、社会文化发展趋势、科学技术水平以及旅游者需求心理和购买特点对旅游市场供求关系的影响等方面的预测。

2. 旅游微观市场预测

旅游微观市场预测是指从旅游企业的角度出发对其经营的旅游产品的市场发展前景的预测，主要包括对本旅游企业经营的产品的需求和销售、旅游企业的市场占有率和经营效益等情况的预测，其目的是为旅游企业制定相应的营销计划提供依据。

（三）按照预测性质划分

1. 定性预测

定性预测是指市场预测人员根据所掌握的营销调研资料和主观经验，通过对预测目标性质的分析和判断，估计在未来一定时期内旅游市场变化趋势的预测方法的总称。

2. 定量预测

定量预测是指市场预测人员根据市场营销调研所获得的数据资料，运用数学和统计方法发现其变化的一般规律，并依照所发现的规律对市场发展的前景做出量的估计的预测方法的总称。

（四）按产品层次划分

1. 单项产品预测

单项产品预测是指根据旅游市场某项产品的具体需求量进行的预测，如酒店对下季度的入住率进行预测。

2. 同类产品预测

同类产品预测是指按旅游商品类别预测市场需求量，如对五星级酒店类的需求量进行预测。

3. 分对象产品预测

分对象预测包括两种情况：一是按某一对象需要的各种旅游商品进行预测，如对东北人到海南度假进行预测；二是某种旅游商品按对象的不同需求进行具体预测，如可以根据男女的不同需求，对不同的酒店、房间和入住天数进行具体预测。

4. 旅游产品总量预测

旅游产品总量预测是指对整个社会旅游产品的需求总量进行预测。

三、旅游市场营销预测的主要内容

（一）旅游市场营销环境预测

旅游业是极容易受到外部环境影响的产业。旅游企业制定营销战略和策略、进行重大营销决策时，必须利用科学的方法，对旅游客源地和旅游目的地的政治、经济、法律、科技、社会文化及自然环境等各种因素的变化和发展趋势做出科学的预测。

（二）旅游市场需求预测

在旅游市场营销预测中，旅游商品需求预测是一项十分重要的内容。旅游市场需求预测是通过对过去和现在旅游商品市场的销售状况和影响旅游市场需求的各种因素进行科学的分析和判断，来预计旅游市场对商品的需求以及未来旅游市场的发展趋势。旅游企业要做好社会在短期、中期以及长期内对旅游产品需求量和旅游产品构成的预测，对引起需求变化的各种因素的变化要进行预测。旅游市场需求预测主要包括旅游市场需求总量预测、旅游市场需求结构预测和旅游者购买力预测。

1. 旅游市场需求总量预测

旅游市场需求总量是指在一定时期内,某个国家或地区的旅游者可能购买的旅游产品的总量。

2. 旅游市场需求结构预测

旅游市场需求结构预测是指从旅游者的消费需求角度出发,分别对旅游者所需要的餐饮、住宿、交通、游览、娱乐和购物等方面的需求做出预测,其目的在于使旅游企业针对旅游者的需求开发和推出产品项目,更好地满足旅游者的消费需求。

3. 旅游者购买力预测

旅游者购买力预测是对旅游市场现实购买力水平和潜在购买力水平做出的预测。旅游者的购买力主要由其收入水平决定,并受到非商品性收入、储蓄、物价和通货膨胀率等因素的影响,因此,对旅游者购买力进行分析时,必须要对相关影响因素进行分析。

此外,还有市场需求发展变化趋势预测、市场需求饱和预测、市场销售预测等。

(三) 旅游市场占有率预测

在一定时间内,旅游企业对某种旅游产品的销售额或销售量与旅游市场上同类产品的全部销售额或销售量之间的比率叫作旅游市场占有率。旅游市场占有率预测就是在一定时期内对某种旅游产品或某类旅游产品需求量变化趋势的预测。旅游市场占有率预测实际上是旅游企业竞争能力的预测。一个旅游企业的产品由于处于旅游市场竞争中,旅游市场占有率会经常发生变化,原来购买本旅游企业产品的用户可能因此去购买其他旅游企业的同类旅游产品,其他旅游企业产品的购买者也可能转变为本旅游企业的顾客。

影响旅游企业市场占有率的因素主要有产品种类、质量、价格、交货期、服务以及推销方法等。在这些因素中,质量和价格是两个主要的影响因素。在旅游市场同类产品的质量不相上下时,价格上的竞争就占主要地位。价格是否适当,对旅游产品销售量和旅游产品的市场占有率起着决定性作用。销售量的增减与旅游产品的价格呈反向关系,旅游商品价格低,购买者愿意购买,旅游市场需求量就会增加;旅游商品价格高,旅游购买者就少,旅游市场需求量就会减少。但随着人们生活水平的提高,一些高档、优质的旅游产品,如酒店的豪华套房,价格高一些,购买者也可能不会少,因此,旅游企业要做好预测。

(四) 旅游市场产品供给预测

旅游市场供给是指在一定时期内,旅游企业愿意并能够按一定的价格向旅游市场提供旅游产品的数量。旅游供给预测是对全部旅游产品的供给能力及发展趋势的预测,主要内容包括旅游市场供给能力预测、旅游市场竞争预测和旅游新产品发展预测三个方面,有时还包括旅游业发展能力的预测。

四、旅游市场营销预测的程序

旅游市场营销预测的过程就是对各种调查资料按预测目的和要求进行整理、计算和分析的过程。通常包括如下步骤:明确预测的目的,收集、整理资料,选择预测方法,写出预测报告,评价和修正预测结果等。

(一) 明确预测目的

明确预测的目的是开展预测工作的第一步,也是最重要的一步。因为预测的目的不同,预测的项目、内容、需要的资料和采用的方法就都会有所不同。确定预测目的,就是确定预测的内容以及要达到的目的，它根据各个时期的任务和所要解决的问题来确定。旅游企业确定预测的目标后，要考虑具体的预测方法，然后确定预测人员，拟订预测计划，详细列出预测过程中需要做的工作内容，并调配好各项工作，保证此次预测工作能够有计划、有节奏地进行。

（二）收集和整理调查资料

收集和整理信息资料是科学预测的基础。收集什么资料，由预测的目标所决定。任何预测都要建立在过去和现在的资料的前提下。一般来说，旅游市场需求预测的信息资料可以分为历史资料和现实资料两类，也可以分为内部资料和外部资料，或者原始资料和二手资料。资料收集范围应根据预测目标来确定，预测人员在收集资料和编辑、整理资料的过程中，要力求保证资料的准确性、系统性和完整性，这样才能保证预测结果精确、可靠。

（三）选择预测方法

旅游市场营销预测需要运用一定的科学方法来进行。旅游市场营销预测的方法很多，但并不是对每一个预测对象和每项预测内容都完全适用，旅游企业要根据预测问题的性质、要求以及占有资料的多少、收集数据的可靠性和预测成本的大小来进行选择。

（四）写出预测报告

经过预测活动得到的结果就是预测值；得到预测值后，就可以着手编写预测报告了。预测报告应包括预测的目标、预测的前提、预测的方法、预测值、误差的范围，并对现在或今后应采取的策略给出建议，并尽可能利用统计图表及数学方法予以精确表述。预测报告要求数据真实准确，论证可靠，建议切实可行。对预测的指标、预测资料、预测的过程等应做出简要的说明。

（五）评价和修正预测结果

预测是对未来事物的估算，所以很难完全与实际情况一致，因此必须对预测结果进行认真的分析和评价。一般需要对预测结果报告与历史和现状结合起来进行比较分析，既要有定性分析，又要有定量分析，对预测结果及其误差应有一定的分析和说明。如有必要，可组织有关预测人员一起讨论，校对误差，提高预测结果的可信度，以得到更准确的预测值。当预测结果形成以后，一方面要根据预测结果指导本旅游企业的营销实践活动，另一方面要根据旅游市场环境的变化对预测结果进行及时的修改。

五、旅游市场营销预测的方法

旅游市场营销预测的方法是实现旅游市场营销预测的手段，采用科学的旅游市场营销预测方法，可以科学地估计出旅游市场未来的发展趋势。旅游市场营销预测的方法很多，归纳起来，主要有定性预测法和定量预测法两类。

（一）定性预测法

定性预测法也叫经验判断法或直观判断法，是对预测目标的性质进行分析，用以测定和推断预测对象未来的发展性质及其发展趋势。这种方法主要是依靠直观材料及个人经验进行主观判断。这样，预测的结果完全取决于预测人员的经验和综合判断力。其缺点是带有主观片面性，受预测者水平高低的影响，难以提供准确的定量判断数据；其优点是适合于任何旅游部门或旅游企业，简便易行，省钱省时。由于影响旅游市场销售的因素很多，如经济形势、政府政策、消费者的心理等，不能用定量方法衡量，因此在旅游市场需求预测中，定性预测方法应用得较为普遍。一般来说，常用的定性预测法主要有以下几种。

1. 旅游消费者意见预测法

旅游企业的市场预测从根本上说是估计旅游者在一定的条件下将会购买什么产品和服务，因此，旅游者才是旅游企业最有用的信息来源。在欧美旅游业发达的国家或地区，旅游企业通常通过访问、座谈、电话、信函以及现场投票的方式对本企业现实的或潜在的旅游消费者进行调研，以了解被调查者的购买心理、购买特点和购买意图。

2. 旅游销售人员意见法

这种预测方法就是把旅游企业所有的销售人员（包括推销人员、代理商、经销商等各类销售人员）召集起来，通过会议的形式来征求他们的意见，把各旅游销售人员的意见加以集中来进行预测。由于旅游营销人员直接参与市场上的各种旅游营销活动，他们非常了解旅游消费者和竞争对手的情况，对所在市场的需求变化了解得比较透彻，因此，他们的意见具有较高的参考价值；当然，也存在营销人员从自身利益出发得出预测结论的问题。

这种方法的优点是：不需要经过复杂的计算，预测速度比较快，也较省钱；贴近旅游顾客，了解他们的需求，预测相对准确，效果好；能使销售人员有更大的信心完成销售配额；可以获得按产品、区域、顾客或销售人员划分的各种销售额。其缺点是：预测会有片面性；容易受个人的认识水平和偏见的影响，降低旅游销售预测的准确性。

这种预测一般需经过修正才能利用，这种方法常常被人们结合其他预测方法加以利用。应用该方法，首先要组织一些对预测对象熟悉的人员，其次由这些人员提出各自的主观概率，最后求概率的平均值，即可得到事件可能发生的预测值。

3. 专家意见法

专家意见法是一种以旅游市场分析和预测专家为主体的市场需求预测方法，也叫德尔菲法，即根据预测目的和要求，向有关专家提供一定的背景资料，邀请他们对有关问题做出预测。这是国内外广泛采用的一种方法，常用来做技术预测、政治预测、经济结构预测，同时也适用于旅游市场营销预测。该方法是美国兰德公司于20世纪40年代首创和使用的，50年代以后在西方盛行起来。

专家意见法的主要过程是：确定预测目标，选择专家，发送预测问卷，预测反馈，汇总专家意见。

专家意见法的优点是：时间快、成本低；能充分表达各种不同的观点并加以调和；可以弥补基本数据的缺乏；其缺点是：专家意见未必能反映客观现实；责任较为分散，估计值的权数相同；一般只适用于总额的预测，而用于区域、顾客群、产品大类等的预测时，可靠性较差。

（二）定量预测法

定量预测法又叫数量预测法，它是根据旅游市场调查所获得的数据资料，运用数学或统计方法进行推算并得到预测结果的一种预测方法。定量预测法根据旅游市场变化的量的规律性，借鉴统计学和数学等学科的研究方法，同时借助电子计算机等工具进行预测，使预测结果具有科学性、严密性和一定的准确性。但是，定量预测法只依据旅游市场的量的变化规律来预测和分析某些可控的因素间的数量关系，没有考虑错综复杂的旅游环境因素的影响。

因此，旅游企业在实际预测中，应该将定量预测法与定性预测法结合起来进行综合预测。常用的定量预测法有时间序列预测法和回归预测法。

1. 时间序列预测法

时间序列预测法是将某种旅游经济统计指标的数值，按时间先后顺序排列形成序列，再将此序列数值的变化加以延伸，进行推算，预测未来的发展趋势。主要特点是以时间的推移来研究和预测市场需求趋势，排除外界因素的影响。采用此法首先要找出影响变化趋势的因素，再运用其因果关系进行预测。

（1）简单平均数法。简单平均数法是根据过去多期资料数据计算算术平均值，来说明某种现象在时间上的发展趋势的一种预测方法。这种方法虽简单易行，但精确度差，不能充分反映发展趋势和季节变动的影响，因此适用于短期预测。其计算公式为

$$\bar{x} = \frac{1}{n}\sum_{t=1}^{n} x_t$$

式中，$\bar{x}$ 为预测对象预测值；n 为历史若干期数；t 为某个历史期；x_t 为第 t 期的实际数值。

（2）加权平均数法。加权平均数法是对不同时期的实际数给予不同的权数处理后再求加权平均值的一种预测方法。一般来说，在参与预测的一组历史数据中，远期数据影响较小，近期数据影响较大。因此，为了减少误差，就应该给近期数据的权数较大，给远期数据的权数较小，这样可以体现各期数据的不同影响程度，因而，这种方法的预测结果比简单平均法的预测结果更准确。具体公式为

$$S = \frac{\sum_{i=1}^{n} c_i d_i}{\sum_{i=1}^{n} c_i}$$

式中，S 为预测对象预测值；n 为历史若干期数；i 为某个历史期；d_i 为第 i 期的实际数值；c_i 为 d_i 对应的权重。

2. 回归预测法

回归预测法是对具有相互联系的现象，根据大量的观察和相关因素分析，找出其变量间的规律和因果关系，并根据这种规律和因果关系来确定预测值的市场预测方法。如果研究的因果关系只涉及两个变量并且变量间存在着确定的线性关系形态，则被称为一元线性回归。

【思考题】

1. 广义的旅游市场营销调研是指什么？
2. 旅游市场营销调研的作用有哪些？
3. 旅游企业开展旅游市场营销调研的内容主要有哪些方面？
4. 旅游市场营销调研一般可以分为几个步骤？
5. 设计问卷调查应注意哪些事项？
6. 什么是旅游市场营销预测？
7. 旅游市场营销预测有哪些程序？
8. 什么是定性预测法？定性预测法主要有哪几种？
9. 什么是专家意见法？它有哪些特点？

【案例分析】

百度大数据的旅游预测

百度指数是以百度海量网民行为数据为基础的数据分享平台,是当前互联网乃至整个数据时代最重要的统计分析平台之一。百度指数能够告诉用户某个关键词在百度的搜索规模有多大,一段时间内的涨跌态势以及相关的新闻舆论变化,关注这些词的网民群体及所在地,这些网民同时还搜了哪些相关的词,从而帮助用户优化数字营销活动方案。目前,百度指数的主要功能模块有:基于单个词的趋势研究、需求图谱、舆情管家、人群画像;基于行业的整体趋势、地域分布、人群属性、搜索时间特征。百度倡导数据决策的生活方式,是为了让更多人意识到数据的价值。

百度涉及旅游的大数据一般可分为旅游者属性数据、旅游者行为数据、旅游者信息获取行为数据。利用顾客的基础数据为游客出行旅游提供决策参考,是大数据平台的主要功能之一。其中,旅游流量预测一向是旅游行业的重大课题,尤其是对旅游管理机构和目的地企业,无论对旅游行业进行宏观把握和调控,还是对目的地营销活动进行引导,以及对旅游流向和流量进行调整,都具有很强的现实意义。例如,自2013年起,山东省旅游局与百度达成战略合作,推出"山东省旅游景点排行榜",根据网民的搜索指数对山东省境内的A级景区的热度进行排名,以反映未来潜在游客对省内目的地景区的关注热度。另外,通过对网民来源地数据进行分析,可以了解未来省内目的地的客源结构,进而指导目的地的行业预测分析和营销活动。

[案例思考]

旅游企业如何运用大数据做好市场预测并有效开展营销活动?

第三章 旅游市场营销环境

【学习目标】
了解旅游市场营销环境的概念。
理解旅游市场营销环境的特征。
理解并能够分析旅游市场营销的宏观环境、微观环境的内容。
掌握旅游市场营销环境的SWOT分析。

【学习重点】
旅游市场营销的宏观环境内容。
旅游市场营销的微观环境内容。
SWOT分析。

【学习难点】
旅游市场营销环境的特征。
旅游市场营销环境的SWOT分析及战略选择。

第一节 旅游市场营销环境概述

一、旅游市场营销环境的含义及构成

（一）旅游市场营销环境的含义

旅游市场营销环境是指那些作用于旅游企业，而旅游企业难以控制的因素和力量，这些因素和力量构成了旅游企业生存和发展的外部条件。简而言之，旅游市场营销环境是指与旅游企业营销活动有直接业务关系的各种因素的总和。

（二）旅游市场营销环境的构成

旅游市场营销环境由宏观环境和微观环境构成。通常，人们把旅游企业外部和市场营销有关的环境因素当作旅游企业的市场营销环境。但是从企业经营者的角度看，旅游市场营销的成功取决于两方面的因素：一是旅游企业的营销组合；二是企业的营销环境。前者是企业自身可以控制的；后者则超越了企业的可控范围，其中有些是企业可以影响的，有些则既不

可控，又不可影响。由此可以认为，旅游市场营销环境是包括旅游企业外部与市场经营有关的环境因素和内部营销因素的总和。图3-1为旅游市场营销环境构成系统，旅游市场营销微观环境由与企业营销活动有关的组织和个人构成，包括旅游资源供应者、旅游中间商、顾客、竞争对手、社会公众等，这些组织和个人行为对企业营销能力的有效发挥可产生直接影响。宏观环境则必须通过微观环境来作用于旅游企业的市场营销活动。宏观环境由对微观环境产生重要影响的六大力量构成，包括各国或各地区的人口因素、经济因素、政治法律因素、科学技术因素、社会文化因素以及自然生态因素。

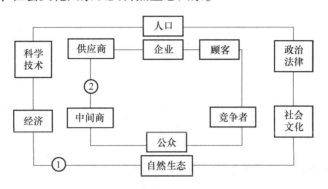

图3-1 旅游市场营销环境

注：①为旅游市场宏观环境；②为旅游市场微观环境。

二、旅游市场营销环境的特征

（一）客观性

旅游市场营销环境客观存在于旅游企业营销部门的周围，它不以营销者的意志为转移，相反，它在一定程度上制约着旅游企业的营销行为。尤其是旅游企业面临的宏观环境，如人口因素、政治法律因素和社会文化因素等，在一定时空状态下都是确定的，旅游企业不可能按照自身的要求和意愿去改变它们，只能主动去适应它们，并根据其变化及时调整市场营销策略。事物发展优胜劣汰的自然规律，对旅游企业与市场营销环境的关系同样适用，善于适应市场营销环境变化的旅游企业就能很好地生存和发展，而不能适应环境变化的旅游企业只会面临被市场淘汰的厄运。

（二）差异性

虽然从整体上看，同一国家、同一地区的宏观营销环境基本上是一致的，但是这种一致性却是相对的，同一国家的不同地区的某些环境因素也可能是不一致的，如我国的不同地区在地理、自然条件以及民族文化等方面就有很大差异。对于不同国家和地区更是如此，由于地理、自然条件、民族文化、社会经济制度和发展水平等方面的不同，宏观营销环境会存在巨大的差异。

（三）波动性

旅游市场营销环境各项因素的状态随着时间的变化而变化，多因素变动的各个状态的多重组合，形成了波动的多样化环境。由于旅游需求中可自由支配收入变化和闲暇时间的分布差异，易形成旅游流的时空波动；旅游目的地的旅游资源禀赋变化造成相对的旅游流季节波动。

(四) 关联性和整体性

旅游市场营销环境的各项因素之间并非孤立无关，而是相互影响、相互制约的，其中某一项因素的变化都会引发连锁反应，带动其他因素相互变化，形成新的市场营销环境，也是"牵一发而动全身"的整体效应的反映。

(五) 不可控制性与企业相对能动性

旅游企业虽然对市场营销环境难以进行控制，但并非只能被动接受营销环境的影响。旅游企业还可以发挥自身的能动性，充分利用市场营销环境的有利因素，控制营销环境给企业带来的不利影响。

三、研究旅游市场营销环境的意义

在现代市场经济条件下，旅游企业必须根据市场需求配置资源、制定战略、设计产品。在旅游市场营销活动中，企业面对各种宏观环境和微观环境因素的影响，营销环境在不断地创造机会和涌现威胁。持续地研究环境和适应环境变化对旅游企业的命运至关重要。

(一) 旅游市场营销环境是旅游企业赖以生存的基本空间

旅游市场营销必须在一定的时间和空间条件下开展，如果丧失了必要的时空生存条件，旅游市场营销就无从谈起。这一条件就是旅游市场营销环境，它本质上是旅游企业赖以生存的基本空间。旅游企业的市场营销活动所需的各种资源需要在环境许可的条件下获取，旅游企业推出的旅游产品也需要获得消费者的认可与接纳。

(二) 旅游市场营销环境被改造后可以有利于企业发展

旅游市场营销环境是旅游企业市场营销活动的制约因素。旅游企业的营销管理者虽然能够控制企业的大部分营销活动并能分析、认识营销环境提供的机会，却无法控制所有环境因素的变化，更无法有效地控制竞争对手，但可以充分发挥企业自身的积极能动性。

(三) 旅游产业的综合性增强了其对外部条件的敏感性

旅游企业是在不断变化着的社会经济环境中运行的，并在与其他企业、目标顾客和社会公众的相互协作、竞争、服务和监督中开展市场营销活动。旅游产品是一种不可储藏、不可转变的特殊产品，这决定了旅游企业对可能影响其未来发展的所有外部条件的敏感性。

旅游市场营销成败的关键在于能否把握市场营销环境的特点及规律，只有与环境变化相适应、相协调，才能顺利地开展营销活动并实现其预期目标。

第二节 旅游市场营销的宏观环境

旅游市场营销宏观环境是指影响旅游企业运作的外部大环境，它既包括国际环境又包括国内环境，旅游企业对它既不能控制又不能影响，而它却对旅游企业营销的成功与否起着关键作用。分析外部环境的主要目的在于找出旅游企业的营销机会和风险，调整和部署企业营销战略。旅游从业人员必须根据宏观环境中的各种因素及其变化趋势来制定和调整自己的营销策略，以达到市场营销的目的。宏观环境主要包括自然环境、人口环境、政治法律环境、社会文化环境、经济环境、科学技术环境等。

一、自然环境

对于旅游产业而言，自然环境主要是指优越的地理位置和丰富的景观资源。旅游业与自然环境存在着密切的联系，旅游业的发展必须依托一定的自然地理环境，而自然资源和气候条件的变化对旅游业存在着一定的制约作用。旅游自然资源的类型主要分两种：顺境自然生态景观是指保存完整的原始景观，如世界自然遗产、自然保护区和一些自然风景区，多分布在高山深谷及人类难以到达的区域；逆境自然生态景观是指由于自然生态系统的逆向演化所形成的具有观赏价值的自然景观，如云南元谋土林和陆良彩色沙林风景区，系水土流失所形成。由此可以看出，自然旅游资源直接影响旅游产品价值。然而如今的自然环境面临严峻的问题：如某些自然资源短缺或即将短缺；敦煌莫高窟的很多壁画严重受损，子孙后代可能无法观赏；环境污染日益严重。同时，绿色营销、绿色产业、绿色消费、可持续发展已为世界多国及企业所认可。因此，要对自然环境进行保护来确保旅游业的可持续发展。

【学习拓展】

亚布力滑雪旅游

亚布力镇旅游资源得天独厚。亚布力山清水秀、景色宜人，域内群峰竞秀、林海茫茫，世界公认的冰雪、森林、海洋三大旅游资源，亚布力占有冰雪、森林两项。这里春季野花飘香，夏季苍山滴翠，秋季霜叶似火，冬季万里雪飘。

亚布力滑雪场自建场以来，先后承办了第五届、第七届、第十届全国冬季运动会，第四届亚洲少年高山滑雪锦标赛、第三届亚冬会等大型的国内和国际滑雪比赛以及数十次国内和省内的滑雪比赛。现有高山滑雪场地、自由式滑雪场地、跳台滑雪场地、单板场地、越野滑雪场地和冬季两项滑雪场地，其中前三个滑雪场地已通过国际雪联的认证并授予了证书。

亚布力滑雪场现在已形成了初、中、高级雪道相结合的雪道体系。初级雪道位于灵芝湖畔，长500m，旁边配有大型拖牵式索道，适合从未滑过雪和有一些初步滑雪经验的旅游者。中、高级雪道建在海拔1374.8m的大锅盔山北麓，雪道全长3080m，平均宽50m，落差804m，完全符合国际雪联的标准。雪道旁配有日本进口吊椅式索道，每小时运力为300人。中、高级雪道适合有一定滑雪水平的旅游者。

雪具出租店内有豪华板、普通板及儿童板总计1000余套。此外，滑雪场还开展了一系列雪上娱乐项目：雪地摩托、雪上飞碟、雪地爬犁、马拉爬犁、空中溜索等。亚布力滑雪场四季风景秀丽，是黑龙江省的一个重要旅游景区，其丰富的森林资源和雪地资源已成为我国滑雪旅游的首选地。

二、人口环境

旅游市场是由具有购买欲望和购买能力的人所构成的，旅游企业市场营销活动的最终对象是旅游者。影响旅游企业市场营销的人口因素是多方面的，通常包括人口数量、自然构成、增长速度、受教育程度、地区分布及地区间流动等因素。人口因素不仅影响基本生活资料需求的变化，同时也影响诸如旅游需求等非基本生活资料需求的变化。

（一）人口因素

1. 人口数量与旅游市场构成的关系

在收入接近的条件下，人口的多少决定着市场容量。在经济发展水平相似的国家，人口增加对旅游人次的增加有着一定作用。

2. 人口城市化与旅游市场的关系

世界城市人口迅速增加，为旅游市场创造了较大的客源基础。而人口的流动包括人口流动的数量、人口流动的区域、人口流动的时间长短、人口流动的距离长短、人口流动的比率及流动人口的结构变化等。旅游者属于流动人口的一部分。目前，人口流动的动向是：从农村流向城市，从城市流向郊区，向阳光地带迁移。一般来说，城市居民具有旅游需求的人数不仅比农村多，而且比例也高。从世界上一些主要客源国看也是这样，城市人口多，旅游人数也多。城市人口的增加会导致旅游人数的增多，如何适应人口城市化的特点开发旅游市场，是旅游营销面临的一个很重要的课题。

3. 世界人口年龄结构变化与旅游市场的关系

人口结构主要包括人口的年龄结构、性别结构、职业结构、家庭结构及收入结构等。

（1）年龄结构。人口的年龄结构是指不同年龄阶段的人口占总人口的比例。不同年龄阶段的人对旅游产品的需求差异较大。例如，老年人一般喜欢休闲的旅游产品，而年轻人更偏爱比较刺激的旅游产品，旅游企业应该深入分析不同年龄阶段的消费者对旅游产品的需求特点，开发出有针对性的旅游产品。

从人口年龄结构的发展趋势上来看，许多国家的人口正在趋于老龄化，这种发展趋势对旅游业的发展有着深刻的影响。据联合国的数据，截至2018年7月，全球60岁及以上人口约为9.62亿人，占全球总人口的比重约为12.8%。而预估到2050年，全球人口数量将达到98亿人，其中60岁及以上老年人约为31亿人。因此，旅游企业应该制定老年人旅游市场开发战略，推出适合老年人的各种旅游服务项目，特别关注对于"银发团"的旅游产品的开发。

（2）性别结构。人口的性别结构是指全体人群中男性与女性的比例，不同性别的人对旅游产品的需求也有一定的差异。近年来，由于女性社会地位的提高，女性游客的数量在不断增加，女性旅游市场成为一个越来越值得关注的市场。

（3）职业结构。人口的职业结构往往对收入的多少起着决定性的作用，同时对消费者空闲时间的多少及旅游兴趣的大小有着关键性的影响。比如，教师有寒暑假，出游时间较充分，而一些基层的工作人员出游机会较少。

（4）家庭结构。家庭是购买和消费的基本单位，家庭生命周期阶段的变化往往会影响家庭成员对旅游产品的需求。近年来，晚婚晚育以及二胎政策的放开对旅游业产生了重大影响。一个普通家庭有了孩子之后，往往由于负担加重而减少出行的次数，孩子相对较小的家庭往往出行的时候选择更加安全的旅游目的地；而另一方面，以儿童为主导的亲子旅游市场则迎来新机遇。不同家庭在做购买决策时，同样的角色可能承担着不同的作用。比如，有的家庭以父亲为决策主导人物，有的家庭以母亲或者孩子为决策主导人物。在决策风格上，有的家庭是独裁式，有的家庭是民主式。对这些情况的掌握与理解，有助于旅游企业开展有效的营销活动。

（二）地理因素

地理因素不但直接影响市场营销，而且间接影响国家的社会与文化，因此旅游市场开发不能忽视地理因素。

1. 世界旅游客源的移动特点、规律与地理环境的关系

从地理学的角度而言，随着地理距离的增大，客源逐渐减少；由于距离增大，旅游费用和时间便相应增多，因此，旅游流强度逐渐减弱。在旅游的格局里，国内旅游流大于国际旅游流，中短程国际旅游流大于远程国际旅游流。在相同目标的前提下，舍远求近是一切旅游市场选择的共同原则。针对这一特性，旅游市场营销活动应注重近距离市场的开发，如墨西哥一直以美国为目标市场进行旅游产品促销，亚洲国家应注重吸引日本和韩国等较近的富裕国家的游客。欧洲国际旅游接待人数一直占世界国际旅游总人数的70%左右，而欧洲各国之间的国际旅游人数则占欧洲接待国际旅游总人数的80%以上。

2. 旅游者的旅游动机与地理环境的关系

旅游者外出旅游除了经济、政治、文化、历史等原因外，更主要的是旅游目的地的地理要素和景观构成的吸引物所诱发的旅游动机，如气候、风景、地貌等，都会对旅游者产生诱惑力。

三、经济环境

经济环境是影响旅游营销的最基本、最重要的因素，它直接关系到旅游市场状况及其变动趋势。经济环境是指一定时期国家或地区的国民经济发展状况，主要包括国民生产总值（GNP）、经济发展阶段、收入分配、个人消费模式等有关购买力的变量。

（一）经济规模

如果要估计某一国旅游市场的潜力，营销人员需要了解有关的经济因素的规模及变化速度。经济因素包括国民生产总值、人均国民生产总值、收入分配和个人消费模式、货币流通、产业经济结构、区域经济状况、经济发展阶段等有关购买力的变量。

1. 国民生产总值

国民生产总值是指一个国家或地区在一定时期内（通常为一年），按照国民属性统计计算出来的所生产的全部最终产品和劳务的市场价值总和。研究表明，人均GNP超过300美元产生国内旅游动机，形成近地旅游；人均GNP在1000美元以上产生国际旅游需求，形成邻国旅游；人均GNP在3000美元以上形成远国旅游。随着人均GNP的不断提高，消费市场、消费结构、产业结构都将发生显著的变化，旅游消费需求将大幅度提升。

2. 人均国民生产总值和收入分配

人均国民生产总值是指一个国家或地区的国民生产总值在该国或地区居民每人名下的平均数。人均国民生产总值与消费者的购买能力密切相关。

3. 个人收入和消费模式

个人收入，尤其是个人实际可自由支配收入，更是决定旅游购买者购买能力的决定性因素。消费者个人收入是指消费者一年内从各种来源所得到的收入总和，它包括工资、红利、租金、退休金等收入。个人可支配收入是指个人（包括私人非营利性机构）在一定时期（通常为一年）内实际得到的可用于个人开支或储蓄的那一部分收入。个人可支配收入等于个人收入扣除向政府缴纳的所得税、遗产税和赠予税、不动产税、人头税、汽车使用税以及

交给政府的非商业性费用等以后的余额，它被认为是消费开支的最重要的决定性因素。个人可支配收入是决定购买者购买能力的决定性因素，通常，个人可支配收入在个人收入中所占比例越高，说明人们对旅游的需求越旺盛。据统计，在经济发达国家中，每个国民的旅游支出约占个人收入的4%~6%。因此，个人收入是衡量当地市场容量、反映购买力高低的重要尺度。一般来说，高收入的旅游者往往比低收入的旅游者在旅游过程中平均逗留时间长、平均花费高。旅游者在旅游中选择参加的活动类型、购买的旅游产品也因收入不同而有很大的差别。

（二）经济发展阶段

不同国家的经济发展水平不同，人们对旅游这一现象的认识和接受程度也不同。经济比较发达的国家，其交通便利、通信发达、设施完善、资金雄厚，出门旅游的人数就多；另一方面，发达的经济本身就可以为本国（地区）增加吸引力，吸引别的国家或地区的人以学习、考察为目的进行旅游。

根据美国学者罗斯托1960年所著的《经济发展阶段论》中的有关理论，世界各国的经济发展可分为六种类型：传统经济社会、经济起飞准备阶段、经济起飞阶段、经济趋向成熟阶段、高消费阶段和追求生活质量阶段。社会经济发展与旅游参与规模的关系见表3-1。

表3-1 社会经济发展与旅游参与规模的关系

经济发展阶段	经济发展状况	旅游参与规模
前工业化经济阶段（第一阶段）	以农业经济为主 贫富差距很大	少部分高收入人群的国内国际旅游 大众不参与旅游
工业化起步阶段（第二阶段）	城市化迅速发展 中等收入人群正在扩大	国内游开始扩展 少数富有阶层的国际旅游扩大
工业化发展阶段（第三阶段）	大部分人口集中在城市 中产阶层为社会主流	大众参与国内旅游 短程国际旅游增加 少数高收入人群开始远距离国际旅游
工业化阶段（第四阶段）	高科技导向 城市化 国民高度富裕	大众参与国内、国际旅游（包括短程和远程）

【知识拓展】

恩格尔系数

恩格尔系数的计算公式为

$$恩格尔系数 = \frac{食物支出}{家庭收入}$$

19世纪德国统计学家恩格尔根据统计资料，分析消费结构的变化得出一个规律：一个家庭收入越少，家庭收入中（或总支出中）用来购买食物的支出所占的比例就越大；随着家庭收入的增加，家庭收入中（或总支出中）用来购买食物的支出比例则会下降。根据联合国粮农组织提出的标准，恩格尔系数在59%以上为贫困，50%~59%为温饱，

40%~50%为小康，30%~40%为富裕，低于30%为最富裕。推而广之，一个国家越穷，每个国民的平均收入中（或平均支出中）用于购买食物的支出所占比例就越大。随着国家越来越富裕，这个比例呈下降趋势。简单地说，一个家庭或国家的恩格尔系数越小，就说明这个家庭或国家越富裕。当然，数据越精确，对家庭或国家的经济情况反映也就越精确。

（三）外贸收支状况

国际贸易是各国争取外汇的主要途径，而外汇的获得又决定一个国家的国际收支状况。外贸收支状况可以通过货币汇率的变动来表现。货币汇率反映不同国家、不同货币之间的比价，它对国际旅游需求的变化起着重要的作用。当旅游客源国外贸收支出现顺差时，会造成本国货币升值，而旅游目的地的商品价格（包括旅游价格）又未相应提高，则客源国居民去该旅游目的地旅游时支出的货币就会减少，从而促使前者居民对后者旅游需求的增加；反之，当旅游客源国外贸收支出现逆差时，客源国的货币对目的国的货币就会贬值，则该国的居民对后者的旅游需求会降低。对旅游目的地国来说，货币升值会减少旅游，货币贬值则会促进旅游；对旅游客源国来说，货币升值会促进本国居民到国外旅游，货币贬值则会阻碍国民外出旅游。

汇率的变动对国际旅游需求的变化有着重要的影响。汇率变动对旅游企业的影响表现为，当旅游目的地本国的货币贬值，而旅游客源地所在国的货币升值时，旅游目的地的入境游因成本下降而游客增加。例如，1998年亚洲金融危机时，人民币坚挺，泰铢严重贬值，泰国政府便采取措施吸引游客入境旅游以增加收入；我国各家旅行社也及时推出价位低廉的"新马泰"之旅，国内赴泰国旅游人数急剧增多。

【学习拓展】

金融海啸冲击旅游业

2008年，美国次贷危机诱发了一场全球性的金融危机，这场危机造成的直接结果就是经济不景气、企业倒闭、失业人数增加，人们对未来充满悲观情绪，缩减开支以及奢侈品消费急剧下滑等。旅游产品消费属于日常性消费之外的奢侈品消费，首当其冲地受到金融危机的冲击。我国多个境外旅游市场占较大份额的旅游目的地，如西安、桂林等，都已经不同程度地感受到了金融危机带来的阵阵凉意，以境外市场为主要经营对象的旅游企业都不同程度地遭受到了打击，市场份额较上一年同期出现了明显跳水。

这场金融危机对我国旅游业的影响主要表现在如下几个方面：第一，从市场构成来看，入境旅游市场和中远距离的客源市场受金融危机的影响较大；第二，从产品档次上来看，高档旅游产品受金融危机的冲击要大于中低档产品；第三，从空间上来看，中西部地区受金融危机的影响要高于东部地区。

（资料来源：刘家明．金融海啸可能造成全球旅游业大萧条．刊登于《商务·旅游》，2008年第6期。）

四、政治法律环境

旅游消费者的需求弹性系数较大，它不仅仅对价格敏感，而且对政策法规十分敏感。政治环境主要是指企业市场营销活动的外部所在的国家或地区的政治局势以及环境给企业的市场营销活动带来的或可能带来的影响，包括国家的方针政策、国际关系等。而法律环境主要是指各种法律法规，包括旅游行业法律法规、企业竞争的法律法规、消费者利益的法律法规等，政治像一只有形的手，调节着企业营销活动的方向；法律则为企业规定商贸活动行为准则。政治与法律相互联系，共同对企业的市场营销活动发挥影响和作用。我国在2013年颁布了《中华人民共和国旅游法》，进一步规范我国旅游市场的有序发展。

（一）政策的稳定性

政策稳定与否与一个国家的政治局势和方针政策有关，这些因素的变化也影响着旅游企业的营销活动。一方面，政策的稳定性取决于政治局势的稳定性，政治局势稳定是旅游市场营销活动得以正常进行的基本条件。另一方面，旅游企业的所属国与目标市场国之间关系的好坏也影响着政策的稳定，对旅游企业市场营销有重大影响。

（二）行政法律干预手段

为了保护本国的利益，各国政府总是要运用法律手段，制定一系列经济法律和规定，干预社会经济生活。因此，政府的法令条例特别是有关旅游业的经济立法，对旅游市场需求的形成和实现具有不可忽视的调节作用，而这些法律或规定是在企业的控制范围之外的。

积极的扶持态度会使旅游服务业得到快速的发展。为推动旅游服务业的发展，通常政府会采取不同的刺激和鼓励措施。政府对旅游的资助和优惠条件主要有财政资助、关税减免、长期低息贷款、信誉担保、公共事业费减免、实行特殊的旅游者兑汇率，以及积极地提供各种优惠条件，以鼓励投资者向旅游投资。

在任何社会制度下，企业的营销活动都必定要受到政治与法律环境的强制和约束。形成旅游活动的两大客观条件是可支配收入和闲暇时间。居民的收入水平不仅与经济发展有关，还与国家采取何种分配制度有关；而闲暇时间的多少也与政治法规有一定的关系，比如假日立法使发达国家居民有了两周的带薪假期，才对远距离旅游目的地形成现实需求。因此，接待国就可根据这一法规调整自己的营销策略，以适应市场的变化。如我国开始实施每周五天工作制以来，居民大量参与当地旅游当中，到市郊的风景点进行一日游或两日游。

【学习拓展】

2019年国庆假期旅游大数据报告

2019年国庆长假圆满结束，经文化和旅游部综合测算，全国共接待国内游客7.82亿人次，同比增长7.81%；实现国内旅游收入6497.1亿元，同比增长8.47%。假日期间，爱国热情唱响旅程，红色旅游热情贯穿长假始终，自驾游、家庭游、定制游、夜间游、赏秋游成为国庆假日旅游市场新亮点，出境旅游日趋理性，多措并举保障游客游憩品质。请看中国旅游研究院与中国电信、银联商务、驴妈妈、深大智能等大数据联合实验室的特别报告。

文旅融合传承红色精神。旅游消费再创新高。假日期间，文化活动丰富多彩，满足外来游客和当地居民的多层次文化需求，爱国主旋律引领国庆假日旅游市场。调查显示，文化游览人均花费在301~1000元占比最高，为70.84%，其中，购物（包括工艺美术品等）和餐饮占比达到56.15%，深度体验当地美食和文化受游客青睐。调查显示，国庆期间出游1~2

次的游客占比52.01%，出游3~4次的游客占比达35.05%，文旅融合，旅游精品供给充分，游客畅想美好生活，长假7天实现国内旅游收入6497.1亿元，旅游收入创历史新高。

文化参与度稳步提升。假日期间，各地博物馆、图书馆、美术馆、文化馆举办主题展览，延长闭馆时间，加大文化惠民力度，切实让广大群众获得更多的文化服务。调查显示，66.4%的游客假日期间参观了人文旅游景点，59.45%的游客参观了历史文化街区，41.26%的游客参观了博物馆。86.36%的游客参与了两项以上的文化活动，其中，参与群众文化体验（广场舞、大合唱等）、文艺演出、文化熏陶和艺术创造体验（书画展、读书会等）游客超过50%，游客获得感提升明显。

五、社会文化环境

在旅游企业面临的诸方面的环境中，社会文化环境是较为复杂的。它不像其他环境那样显而易见并易于理解，却又时刻影响着企业的市场营销活动。社会文化环境是指在一定社会形态下已经形成的信念、价值观念、宗教信仰、道德规范、审美观念以及世代相传的风俗习惯等被社会所公认的各种行为规范。社会文化包括教育水平的高低、相关群体影响和民俗宗教习惯差异等。社会文化环境与旅游市场营销的关系如图3-2所示。

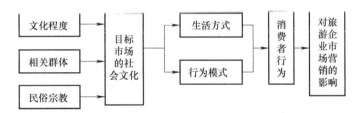

图3-2 社会文化环境与旅游市场营销的关系

（一）文化因素

文化因素主要包括：

1. 教育状况

教育水平高的国家比教育水平低的国家具有更强的旅游需求。

2. 宗教信仰

宗教是构成社会文化的重要因素，对人们消费需求和购买行为的影响很大。不同的宗教有自己独特的节日礼仪、文化习俗，以及一些禁忌。

3. 语言文字

语言文字是人类文化长期发展演变的结果，是人们日常交流最常用的工具。语言自身是多种多样的，又因国家、地域、民族的不同而有更大的差异，给交流带来了一定困难。

文化对个人必然有暗示、提醒、制约的力量以及潜移默化的作用，它影响和支配着人们的生活方式、主导需求、消费结构和方式及人们对旅游的观念态度等等。因此，旅游营销活动必须要适应文化的特点。为了成功地吸引某国家或地区的旅游者，了解当地的文化十分重要。旅游企业在开展国际旅游市场营销活动时，不能以本国文化为参照系，而要自觉地考虑异国文化的特点，使旅游营销与社会文化因素相互适应。

在文化因素中，教育水平、宗教信仰和民俗对旅游经营者影响较大。例如：①确定文化中的相关动机；②确定哪种文化价值观与旅游相关，人们是否将旅游、娱乐视为积极有益的活动，如英国人把每年的休假都看得十分重要，往往一整年都为这次度假做准备；③确定不同文化中决策的特殊形式；④评估适合某种文化的营销方法，以及营销技巧、措辞和图片；在英国，幽默的广告双关语往往能吸引他们；在美国，广告则需要使用较为直截了当的语言。

（二）社会因素

社会环境较为复杂，它不像其他环境那样显而易见，却又时刻影响着旅游活动。影响消费行为的社会因素主要包括相关群体和社会阶层等方面。

（1）相关群体。相关群体是指能影响人的态度、行为和价值观念的群体。如家庭、邻居、亲友、同事或社会风向，或受周围某社会风尚的影响而形成的一种社会消费倾向等，对人们的消费行为起着参谋指导作用。这其中就包含名人效应。

（2）社会阶层。社会阶层是按照个人或家庭相似的价值观、生活方式、兴趣以及行为等进行分类的一种稳定的等级制度。同一社会阶层的消费者，选择旅游产品、服务档次有类似性。因此，旅游企业的营销人员必须考虑不同社会阶层的不同需求水平，为旅游消费者设计合适的旅游产品。

【学习拓展】

背包客的旅游选择

背包客（Backpackers），又称驴友，是指三五成群或者单枪匹马四处游逛的人，也就是背着背包进行长途自助旅行的人，现主要是以群体登山、徒步、探险等寻找刺激的人群为主，目的在于通过游历认识世界、认识自我、挑战极限等。

驴友一般喜结伴出行，有的准备有帐篷、睡袋，露宿在山间旷野。另一种说法是，取自"旅友"的谐音，即旅行之友的意思。我国台湾多称呼他们为自助旅行玩家或自助旅游者，我国香港则称其为背囊友。

背包客，提倡的是花最少的钱，走最远的路，看别人难以看到的风景。实施的手段是自助，是一种体验，这种体验是贯穿于旅行全程的，一开始的时候，只知道一个大致的目的地，需要自己去收集资料、计划线路、置办装备、估算行程时间，盘算着手里不多的钱，算计明日又将花费几许等。背包客出去旅行，不仅仅是去某个地方看风景，旅途本身就是很重要的体验。火车汽车毛驴车，宾馆旅社大车店，青山绿水大漠孤烟，荒郊野岭繁华都市，古道西风高速公路，醉酒高歌风餐露宿……这些旅行的苦与乐都是冷暖自知。

背包客的发展，在社会上的影响力也越来越大，受到的关注也越来越多，越来越多的人加入背包客一族中，越来越多的旅游企业开始将注意力转移到背包客身上。

六、科学技术环境

科技的发展对旅游业的发展有着一定的影响，而今许多高科技已经在旅游业中得到了广泛运用。科学技术的发展为旅游企业的市场营销提供了先进的技术手段，如酒店的计算机预订系统；科学技术的发展变化为旅游业提供了新的管理方式和手段，极大提高了旅游企业的营销效率，增强了旅游企业的竞争优势，如办公系统电子化的应用；科学技术的发展还增加了旅游市场营销创新的机会，如网络营销。同时，新技术影响旅游消费者的购买习惯。作为旅游企业的营销者，需要考虑两方面的技术环境。

（一）运用新技术提供竞争优势

许多企业认识到，谁能引人注目地推出新产品，谁就能保证获得未来几年良好的收益。经验证明，注重革新的企业通常要比不注重革新的企业在旅游市场上更容易取得成功。如假日公司是旅馆业的技术领先者，它是最先拥有卫星电视闭路系统的旅游业公司。1957年，假日公司成为第一家在每间客房配备黑白电视机的连锁集团企业。新技术促进了行业的发展，计算机的应用使航空公司、旅行社、酒店等旅游企业利用计算机为消费者提供了更好的服务和更多便利。高新技术又使企业得以拥有自己庞大的国际营销网络，这种营销网络不仅销售产品，还将企业的理念转达给世界各地的用户，让旅游消费者在短时间就能了解相关的信息。

【学习拓展】

无人酒店——21世纪酒店发展的未来趋势

阿里无人酒店外表普普通通，里面真的大有乾坤。无人前台、无人感应，自动刷脸办理入住。电梯也是刷脸，只能去自己的楼层，安保绝对令人放心。房门同样也是刷脸进入，以后再也不用担心忘带门卡了。一进房间，窗帘、灯光自动打开，感觉真的很高级。桌子上放置了一台天猫精灵，如果有什么需要，可以直接同天猫精灵沟通。然后机器人管家就会带着你需要的东西上来，你只需要输入取件码即可。这个机器人管家非常智能，它自己乘坐电梯返回。除了这个送东西的机器人管家，还有厨房机器人、调酒师机器人，依靠这两个机器人就可以制作各种美食、饮品。

阿里无人酒店代号"未来酒店"，是阿里内部孵化的一个项目，完全采用无人化运营的方式，和之前的无人餐厅、无人书店一样，通过各种无线感应设备和人脸识别技术来实现。客户只需要对机器人下达指令，机器人就会按照既定的程序执行后续操作。阿里无人酒店是阿里巴巴各个部门之间共同合作构建的智慧系统酒店，阿里的飞猪、天猫、达摩院、阿里云都有参与。

（二）技术对旅游者的影响

技术对人们的影响是巨大的。家庭电器设备的发展缩短了家务劳动的必要时间，从而提供了更多的外出旅游时间，而且高新技术的娱乐项目已经成为旅游者的旅游活动吸引物。闻名遐迩的迪士尼乐园就是集光、声、电等多种发达技术于一体的产物。

同时，技术的发展使得旅游设施现代化，为人们的外出旅游带来便利，如交通、通信的发展将时空的距离缩短，使洲际旅游成为易事。旅游酒店设施设备的现代化为旅游者提供便利。目前，国际上许多酒店在客房设置计算机终端，以使客人可以清楚地查询自己的消费情况。

第三节　旅游市场营销的微观环境

旅游市场营销的微观环境是指对旅游企业服务旅游者的能力构成直接影响的力量。旅游市场营销工作成功与否不仅取决于能否适应宏观环境的变化，适应微观环境的变化也是至关重要的。旅游市场营销微观环境主要包括旅游企业内部环境、购买者、竞争者、供应商、旅游营销中介和社会公众，如图 3-3 所示。

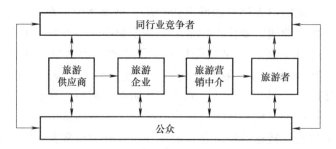

图 3-3　旅游市场营销微观环境中的主要参与者及相互关系

一、旅游企业内部环境

旅游企业内部环境是旅游市场营销的可控环境。旅游企业是由多部门、多岗位及众多人员组成的整体，其间的分工协作、权力分配、责任承担和风险共担等对旅游营销的成败起着重要作用。因此，创造良好的企业内部环境是企业开展营销工作的前提和保障。面对相同的外部环境，不同的旅游企业营销活动所取得的成效往往不一样，因为它们有不同的内部环境因素。旅游企业内部环境因素可以分为四个方面（见图 3-4）。

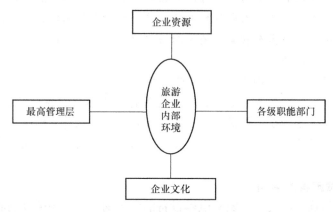

图 3-4　旅游企业内部环境

1. 最高管理层

企业的最高管理层决定企业的发展方向、任务、目标、策略和方针政策并对各个部门进行管理。

2. 各级职能部门

市场营销部与其他部门有密切的联系。市场营销部在制定和实施计划时必须充分考虑到其他职能部门的情况和意见，协调好与他们的关系，避免发生矛盾和冲突。

3. 企业资源

企业的资源包括人力、物力和财力。其中，人力是企业营销策略的确定者和执行者，是重要的资源。旅游企业管理水平的高低、用人制度的健全与否，决定着旅游企业的营销工作效率。

4. 企业文化

企业文化越来越受到企业的重视，它是企业重要的内部环境要素。企业文化就是企业在自身经营过程中，在全体员工中形成的一种共同的价值观念、基本信念和行为准则。企业文化在调动员工积极性、发挥员工主动性、提高企业凝聚力、优化企业形象和约束员工行为等方面起着重要的作用。良好的企业文化可以树立企业在社会上的良好形象，为企业开展市场营销创造有利的外部环境。

二、购买者

旅游购买者是影响旅游营销活动的最基本、最直接的环境因素。仔细分析顾客群体，可以将购买者分为两类来区别对待。

（一）个体购买者

个体购买者是旅游产品和服务的直接消费者和最终消费者，它包括观光旅游者、度假旅游者、商务旅游者、会议旅游者等。其旅游目的是为了满足个人或家庭的物质和精神的需要，这种顾客一般属于散客。个体购买者人数众多，市场分布比较分散，构成比较复杂，包括各个类型和各个阶层的人。旅游营销活动要根据旅游消费者消费行为的特点，将旅游产品和服务设计为各种档次、各种类别、各种特色，以适应不同层次消费者的需求。

（二）组织购买者

组织购买者是指为开展业务或奖励员工而购买旅游产品和服务的企业或机关团体组织。组织购买者应是旅游市场营销的重要目标市场。组织购买者的数量虽少，但购买的规模却比较大。

三、竞争者

竞争者是旅游企业营销活动的重要的微观环境因素之一。从消费需求的角度划分，每个企业都面临四种类型的竞争者，即愿望竞争者、一般竞争者、产品形式竞争者和品牌竞争者。

1. 愿望竞争者

愿望竞争者是指提供不同产品以满足不同需求的竞争者。例如，一个人外出旅游，可以选择近郊的生态游。

2. 一般竞争者

一般竞争者是指提供不同产品满足同一需求的竞争者。例如，假期休闲时，电视可以成为旅游的替代品，或者书籍、电影院也可以满足人们休闲的需要。再如，火车、汽车、飞机都可以满足人们出行的需要。

3. 产品形式竞争者

产品形式竞争者是指提供用于满足某种需求的各种产品组合的竞争者，强调以什么方式来满足。例如，四星级酒店与五星级酒店之间的竞争，酒店中不同标准的房间之间的竞争。

4. 品牌竞争者

品牌竞争者是指提供能满足某种需求的不同品牌同种产品的竞争者，侧重于以何种品牌来满足。例如，丽思卡尔顿酒店与瑞吉酒店之间的竞争关系就是品牌竞争。

在同行业竞争中，卖方密度、产品差异和进入难度是三个值得重视的方面。卖方密度是指同一行业或同一类的商品经营中卖方的数目。

四、供应者

旅游供应者是指向旅游企业及其竞争者提供旅游产品生产所需资源的企业和个人，它包括提供能源、设备、劳务和资金等。旅游企业必须和供应商保持良好的关系，以保持供应的稳定性、及时性与质量的一致性，还应注意供应商的变化，掌握供销价格的变动和产品技术的革新，以保证货源。旅游产品是一种综合性的产品，因而旅游产品生产需要旅游供应者连续、适时地提供生产所需的各项资源，保证旅游供应的及时与稳定。例如，对旅游酒店来说，供应商主要有旅游用品商店、水电部门、公安部门、卫生部门等；对旅行社而言，供应商主要有旅游风景区、交通运输部门、酒店、娱乐场所；对旅游目的地而言，供应商有旅行社、酒店、交通运输部门、会议场所、旅游风景区等。

【知识拓展】

供应商与旅游企业的关系

案例1：假设一家餐馆经理要在周五晚上提供一道活龙虾特色菜。他打电话给海产品供应商，供应商答应为这次周末促销提供200只龙虾。星期五早晨，这位供应商打来电话说，从波士顿运来的龙虾缺货，直到星期六上午才能到货。经理现在不得不寻找别的供货渠道，否则已经预订的客人在周五晚上就会大失所望。

案例2：假设牛排与啤酒餐馆要在菜单上增加扇贝一类的海产品菜肴。公司管理人员用了六个月时间来完善这道扇贝菜肴。就在引入市场期间，扇贝的价格上涨了一倍。餐馆现不得不提高价格，而这个价格水平很可能是顾客不愿意支付的。项目不得不取消了。可见，营销管理必须对供应是否能得到保证和供应成本的变化给予关注。

案例启示：①从广义范围来说，旅游目的地需要供应商。航空公司的服务、酒店、餐馆、会议设施以及娱乐等，都属于旅游目的地所应提供的服务项目。②作为一个地区的会议管理机构或文旅局，他们的任务之一就是要选择适当的旅游产品供应商。他们必须动员各种机构向旅游者提供各种旅游活动项目和多种选择的可能性。文旅部门也要关注这些供应商的利益，保证他们顺利开展工作。

五、旅游营销中介

旅游市场营销中介单位是指协助旅游企业推广、销售和分配旅游产品给旅游者的所有企业和单位。旅游市场营销中介单位包括旅游中间商、实体分配企业、旅游市场营销服务机构和金融机构等四类。

1. 旅游中间商

中间商是专门从事组织商品流通的独立行业，是生产者与消费者之间的纽带和桥梁，起着调节生产与消费矛盾的重要作用。旅游中间商是指在旅游生产者与旅游者之间参与商品流通业务，促使买卖行为发生和实现的集体和个人，包括旅游经销商和旅游代理商。旅游中间商购买旅游产品的目的主要是为了在转卖过程中获取利润。旅游中间商对行情非常了解，他们从获利角度出发并且每次批量很大,所以对购买力市场的需求情况摸得很透。旅游营销活动一定要审慎选择好中间商。

2. 实体分配企业

实体形态的旅游产品的生产者需要仓储公司、运输公司的协助,依靠这些企业进行实体分配。

3. 旅游市场营销服务机构

旅游市场营销服务机构是指协助旅游企业了解市场的调研公司、协助旅游企业向目标市场推介旅游产品的各种广告和策划公司、各种广告媒体。

4. 金融机构

金融机构是指为旅游企业经营活动提供信贷资金和结算服务及保险服务的银行、保险公司、信贷公司等。

六、社会公众对旅游市场营销活动的影响

旅游企业的生存与发展依赖于良好的公众关系和社会环境,社会公众对旅游营销活动的成败产生实际的或潜在的影响。社会公众是指对企业实现其目标的能力感兴趣或发生影响的社会团体或个人。对于旅游企业而言,宏观环境的公众包括新闻媒体、政府机构、群众组织以及企业内部员工。

1. 媒体公众

媒体公众主要是指报社、杂志社、广播电台和电视台等有广泛影响的大众媒体。

2. 政府公众

政府公众是指与旅游营销活动有关的政府管理机构,如旅游行政管理部门、政府机构等。

3. 群众组织

群众组织主要是消费者权益保护者组织、环境保护组织以及其他的社会群众团体。

4. 内部公众

内部公众是指旅游营销组织内部的所有管理者和一般员工。旅游营销组织机构是指各职能部门、各环节、各岗位之间分工协作、权力分配、责任承担、利益和风险分享的总体运作系统。

第四节 旅游市场营销环境的 SWOT 分析

SWOT 分析法是综合分析旅游市场营销环境的常用方法。这种方法的最大特点是把企业内部条件和外部营销环境结合起来考虑,得出对企业营销战略地位的综合判断,从而为企业制定营销战略打下基础。

SWOT 是指优势(Strengths)、劣势(Weaknesses)、机会(Opportunities)和威胁(Threats)四个方面,其中,优势 - 劣势(SW)的组合分析是内部环境分析的重心,机会 - 威胁(OT)的组合分析是外部环境分析的焦点。旅游企业市场营销战略的制定则取决于对其环境进行 SWOT 分析的综合结果,即基于内外部竞争环境和竞争条件下的态势分析,将与研究对象密切相关的各种主要内部优势、劣势以及外部的机会和威胁等,通过调查列举

出来，并依照矩阵形式排列，然后用系统分析的思想，把各种因素相互匹配起来加以分析，从中得出一系列相应的结论，结论通常带有一定的决策性。

一、旅游市场营销环境优势 – 劣势分析

旅游企业内部环境的优劣以是否有利于营销活动及其他经营活动的开展为标准。旅游企业能否最为合理地运用其内部营销要素直接关系到最终的市场营销效果的好坏。旅游企业营销要素是指旅游企业自身所具有的营销资源或称营销能力，这里所谓的优势与劣势是指旅游企业对诸多类型营销资源的拥有及其相对丰裕状况。一般而言，旅游企业的营销要素依形态可以分为两大类。一类是有形资源，包括企业的人力、财力和物力等，它是旅游企业实施市场进入战略所需生产能力决策的物质基础与依据；另一类是无形资源，包括技术、时间、信息、企业文化等，它是企业营销活动的"助推器"。企业的组织结构就是重要的内部资源之一。

旅游企业的优劣势分析主要就是对上述旅游企业的营销要素进行分析、评价和总结，其对象涵盖旅游企业的市场、财务、运作以及人力资源四大领域。进行旅游企业优劣势分析的目的是充分挖掘并确定一个或更多的利润机会，使旅游企业本身所具有的优势发挥出来，同时规避可能阻碍企业财务和市场目标实现的内部劣势，扬长避短，在内外环境因素平衡的基础上确定企业的营销战略和决策方案，从而获得经营目标的实现。根据企业的优劣势大小，可以将旅游企业划分为四种类型，具体如图3-5所示。

	优势	
	大	小
劣势 大	风险企业	弱势企业
劣势 小	强势企业	平淡企业

图3-5 优势 – 劣势组合分析的旅游企业类型

二、旅游市场营销环境机会 – 威胁分析

（一）旅游市场营销环境的机会与威胁

进行外部机会 – 威胁分析的目的在于确定企业有可能利用的市场良机和可能会影响企业经营的市场威胁。对外部机会 – 威胁分析同样要建立完整的分析体系。该分析可分为微观环境分析和宏观环境分析两部分。微观经营环境是直接影响企业日常经营操作的环境，它主要涉及供应商、银行、投资者、股票持有者、顾客、竞争者、中间商以及广告和公共关系代理商等几个方面。宏观环境则延伸至固定的群体或组织之外，它包括政治、法律、经济、科学技术，乃至环境生态等社会各个领域。

旅游市场营销机会是指环境中对旅游企业发展过程产生促进作用的各种契机，即营销环境中对该产品营销的有利因素。

市场环境威胁则是指对旅游企业发展过程产生不利影响和抑制作用的发展趋势，它们对旅游企业形成挑战。这种威胁和挑战往往来自于多个方面，例如由国家某项重大决策事件引起的，如我国加入世界贸易组织后，外资旅游企业的进入使我国的酒店和旅行社遭遇了严峻的挑战。

（二）旅游企业对机会和威胁的反应

1. 对旅游市场营销环境机会的反应

企业在发展过程中，要对一个市场机会进行专门的调查研究，千方百计地寻找、发掘、识别，然后还要加以分析、评估，判别是否对本企业适用，是否有利可图。一个市场能否成为企业的营销机会，主要是看它是否适合企业的目标和资源。每个企业都在自

己的任务和业务范围内追求一系列的目标，如利润水平、销售水平、市场占有率等。有些市场机会不符合上述的目标，因而不能成为企业营销机会。例如，有些机会能在短期内提高利润率，但会造成不良影响，损坏企业的声誉，是不可取的；还有些市场机会虽然符合企业的目标，但企业缺乏必需的资源，如资金、技术、设备、分销渠道等方面，因此也不可贸然取之。面临机会，可有三种不同的对策：第一，及时利用现实的机会，以免错过时机；第二，适时利用，面对机遇要考虑市场环境是否成熟，以免因条件不充分而盲目利用机会，造成损失；第三，果断放弃，当自身不具备开发利用的条件和资源时，对现存的机会要坚决放弃。

2. 对旅游市场营销环境威胁的反应

企业面临威胁可有三种不同的对策：第一，转移策略，包括产品转移、市场转移、行业转移；第二，减轻策略，即调整市场策略来适应环境，尽可能降低因威胁造成的不利影响；第三，对抗策略，面对市场威胁，与竞争对手展开对抗。旅游企业采用各种不同的手段，限制不利环境对企业的威胁，或促进不利环境向有利方面转化。

（三）旅游市场营销环境的综合分析

由于机会与威胁对旅游企业的影响程度有大有小，不同的机会和威胁可以组合成四种不同的环境类型：理想环境、风险环境、成熟环境和困难环境，如图3-6所示。

下面介绍企业面临各种环境应采取的策略。

（1）理想环境。理想环境是机会水平高、威胁水平低、利益大于风险，是旅游企业难得遇到的好环境，企业必须抓住机遇，开拓经营，创造营销业绩。

（2）投机环境。投机环境是机会与威胁同在，利益与风险并存，在有很高利益的同时存在很大的风险。面临这样的环境，旅游企业必须加强调查研究，进行全面分析，发挥专家优势，审慎决策，不要把鸡蛋全部放在一个篮子里。

图3-6 机会-威胁组合分析的旅游企业环境类型

（3）成熟环境。成熟环境是机会与威胁水平比较低，是一种比较稳定的环境。面对这样的环境，旅游企业一方面应按常规经营，规范管理，以维持正常运转，取得平均利润；另一方面要积蓄力量，为进入理想环境做准备。

（4）困难环境。困难环境是威胁大于机会，旅游企业处境十分困难。旅游企业面对困难环境，必须想方设法扭转局面；如果大势已去，无法扭转，则必须采取果断决策，撤出在该经营环境中的人力和物力。

三、SWOT分析与战略选择

旅游企业内部的优势与劣势是相对的，是相对于旅游企业把握外部环境的机会以及消除或减弱威胁的能力而言的。因此，旅游企业内部环境的优势与劣势分析必须与旅游市场营销外部环境的机会与威胁结合起来进行综合分析，并在此基础上做出正确的市场营销战略选择。当企业对自己所处的内外部环境进行分析后，就明确了自己的优势和劣势，明确了自身所面临的机会和威胁。

根据SWOT分析法，在对旅游企业的内外部环境做出综合分析之后，从内外环境的协调平衡角度出发，其营销战略可以分为积极发展型战略、稳步发展型战略、紧缩型战略和多角化战略四种，见表 3-2。

表 3-2 SWOT 分析与战略选择类型

优势 – 劣势分析	机会 – 威胁分析	
	机会分析（O）	威胁分析（T）
优势（S）	积极发展型战略	多角化战略
劣势（W）	稳步发展型战略	紧缩型战略

从表 3-2 中可看出：①SO 组合，表明外部有许多机会，内部又具有强大的优势，宜采用积极发展型战略；②WO 组合，表明外部有机会而内部条件不佳，可采取措施来扭转内部劣势，宜采用稳步发展型战略；③WT 组合，表明外部有威胁，内部状况又不佳，企业应设法避开威胁、消除劣势，可采用紧缩战略；④ST 组合，表明企业拥有内部优势但外部存在威胁，宜采用多角化经营战略分散风险，寻求新的机会。

【思考题】

1. 旅游市场营销环境的含义、构成和特点是什么？
2. 旅游市场营销的宏观环境主要有哪些？是怎样影响企业的营销活动的？
3. 旅游市场营销的微观环境主要有哪些？是怎样影响企业的营销活动的？
4. 旅游企业怎样运用 SWOT 分析法进行市场营销环境分析？
5. 旅游企业如何运用机会 – 威胁矩阵进行市场营销环境分析？
6. 对于营销环境中的机会和威胁，企业的对策有哪些？

【案例分析】

双循环格局下旅游消费结构优化调整

构建以国内大循环为主体、国内国际双循环相互促进的新发展格局，是党中央深刻研判国际国内发展形势做出的重大战略布局。建立以国内大循环为主体的双循环旅游发展格局，是旅游发展走出困局的有效途径。旅游业通过发展格局重组，丰富产品类型，完善产品体系，改善运行机制，有助于提振人们的旅游消费信心，使旅游市场早日走出低迷，促进消费市场的振兴。

以国内旅游大循环为主体的双循环旅游发展格局的构建是一个系统工程，有着丰富的内涵。首先，调整空间结构以适应双循环发展格局。将全国作为一个系统，在统一部署下，对事关旅游发展全局性的大项目、大活动形成全国范围内协调一致的高效大循环。对区域性的循环，营销统一安排，运转统一协调，形成区域内的循环圈。区域与区域之间的循环，则建立信息互通、产品互补、营销互动、客源互送的良性协作关系，形成区域之间紧密对接、良性循环的局面。

其次，构建双循环旅游发展新格局的关键在于产品体系。要着力调整产品结构，实施高端引领、文化植入、层次开发。同时，改变自我营销的思路，树立全局思想，形成整体营销、相互营销、线上营销、见面营销相结合的营销体系，使营销在区域间、国际构成良性互动、高效运转的大循环。

最后，双循环格局的形成需要运行机制的保障。双循环旅游发展格局离不开强有力的协调机制统领。要由政府牵头，相关部门、社会组织参加，组成协调机构，统一指挥构建后系统的运行；并出台相关政策，鼓励和引导各类企业、社会资本参与双循环发展格局的构建，走高质量发展之路。

[资料来源：杨元珍. 中国旅游报，2020-09-25（003 版），内容有删减。]

[案例思考]
双循环格局下，我国旅游企业如何应对营销环境变化？

第四章 旅游市场购买行为

【学习目标】
理解旅游者的消费需求特征、购买动机及心理。
理解旅游者购买行为的类型。
掌握旅游者的购买行为模式和购买决策过程。
理解影响旅游者购买行为的因素。

【学习重点】
旅游需求及动机。
影响旅游者购买行为的因素。
旅游者的购买行为模式和购买决策过程。

【学习难点】
旅游者购买决策过程。
旅游者购买行为的影响因素。

第一节 旅游消费需求概述

一、旅游需求的定义

从不同学科的角度出发，可以给旅游需求下不同的定义。从市场学的角度看，旅游需求是指在一定的时间和区域内，特定的旅游者群体愿意并能够购买的旅游产品的总量。

二、旅游需求的特征

（一）旅游需求的多样性

一方面，旅游者的年龄、性别、偏好等因素的差异性导致了旅游需求市场的多样性，同时为旅游经营者创造多样化的市场空间。另一方面，人类的生存离不开自然和社会两大环境，旅游者需求受到政治、经济、文化、法律和自然等因素的影响同样会表现出很大的差异性。

无论从主观上还是从客观上看,旅游者需求均表现出多样性的特点。旅游企业在市场营销中必须分析目标市场旅游者需求的特点及发展趋势,以满足不同旅游者的不同需求。

(二) 旅游需求的层次性

首先,由于旅游者的收入水平和生活环境有所不同,因此旅游者需求从客观上表现出一定的层次性。其次,即使是旅游收入水平较高的旅游者,也往往会因为自己的某种心理和行为方式而需要不同档次的旅游服务。随着旅游者消费心理的日趋成熟和个性化的不断发展,多样化、多层次的产品需求日益凸显。因此,在旅游层次上能顾及多种需求,让更多旅游者获得最大程度的满足,有效地增加停留时间和消费量,这些是旅游企业面对市场的必然选择。

(三) 旅游需求的关联性

旅游业是一个综合行业,旅游者的一次旅游经历涉及行、住、食、游、购、娱等方面。旅游需求在客观上是一种整体性的需求,是对各种不同的旅游产品和服务的组合需求,而且这种需求的实现要依靠多部门通力协作才能予以满足。

(四) 旅游需求的替代性

一方面,旅游者购买需求日趋多样化、个性化且购买流动性大;另一方面,旅游企业竞争日趋激烈,企业的类型和数量随着社会经济的发展和需求的增加亦日益增多,因此,旅游需求的替代性表现得越来越明显。从市场供求关系看,替代性产品具有反向性,此长彼消,这就要求旅游经营者想方设法利用各种营销手段开发出最有吸引力的产品来满足市场上的旅游需求,使更多的潜在旅游者变成现实的旅游者。

(五) 旅游需求的季节性

旅游市场的季节性表现在两个方面:①旅游目的地与气候有关的旅游资源在不同的季节使用价值有所不同;②旅游目的地的气候本身也会影响旅游者的观光游览活动。

(六) 旅游市场的波动性

旅游市场是一个在波动中持续向前发展的市场,它受多种因素的影响和制约。第一,旅游消费的季节性是引起旅游市场波动的原因之一。如果旅游服务商不采取有力措施缩小旅游淡旺季的差距,就有可能使淡旺季市场产生较大的波动。第二,旅游业内部与相关部门之间的比例关系协调与否也会引起旅游市场的波动。

三、旅游需求指标

旅游需求指标有旅游出游率和旅游频率两种。最实用的测量特定人口中有效旅游需求的指标之一是旅游出游率,这一指标可以直接考察旅游在人口中的渗透程度。

(一) 旅游出游率

旅游出游率分为净出游率和总出游率两种。

1. 净出游率

净出游率是指在一定的时间内至少参加一次旅游的人数占人口总数的比例。换句话说,净出游率就是测量旅游对总人口中个人的渗透力。该指标能反映该市场旅游产品的需求特点,也可以作为旅游目的地选择目标客源市场的重要依据。

2. 总出游率

总出游率是指参加旅游的总人次数占人口总数的比例。这一指标用来测量旅游人口在人口中的密度，而不是测量个体旅游者。

（二）旅游频率

旅游频率就是在一定的时间内人们旅游的平均次数。总出游率除以净出游率可以得出旅游频率。

此外，"旅游产生指数"可以评价一个国家产生旅游的能力。这涉及以下步骤：第一，用一国产生的旅游人数除以世界旅游人数，可以得出每个国家产生旅游者的能力指数；第二，用一国的人口数除以世界人口数，可以得出每个国家的人口在世界人口中所占的比重；第三，用第一步得出的结果除以第二步得出的结果，便可以得出该国"国家旅游产生指数"。

四、旅游者购买动机

（一）旅游者购买动机

动机是引起和维持个体活动并使之朝一定目标和方向行进的内在动力，是人产生某种行为的原因。购买动机是指人们产生购买行为的原因，可以视作被激发起来的需求、动力或愿望。动机的产生必须有内在条件和外在条件。产生动机的内在条件是达到一定强度的需要，动机是达到一定强度的需要的具体表现，需要越强烈，则动机越强烈。产生动机的外部条件是诱因的存在，正诱因可以满足需要，能够引起个体趋向和接受的刺激因素；负诱因则是指有害于需要满足，引起个体逃离和躲避的刺激因素。诱因可以是物质的，也可以是精神的。

（二）购买动机理论

1. 需要层次论

第一次世界大战后，美国行为学家马斯洛提出了被广泛接受的需要层次论，他将人类的需要由低到高分为五个层次，即生理需要、安全需要、社交需要、尊重需要和自我实现需要。马斯洛的需要层次论可进一步概括为两大类：第一大类是生理的、物质的需要，包括生理需要和安全需要；第二大类是心理的、精神的需要，包括社交需要、尊重需要和自我实现需要。这种结构并不是刚性的，有的人情况特殊，需要层次的顺序有可能不同。

【知识拓展】

马斯洛需求层次的特征

（1）阶梯性。人们的需要是一个由低级向高级发展的阶梯，当低级需要被满足或部分满足后，人们就开始追求较高层次的需要。

（2）差异性。不同的旅游者会因所处的时代、环境不同而产生不同的需要，不同的旅游者在同一需要层次上的需要内容也会不同，这是受旅游者所处的特定的外部环境的影响所产生的。

（3）交叉性。由于没有任何一种需要是能完全被满足的，因此不能将马斯洛划分的各需要层次描述成是相互排斥的，其相互之间存在着交叉。

2. 精神分析论

精神分析论的创立者为弗洛伊德，他把人的心理比作冰山，露在水面上的小部分为意识领域，水下的大部分为无意识领域，造成人类行为的真正的心理力量大部分是无意识的。无意识由冲动、热情、被压抑的愿望和情感构成。无意识动机理论建立在三个体系基础之上，即本我、自我和超我。

（1）本我。它是心理体系中最原始的、与生俱来的、无意识的结构部分，由遗传的本能、冲动、欲望等组成，它是所有行为背后心理动力的来源。

（2）自我。自我是从本我中分化出来并得到发展的那一部分，处于本我和外部世界之间，是与外界接触的体系，它统管个人的行为。

（3）超我。它是在人格诸领域中最后形成的，它反映社会的各项准则，由理想、道德、良心等组成。它的运转是反对本我的不可接受的冲动，而不会同自我一样寻求延长或保持。

3. 双因素理论

双因素理论由弗雷德里克·赫茨伯格于1959年创立，它也称为动机保健理论，其要点是把动机与工作满足联系起来，提出工作满足与不满足两类因素，前者称为动机需要，后者称为保健需要。

该理论也用于分析旅游者行为。企业用于吸引旅游者购买产品的市场营销诸因素可分为保健因素和动机因素两类，保健因素是旅游者购买的必要条件，动机因素是充分条件，在有选择余地的情况下，如果旅游者对保健因素不满意，就肯定不会购买；但仅仅对保健因素满意也不一定购买，只有对动机因素也满意才一定会购买。

（三）购买动机的类型

旅游者的购买动机与旅游者的需要一样也是复杂多样的，概括起来，旅游者的购买动机可以分为两大类：生理性购买动机和心理性购买动机。

1. 生理性购买动机

生理性购买动机是指旅游者为保持和延续生命有机体而引起的各种需要所产生的购买动机。它包括以下三种。

（1）生存性购买动机。这是旅游者纯粹为了满足其生存需要而激发的购买动机。

（2）享受性购买动机。这是基于旅游者对享受资源的需求而产生的购买动机。

（3）发展性购买动机。这是旅游者由于发展需要而引发的购买动机。

2. 心理性购买动机

由旅游者心理活动而引发的购买动机称为心理性购买动机。它按心理活动特征可以分为三种类型。

（1）理智性购买动机。这是建立在旅游者对商品客观、全面认识的基础上对所获得的商品信息经过分析、比较和深思熟虑以后产生的购买动机，它具有稳定性。旅游者的心理活动过程是认识、情感和意志三个过程的统一体。

（2）情感性购买动机。这是指旅游者在购买活动中由于情感变化而引发的购买动机。由这种动机而引发的购买行为具有冲动性、即景性和不稳定性。旅游者在购买活动中，当购买动机主要是由情感活动所引发时，就表现为情感购买动机。

（3）习惯性购买动机。这是建立在以往购买经验的基础上，兼有理智和情感动机特征的对特定企业和品牌形成特殊信任与偏爱的购买动机。这种动机的心理活动相对稳定。该动机的行为表现就是顾客忠诚，这对企业保持一定的顾客群有重要的作用。

第二节 旅游者购买行为的影响因素

旅游者生活在纷繁复杂的社会之中，其购买行为受到多种因素的影响。旅游企业开展市场营销活动前，必须分析影响旅游者购买行为的有关因素。可以将影响旅游者购买行为的因素归为人口统计因素、经济环境因素、文化因素、社会因素、旅游者旅游心理与行为因素五个方面。

一、人口统计因素

（一）年龄

年龄的差异使旅游者在生理和心理状况、收入及旅游购买经验等方面产生差别。因此，不同年龄的旅游者会表现出不同的旅游购买行为，其在选择旅游产品的种类、品牌以及旅游过程中的购买行为有很大差别。

（二）性别

性别对旅游购买行为的影响，大多产生于传统文化所赋予的性别角色行为，以及不同性别在社会结构中所处的地位，和由此带来的就业、收入等方面的差别。除此之外，性别差异也在纯粹的生理意义上对旅游购买行为产生一定的影响。

（三）职业

个人职业在很大程度上决定了一个人在社会结构中所处的地位。职业与受教育程度和收入水平等有着密切的联系。作为旅游需求的一个重要决定因素，受教育程度越高，旅行的次数通常就越多；职业在很大程度上也决定了一个人的收入水平，而可自由支配收入的增加是旅游购买行为产生的必要条件。

（四）健康状况

任何旅游活动都需要耗费一定的体力和精力。因此，旅游者的身体健康状况就成为旅游购买行为的直接影响因素。

（五）居住地

一个地理区域的地形、地貌、气候及水文等组成了该地区居民生活经历中的重要部分。这方面的生活经历会促使旅游者寻找地理要素上有差异的目的地。另外，居住地的地理位置也意味着目的地和客源地之间的空间距离。

二、经济环境因素

经济状况对个人考虑购买产品和服务有较大影响。人们的经济状况是指个人可自由支配的收入、储蓄和财产、获得信贷的能力等。一个人的收入水平由宏观经济状况和职业状况两个方面的因素共同决定。

当宏观经济处于衰退期时，购买者的收入水平一般会有不同程度的下降，这就不可避免地限制了人们的外出旅游活动。如果宏观经济中出现了较高水平的通货膨胀，那么旅游者的实际收入可能会有所下降，这也导致人们减少或取消出游活动。利息率和通货膨胀率共同决定着一个人的储蓄水平，从而也间接地影响到可自由支配收入的多少和出游选择。

三、文化因素

文化是由某群体的价值观、行为准则、表达方式、信念、可予以传达的行为模式以及共同爱好组成的集合体。该群体往往持同种语言，生活在相同的环境中。旅游者行为的文化特征反映为无形性、满足性、习得性、共有性、动态性。例如，在文化上出现一种更加关注健康和保养的趋势，酒店增设了健身房或健身俱乐部；有的酒店则与当地的健身俱乐部达成协议，以便使住店客人能够利用其健身设施。在饮食上出现的更加注重清淡口味和天然食品的趋势，则使餐馆的烹饪发生了很大的变化。

【知识拓展】

我国主要区域文化及其特征

1. 齐鲁文化

齐鲁文化一直具有文化的和政治的象征意义，基本代表了华夏文化传统的正宗。齐鲁之地的农业发达，又因地处沿海、濒临黄河，商业城市比较繁荣，民间手工业如陶瓷、纺织、冶炼等也颇发达。因此，鲁的农业、齐的工商业，加上孔子、孟子、管子、墨子、孙武等大批文化巨人，构成了齐鲁文化的鲜明个性。一般说来，齐鲁文化具有粗犷古朴、豪爽热烈的特点。

2. 燕赵文化

燕赵地区气候相对干冷，农业以粟、豆类为主，畜牧业也占相当地位，赵的城市商业也比较发达。自十六国和北朝、辽、金、元、清等朝以来，燕赵地区一直处在胡汉交融的状态，为了抵御外侵，形成勇武、好搏击的民风，具有悠久的武术传统。自金开始，历代统治者在北京建都，都市文化的特点也在很大程度上影响了燕赵文化，文化特点具有一定的正统性，文化娱乐等方面受宫廷文化影响较大。

3. 三秦文化

三秦之地，即今陕西地区，还包括甘肃、宁夏的东南部。秦人以法家思想治国，文化上具有鲜明的功利主义特点，加之其地理位置便于与北方和西域的文化交流，使其在农耕文化的基础上，具有包罗万象、兼容并蓄的特点，不仅留下了历史上各民族文化、各种宗教、各种艺术形式的痕迹，商业文化也很发达。

4. 三晋文化

三晋文化实际上可以说是"中原文化"的代称。地处中原，各种文化碰撞交流于此，使这里的文化呈现出一种共享性。商业的流动性和因水患、战乱和灾荒引起的人口流动一起，造成了这里的人口频迁特点。特别是中原地区地势平坦、四通八达，因此区域文化的特点不如其他地区明显。

5. 楚文化

楚文化的分布，包括今天湖北、湖南、安徽、江西的西北部和河南的南部，其中以湖北、湖南和安徽的部分为核心地区，淮河流域和鄱阳湖流域等作为其边缘地区。在上古的三苗文化基础上，华夏文化的主流汇合了当地蛮夷文化的支流，共同构成了楚文化。由于这里以丘陵和江湖为主要自然地理特征，加上民族文化源流的丰富，使楚文化极具特色，比如文学艺术神奇浪漫等。

6. 吴越文化

吴越文化以太湖为中心，包括今天的江苏、浙江、上海，影响到安徽东部和江西的东北部。这里气候温和、土地肥沃、水网密布、雨量充沛，农业极为发达。经过长时期的历史发展，我国古时的经济和文化重心逐渐从北方转移到这里。到明清时期，沿海的地理优势充分显露出来，商业贸易迅速发展起来，城市极为繁荣。该地区文化风格细腻、恬淡、婉转、雅致、清新，与北方各区域文化形成鲜明的对比。

7. 巴蜀文化

巴蜀文化以四川为中心，辐射到陕南、鄂西和云贵部分地区，由川东的巴文化和川西的蜀文化共同构成。由于这里与中原地区存在自然阻隔，因此有助于强化地域色彩浓厚的文化传统。巴蜀文化的风格以热烈、诙谐、高亢为特征。

8. 其他区域文化

岭南文化，从较宽泛的意义上说，包括广东、海南、福建和广西的部分地区文化。岭南文化带有浓厚的域外色彩，家庭组织和区域性组织较发达，具有华洋混合的新文化风格。

东北文化在辽、金、元、清时期具有浓厚的游猎文化特色，但在不断与汉族文化融合的过程中，在辽东地区形成了农耕文化与游猎文化交融的特征。

（资料来源：中国主要区域文化及其特征，中国旅游新闻网，http://www.cntour2.com。）

四、社会因素

（一）社会阶层

社会阶层是社会学家根据职业、收入来源、受教育程度、价值观和居住区域对人们进行的一种社会分类，它是按层次排列的、具有同质性和持久性的社会群体。社会阶层具有以下特点。

（1）同一阶层的成员具有类似的价值观、兴趣和行为，在旅游行为上相互影响并趋于一致。

（2）人们以自己所处的社会阶层来判断各自在社会中所占地位的高低。

（3）个人的社会阶层归属不是仅由某一变量决定的，而是受到职业、收入、受教育程度、价值观和居住区域等多种因素的制约。

（4）人们能够在一生中改变自己的社会阶层归属，既可以迈向高阶层，也可以跌至低阶层。

【知识拓展】

社会阶层的划分及旅游行为特征的总结

美国社会阶层的划分及旅游行为特征的总结见表4-1。

表 4-1　美国社会阶层的划分及旅游行为特征

社会	一般社会背景	旅游行为特征
上等上层人（不到1%）	继承大笔财富、有著名家庭背景的社会名流。他们大量捐助慈善事业，掌握社交大权，拥有多处住宅，子女在最好的学校就读	是珠宝、古董、住宅和度假产品的主要客户，是其他人的参照群体，以至于他们的旅游决策常常流入其他社会阶层，并被模仿
下等上层人（约2%）	有超凡能力而获得很高收入或财富的人。往往出身于中等阶层，在社会和公众事务上常采取积极的态度	自备游艇，拥有游泳池和汽车。这个阶层还包括暴发户，喜挥霍性旅游消费，向他人炫耀
上等中层人（12%）	既没有高贵的家庭地位也没有罕见的财富，关注事业，经营的是思想或高尚文化，是职业人士、独立的实业家和公司经理	经常赴境外旅游，喜好参加各种社团，热心公益，是高档住宅、服装、家具和电器产品的最佳客户
中等阶层（32%）	收入中等的白领或蓝领工人，住在城里的高尚地区并期望从事体面的工作，购买符合大众潮流的产品	25%的人有进口汽车，多数人注重旅游时尚，追求较好的旅游产品及品牌
劳动阶层（38%）	中等收入的蓝领工人或者过着劳动阶层生活的人，依赖亲朋的支持、介绍就业机会、听从旅游购物建议、寻求帮助	其度假是指"待在城里"，而外出则是指路程不到两个小时的湖边或景区，有明显的性别角度的差异和陈规陋习
上等下层人（9%）	在贫困线之上，但没有失业，不靠福利金生活，缺乏教育，收入非常低	旅游机会较少，设法表现出自律的形象并维持着清白
下等下层人（7%）	靠福利金谋生，明显地贫困不堪，常常失业，大多数人的收入是靠公共救济或慈善施舍	没有旅游机会，房屋、衣着和财物都是肮脏、粗糙和破损的

资料来源：郭英之．旅游市场营销，3版．大连：东北财经大学出版社，2014。

德国社会学家韦伯提出了划分阶层的三重标准，即财富（经济标准）、威望（社会标准）、权力（政治标准）。而社会地位是根据财富、声望、知识和权力等标准排列的人们在社会关系网中的位置。社会角色是与人的社会地位、身份相一致的一整套权利、义务和行为模式，它是对处在特定社会地位上人们行为的期待。

【知识拓展】

旅游者行为的社会角色

15种旅游者最明显的角色相关行为见表4-2。

表 4-2　15种旅游者最明显的角色相关行为

旅游者类型	15种最明显的角色相关行为（按每个行为的重要性排列）
观光旅游者	拍照，购买纪念品，参观名胜，在一个地方短暂停留，不去了解当地居民
旅行家	在一个地方短暂停留，尝试地方饭菜，参观名胜，拍照，私下考察一些地方
度假旅游者	拍照，参观名胜，避免社交，购买纪念品，为当地经济做贡献
豪华旅游者	生活奢侈，关心社会地位，寻欢作乐，喜欢与地位相同的人交往，参观名胜

(续)

旅游者类型	15种最明显的角色相关行为（按每个行为的重要性排列）
商务旅游者	关心社会地位，对当地经济做贡献，不拍照，乐于与同行交往，过奢侈的生活
暂时移居者	克服语言障碍，愿意和与自己相同的人交往，不想了解当地居民，不过奢侈的生活，不想从当地人那里获得利益
环境考察和保护旅游者	对自己所处的环境感兴趣，不买纪念品，不想从当地人那里获得利益，独自去一些地方考察，拍照
探险旅游者	独自去一些地方考察，对环境感兴趣，喜欢身体方面的冒险，不买纪念品，深入考察当地社会
传教士	不买纪念品，寻找生活的意义，不过奢侈生活，不寻欢作乐，深入考察当地社会
外国学生	尝试地方饭菜，不想从当地人那里获利，拍照，深入考察当地社会，身体冒险
人类学者	深入考察当地社会，自己去一些地方考察，对环境感兴趣，不买纪念品，拍照
雅皮士游客	不买纪念品，不过奢侈生活，不关心社会地位，不拍照，不为经济做贡献
外国记者	拍照，深入考察当地社会，参观名胜，冒险，独自去一些地方考察
宗教崇拜者	探究生活的意义，不过奢侈的生活，不关心社会地位，不在当地谋利，不买纪念品

资料来源：阿拉斯塔·莫里森. 旅游服务营销, 3版. 朱虹，等译. 北京：电子工业出版社, 2002。

（二）相关群体

1. 相关群体的基本概念

相关群体也称为参考群体或参照群体，是指一个人在认知、情感的形成过程和行为的实施过程中用来作为参照标准的某个人或某些人的集合。换言之，相关群体是个人在特定情况下作为行为向导而使用的群体。相关群体为旅游者的购买行为提供参考依据，对购买行为有重要影响。

按照旅游者是否属于群体成员以及群体吸引力划分，可以将相关群体分为正相关成员群体、向往群体、拒绝群体和隔离群体，具体如图4-1所示。

	成员群体	非成员群体
正相关	正相关群体	向往群体
负相关	拒绝群体	隔离群体

图4-1 相关群体的分类

（1）正相关群体。正相关群体是指旅游者属于该群体，是其成员之一，对本群体的价值观和行为持认同或赞赏的态度。

（2）拒绝群体。拒绝群体是指旅游者属于该群体，却又反对该群体的价值观和行为。

（3）向往群体。向往群体也称为渴望群体，是指旅游者不属于该群体，并非该群体成员，但是非常认同和赞赏该群体的价值观和行为方式，渴望归属于该群体。

（4）隔离群体。隔离群体是指不属于该群体，而且不认同该群体的理念和行为方式，希望回避和远离。

2. 相关群体对旅游者行为的影响

（1）信息性影响。它是指相关群体的价值观和行为被个人作为有用的信息加以参考。这些信息可以直接获得，也可以间接观察获得；可以主动收集，也可以被动获得。

（2）功利性影响。它是指相关群体的价值观和行为方式对旅游者发生作用后可以帮助其获得奖赏或避免惩罚。

（3）价值表现的影响。它是指群体的价值观和行为方式被个人内化，无须任何外在的奖罚就会依据群体的价值观或规范行事。

（4）家庭。家庭是社会的细胞，是最重要的相关群体。人们的价值观、审美观、爱好和习惯多半都是在家庭的影响下形成的，家庭使其成员的行为趋于一致化。在购买者决策的所有参与者中，购买者家庭成员对其决策的影响最大。

（5）角色身份。社会是由众多个体成员构成的网状关系组成的。每个人都通过各种社会关系与他人相互连接在一起。角色是对于具有某一特定地位的人所应具有的行为的期望。个人的购买行为要符合自己的角色。

【知识拓展】

家庭生命周期不同阶段的旅游者行为特征

家庭生命周期不同阶段的旅游者行为特征见表4-3。

表4-3 家庭生命周期不同阶段的旅游者行为特征

家庭阶段	家庭特征	旅游者行为特征
单身阶段：年轻且不与家人同住的单身	没有经济负担，潮流观念的倡导者	喜爱娱乐、度假
新婚夫妇：年轻且无子女	经济状况比满巢一期阶段要好，消费购买量大	旅游率最高，喜欢度假
满巢一期：最小的孩子不到6岁	缺少流动资金，经济状况与银行储蓄不足	对旅游新产品感兴趣，喜爱广告宣传的旅游产品
满巢二期：最小的孩子6岁以上	经济状况较好，购买大包装、多组合的产品	受旅游产品广告信息的影响较小
满巢三期：老夫妻，身边还有未自立的子女	经济状况较好，耐用品的平均购买量很大，喜欢新式雅致的家具	很难受旅游产品广告信息影响，喜欢驾车旅游
空巢一期：老夫妻，身边没有子女，户主仍在工作	有住宅，对经济状况与银行储蓄感到满意	对旅游、娱乐、自我教育感兴趣，对旅游新产品不感兴趣
空巢二期：老夫妻，身边没有子女，户主退休	收入急剧下降，仍拥有住宅	喜欢医疗器械以及有助健康、睡眠与消化的旅游保健产品，适合老人特点的娱乐和旅游项目
鳏寡就业	收入不错，但可能买房	医疗与健身疗养产品需要，注重旅游与娱乐
鳏寡退休	收入急剧下降，需要照顾、关怀	医疗需要与产品需要，注重休闲旅游及娱乐

资料来源：郭英之. 旅游市场营销，3版. 大连：东北财经大学出版社，2014。

五、旅游者旅游心理与行为因素

（一）旅游者的认知过程

认知过程是旅游者由表及里、由现象到本质反映客观事物的特性与联系的过程，它包括对客观事物的感觉、知觉、注意、记忆、思维和想象等过程。

1. 感觉

感觉是指人脑对当前直接作用于感觉器官的客观事物个别属性的反映，它是日常生活中最常见的心理现象，主要包括视觉、听觉、嗅觉、触觉、味觉。

2. 知觉

知觉是指人脑对直接作用于感觉器官的客观事物的整体的反映。它是在感觉的基础上进行的，是感觉的深入。知觉对外来刺激有选择地反应或组织加工的过程被称为知觉的选择性。它包括选择性注意、选择性扭曲和选择性保留三种。

选择性注意即感觉到的刺激，多数被有选择地忽略，只有少数引起注意，形成知觉：与最近的需要有关的，正在等待的，大于正常的，出乎预料的。

选择性扭曲即往往按自己经历、偏好、当时的情绪、情境等因素解释。

选择性保留即容易忘掉大多数信息，总是记住与自己的态度、信念一致的。

3. 注意

注意是指人的心理活动对一定事物的指向和集中。注意与人们的一切心理活动密不可分，它伴随人的认识、情感和意志等心理过程而表现出来。

注意可以分为无意注意和有意注意两类。无意注意又称不随意注意或被动注意，是指事先没有预订的目的，也不需意志努力，不由自主地指向某一对象的注意。有意注意又称主动注意，是指自觉的、有预订目的的、必要时还需经意志努力的注意。

4. 记忆

记忆是人类心智活动的一种，属于心理学或脑部科学的范畴。记忆代表着一个人对过去活动、感受、经验的印象累积，有多种分类。在记忆形成的步骤中，可分为下列三种信息处理方式：①译码，是指获得信息并加以处理和组合；②储存，是指将组合整理过的信息做永久记录；③检索，是指将被储存的信息取出，回应一些暗示和事件。

5. 思维

思维是人脑对客观现实的概括和间接的反映，它反映的是事物的本质和事物间规律性的联系。思维所反映的是一类事物共同的、本质的属性和事物间内在的、必然的联系，属于理性认识。

6. 想象

想象是一种特殊的思维形式，是人在头脑里对已储存的表象进行加工改造并形成新形象的心理过程。想象能突破时间和空间的束缚，能起到对机体的调节作用，还能起到预见未来的作用。心理学上，想象是指在知觉材料的基础上，经过新的配合而创造出新形象的心理过程。

（二）旅游者的个性

个性是指人的整个心理面貌，是个人心理活动的稳定的心理倾向和心理特征的总和。个性心理结构包括个性倾向性和个性心理特征两个方面。

1. 个性倾向性

个性倾向性是指人所具有的意识倾向，决定着人对现实的态度以及对认识活动对象的趋向和选择，主要包括需要、动机、兴趣、理想、价值观和世界观。个性是人的行为的基本动力，是行为的推进系统。

2. 个性心理特征

个性心理特征是指一个人身上经常地、稳定地表现出来的心理特点的组合，主要包括能力、气质和性格。当一个人的个性倾向性成为一种稳定而概括的心理特点时，就构成了个性心理特征。

【知识拓展】

四种基本的性格特征

胆汁质性格特征：情绪兴奋性高、易冲动；性格直率、抑制力差；精力旺盛，但情绪急躁、思维简单。

黏液质性格特征：不易激动，外部表情不易变化，情绪稳定，注意力不易转移，善于忍耐。

抑郁型性格特征：情绪兴奋性低、稳定；对外界的刺激反应慢而不灵活；耐性高；办事刻板但稳妥。

多血质性格特征：适宜从事与人打交道的职业，如售货员、咨询人员、导游、外交官、管理人员、公关人员、驾驶员、医生、律师、运动员、冒险家和侦探。

【知识拓展】

内向型旅游者与外向型旅游者的不同旅游行为

不同类型旅游者的旅游行为见表4-4。

表4-4 不同类型旅游者的旅游行为

内向型旅游者	外向型旅游者
希望旅游地是熟悉的地区	希望去不熟悉的浏览区，自己有新发现、新经历
希望在日光下开展活动，包括休闲、放松身心	希望去有传奇色彩和故事情节不寻常的旅游地
活动量小	活动量大
希望可以驾驶汽车到游览地	希望乘飞机游览
希望旅游设施齐备	适当的旅馆及食品，不需要时髦或连锁旅馆，不需要太多的旅游吸引物
希望有熟悉的气氛	热衷于会见并希望与那些不同民族或具有不同文化的人打交道
希望整个旅途都安排得很满	希望安排最基本的旅游活动时，给游客充足的自由时间

资料来源：郭英之．旅游市场营销，3版．大连：东北财经大学出版社，2014。

（三）旅游者的态度

态度是人们用赞成或不赞成的方式对某种事物进行评价的心理倾向，是人对某因素的全面而稳定的评价。也可以理解为个体对事物所特有的一种协调一致的、有组织的、习惯性的内在心理反应。

一种态度会在相当长的时间内维持不变，转瞬即逝的评价并不构成态度。同时，一种态度适用于所有的同类事物，而不仅仅适用于单一事物，因此，态度具有持久性和广泛性两个基本特征。态度是对事物的持久、一致的评价、反应。态度逐渐形成，产生于与产品、企业的接触，受其他消费者影响，受个人生活经历、家庭环境熏陶。

儿童时期培养起来的态度常常影响成年后的购买行为，因此迪士尼和麦当劳都把儿童看作是毕生顾客。一些滑雪、高尔夫和海洋度假酒店已经留意并开发出许多以儿童为对象的项目、菜单和活动。

品牌信念、评估品牌和购买意向构成了旅游者态度的三种成分，其间的关系构成了态度研究的重点。品牌信念是态度的认知成分，是旅游者对某品牌产品的属性和利益所形成的认识。

（四）旅游者的生活方式

旅游者的生活方式是指一个人在生活中表现出来的活动、兴趣和看法的模式，一般用消费者 AIO 方面的主要变量来衡量——活动（Activity）：工作、爱好、购物、运动、社会活动；兴趣（Interest）：食物、时尚、家庭、娱乐等；观念（Opinion）：有关自我、社会问题、商业及产品。

第三节 旅游者购买行为

一、购买行为的概念和特点

（一）购买行为的概念

行为是指人们在外部刺激的影响下，经由内部生理和心理变化而产生的具有一定目的性的活动，它是个体内部特征与外部环境相互作用的结果。人的行为是十分复杂的。由于每个人的个体差异很大，因此即使在相同的环境下，也可能表现出不同的行为。购买行为是指消费者为满足某种需要而在购买动机的驱使下，以货币换取商品或劳务的实际行动。

（二）购买行为的特点

1. 购买行为目标的指向性

所有的购买行为都有确定的购买目标，并在购买目标的引导下逐步实现购买行为。购买行为是一种具有目的性的活动，其目的具体体现在购买目标上，一旦购买目标实现了，购买需要和动机获得了满足，购买行为也就暂告结束。

2. 购买行为与购买心理的相关性

旅游者的购买行为与购买心理是互相关联的，购买行为受购买心理的影响和制约。旅游者的购买行为是购买心理的外在表现，是购买心理活动的结果。购买心理贯穿于购买行为的始终，并制约着购买行为的发生和发展。

3. 购买行为的自主性

旅游者的购买行为一般都是个体自主实现的，这是因为个体行为活动是在个体内部需要的基础上有目的地发生的。尽管外界因素在很大程度上影响着旅游者的行为，但只要旅游者是一个具备完全行为能力的人，购买行为的实施最终就还是取决于旅游者个人的主观意愿。

4. 购买行为的可变性

旅游者的购买行为是可以调节的。旅游者在实施购买的过程中，外界条件的变更或者旅游者个人内部因素的变化会引起购买行为的变化。这是人的意志、心理起作用的原因。因为意志不但能使人坚持行动目标，而且也能调节人的行为目标。

二、旅游者购买行为的类型

（一）按照旅游者购买目标的确定程度划分

1. 全确定型

全确定型旅游者在购买前已有明确的购买目标，他们对产品的名称、商标、型号、规格甚至价格等都有明确的要求，并能主动提出这些要求。

2. 半确定型

半确定型旅游者在购买前已有大致的购买目标，但他们对产品的具体要求还不甚明确，最后的购买决定是经过挑选、比较而完成的。

3. 不确定型

不确定型旅游者并没有明确的购买目标，他们进入商店主要是参观和游览，遇到感兴趣与合适的商品也会购买，但也有可能不买商品就离去。

（二）按照旅游者购买行为的表现特征划分

1. 习惯型

习惯型旅游者的购买行为特点是喜欢根据过去的购买经验和使用习惯来购买商品。

2. 理智型

理智型旅游者的购买行为特点是以理智为主、以感性为辅。他们喜欢根据自己的经验和对商品的认识，广泛收集所需要商品的信息，再经过周密的分析和思考做出购买决定。

3. 感情型

感情型旅游者的购买行为特点是带有浓厚的感情色彩。

4. 冲动型

冲动型旅游者的特点是情绪易于冲动，心境变换剧烈，对外界的刺激反应敏感，表现为冲动式购买。

5. 经济型

经济型旅游者的特点是购买商品多从经济和价格方面考虑，特别注重商品质量的好坏、使用效果以及价格的高低。

6. 从众型

从众型旅游者的购买特点是易受众人同一购买倾向的影响，对商品一般不进行仔细的分析和比较，只要众人购买，便认为一定不错。

（三）按照旅游者的参与程度和产品品牌差异程度划分

按照旅游者的参与程度和产品品牌差异程度划分，可以将旅游者的购买行为划分为如下四种类型（见图4-2）。

	高度介入	低度介入
品牌差异大	复杂购买行为	寻求多样化购买行为
品牌差异小	化解不协调购买行为	习惯性购买行为

图4-2 根据参与程度和产品品牌差异程度划分的旅游者购买行为类型

1. 复杂购买行为

复杂的购买行为是指旅游者需要经历大量的信息收集、全面的产品评价、慎重的购买决策和认真的购后评价等各个阶段后再仔细地购买，并注意各品牌间的差别。消费者一般对花钱多的产品、偶尔购买的产品、风险产品以及注目的产品等的购买都非常仔细。

2. 化解不协调购买行为

有时，消费者对于同一档次品牌产品的购买也持慎重态度。高度介入的购买行为是基于这样的事实，即遇到花钱很多的产品、偶尔购买的产品和风险产品。如果旅游者属于高度参与但是并不认为各品牌之间有显著差异，消费者并不需要广泛收集产品信息，也不会精心挑选品牌，购买过程迅速而简单，因而在购买以后，可能会认为自己所购买的产品具有某些缺陷或其他同类产品有更多的优点，产生失调感，从而怀疑原先购买决策的正确性。在这种情况下，营销沟通的主要作用在于增强信念，使购买者在购买之后有一种满意的感觉。

3. 习惯性购买行为

如果旅游者属于低参与度并认为各品牌之间没有什么显著差异，就会产生习惯性购买行为。习惯性购买行为是指旅游者并未深入收集信息和评估品牌，只是习惯性购买自己熟悉的品牌产品。购买行为并没有经过常规的信念、态度、行为顺序等一系列过程。旅游者并没有对品牌信息进行广泛研究，也没有对品牌特点进行评价，对决定购买什么品牌也不重视，只是被动地接受信息，广告的重复会令其产生品牌熟悉，而不是品牌信念。购买过程就是被动地学习而形成品牌的信念，随后产生购买行为，对购买行为有可能做出评价，或不做评价。

4. 寻求多样化购买行为

如果旅游者属于低参与度并了解现有各品牌和品种之间具有显著差异，则会产生寻求多样化的购买行为。寻求多样化的购买行为是指旅游者购买产品有很大的随意性，并不深入收集信息和评估比较就决定购买某一品牌，在旅游时才加以评价，但是在下次购买时又转换其他品牌。对于寻求多样化的购买行为，营销人员应力图通过提醒广告等手段来鼓励旅游者形成习惯性购买行为。

三、旅游者购买行为模式

（一）购买行为模式理论

1. 恩格尔-科拉特-布莱克威尔模式

恩格尔-科拉特-布莱克威尔模式是由美国俄亥俄州立大学三位教授 J. F. 恩格尔（J. F. Engel）、R. D. 布莱克威尔（R. D. Blackwell）和 D. T. 科拉特（D. T. Kollat）提出来的。该模式特别强调旅游者购买决策过程，详细地描述了旅游者购买决策过程：在刺激压力作用下引起注意、知觉、记忆；在动机、行为方式作用下搜寻信息；进行方案筛选和购买；购买体验及评价。

2. 霍华德-谢思模式

霍华德-谢思模式通过四大因素来描述旅游者的购买行为：①刺激或投入因素，又称输入变量，它包括产品实质刺激、产品符号刺激、社会刺激和相关群体等；②外在因素，又称外在变量，它是指购买决策过程中的外部影响因素，如文化、个性和财力等；③内在因素，又称内在过程，它是指介于刺激和反应之间起作用的因素，它主要说明投入因素和外在因素如何在心理活动中发生作用从而引出结果；④反应或产出因素，又称结果变量，它是指购买决策过程所导致的购买行为。

（二）旅游者购买行为模式概述

有四个交互作用的基本因素：刺激因素和沟通渠道因素属于输入因素，营销管理者能够控制其大部分的内容；购买者的决策过程是中心因素；最后一个因素是输出因素，代表顾客的反应。

市场上各种旅游产品的广告、个人推销等成为影响旅游者购买的刺激因素。另外，诸如朋友、家庭等相关群体也以自身对产品的看法和评价影响旅游者的购买决策。旅游者通过个体的学习、认知以及经验，对所接受的信息进行吸收和加工，经过加工的外部刺激同旅游者个体的态度等心理因素以及人口统计因素、经济因素、社会因素等共同影响旅游需要及动机，并最终促成购买行为的产生。而旅游者购买后的满意程度则直接形成购买旅游经验，购买经验又在新一轮购买行为中产生十分重要的影响作用。

【知识拓展】

旅游者行为反应层次模式

旅游者行为反应层次模式见图 4-3。

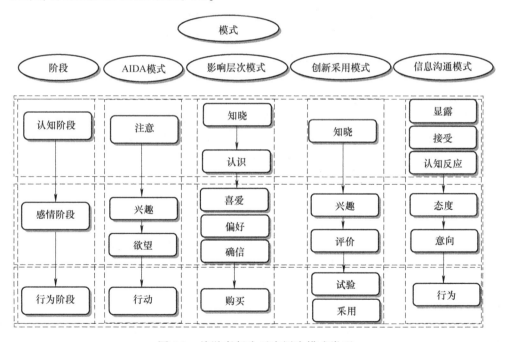

图 4-3　旅游者行为反应层次模式类型

（资料来源：郭英之. 旅游市场营销，3 版. 大连：东北财经大学出版社，2014。）

四、旅游者购买决策过程

（一）旅游者购买的参与者

发起者是指首先提出或有意想购买某一商品或服务的人。影响者是指其看法和建议对最终决策具有一定影响的人。决策者是指在是否买、为何买、如何买等方面的购买决策做出完全或部分最后决定的人。购买者是指实际采购的人。使用者是指实际旅游或使用该商品和服务的人。

(二) 旅游者的购买过程

旅游者的购买活动是一个解决问题的过程。在购买过程中，既有看不见的心理活动，又有表露于市场上的有形活动，十分复杂。一般来说，旅游者的这一过程一般可以分为五个阶段。

1. 问题识别

旅游者的购买过程从问题识别开始。问题识别的过程也就是需要的认识过程。需要可以由旅游者的生理和心理状况引起，也可以由外部的刺激引起。需要上升到一定程度，就成为驱使人们行动的力量。

营销者努力的方向应该是：利用营销手段进行刺激，唤起消费欲望；发现潜在旅游需要，制定营销策略。

2. 信息收集

当人们产生了旅游需要时，一般会有意地或下意识地寻找有关旅游产品的信息。信息收集的主要渠道包括如下方面。

（1）相关群体来源，包括家庭、朋友、邻居和同事等。
（2）商业来源，包括旅游产品广告、推销员和展销会等。
（3）公共来源，包括大众传播媒体、政府、旅游者组织和各种企业的评审组织等。
（4）个人经验来源，包括旅游者自身的旅游经验。

营销者的主要任务是提供诚信可靠的信息，不压价竞争，制定有效的传播方案。

3. 选择评估

旅游者进行购买选择时，不论是对目的地的选择，还是对单项旅游产品的选择，都会在多个目的地或品牌中进行。在大多数情况下，一名旅游者在进行目的地选择时，一般只会在若干个目的地中进行挑选。挑选主要围绕产品属性、品牌信念、成本及效用要求开展，营销人员应该主要围绕如何满足旅游者个性化需求开展营销活动。

4. 购买决策

通过对可选方案的评估，旅游者已经初步产生了购买意图。购买意图如果不受其他相左意见和信息的干扰，就会导致产生购买决策与购买行为。一般而言，购买意图和购买决策包括品牌决策、代理商决策、时间决策、数量决策和支付方式等决策。营销者需提供尽可能详细的情报，按照合同条款提供服务，在消费者改变决策时也要提供方便。

5. 购后评价和购后行为

旅游者在完成购买行为和旅游行为之后，一般会体验到三种感觉：满意、不满意和疑虑。每一种体验都会伴随有特定的购买后行动。而这些体验和行动又会影响到该旅游者下次的购买行为以及他人的购买决策。因此，购后行为对于旅游营销人员仍具有重要意义。购买后的满意程度是以下两个因素共同作用的结果：产品实际质量和顾客期望的产品质量。

营销者对于勇于投诉型游客要积极提供补偿服务，进行良好沟通和协调；对于闷头吃亏型游客要鼓励客人投诉；对于疑惑型游客要进行积极的购后服务和沟通。

(三) 不同购买决策及其购买过程

购买过程根据旅游者购买的产品不同会呈现出很大的差异。旅游者购买当日往返旅游及日用品或购买远程旅游及选购品，其购买过程就有许多不同的特点。了解旅游者的购买行为是旅游营销的关键环节。通过对影响旅游者购买行为的各个因素及购买过程的考察，旅游营销人员才能针对购买行为的每个环节及影响因素制定有效的营销规划。

【思考题】

1. 现代游客的旅游需求呈现出哪些新的特征？
2. 常见的旅游者的购买动机有哪些类型？
3. 旅游者购买决策的基本过程是什么？
4. 影响旅游者购买行为的因素有哪些？
5. 文化因素如何影响到旅游者的购买行为？请举例说明。

【案例分析】

夜游消费市场的兴起

夜间经济（Night-time Economy）一词是20世纪70年代英国为改善城市中心区夜晚空巢现象提出的经济学名词。1991年，Comedia发表了一份关于英国城市中心的经济、社会和文化生活的研究报告《时间之外》。1994年，Montgomery介绍了18小时/24小时城市的概念，提出在城市中心鼓励一系列的经济、社会和文化活动。1995年，Bianchini提倡城市夜晚活动的多元化。2001年，Chatterton和Hollands系统研究了年轻人与城市空间，特别是夜间休闲空间的关系，提出了生产、规范与消费城市夜生活空间的系统理论。"夜间经济"因可以延长经济活动时间、提高设施使用率、激发文化创造、增加社会就业、延长游客滞留时间、提高消费水平、带动区域发展，现已成为城市经济的新蓝海。

夜间经济在我国的发展自20世纪90年代初起步，经历了延长营业时间阶段、多业态的粗放经营阶段和集约化经营阶段。我国夜间经济已经由早期的灯光夜市转变为包括"食、游、购、娱、体、展、演"等在内的多元夜间消费市场，逐渐成为城市经济的重要组成部分。

在夜间经济消费上，我国城市居民消费强于乡镇居民，东部远强于西部。约60%的城市居民消费发生在夜间，北京王府井超过100万人的高峰客流是在夜市，重庆2/3以上的餐饮营业额发生在夜间。夜间经济消费存在"胡焕庸线"[○]，东西差异明显，夜间消费绝大多数集中哈尔滨—北京—成都—腾冲一线以东，北京与东南沿海最活跃。夜间消费存在18：00左右的晚高峰和21：00~22：00的夜高峰。滴滴网约车数据显示：北上广深和部分珠二角及东部沿海城市，如佛山、东莞、厦门为双高峰"不夜城"，武汉、福州、长沙等存在大的晚高峰与小而长的夜高峰。东部城市的无锡、烟台，中西部地区的泸州、绵阳、南充等存在晚高峰，夜间出行不活跃。东北城市有晚高峰，夜间22：00后基本不出行。夜间出行前10位城市是：北京、佛山、深圳、东莞、上海、丽江、西安、泉州、厦门、广州。

大多数城市通过环境改造、亮化工程、文化植入、业态丰富与休闲配套，使夜间经济在

○ "胡焕庸线"是我国地理学家胡焕庸于1935年提出的划分我国人口密度的对比线。在地图上，该条线从黑龙江省黑河市到云南省腾冲市，以赤道为参照，大致为倾斜45°角。

空间布局上呈现围绕城市商务中心、自然或文化遗产、城市中心"边缘地带"的规律。首先，夜间消费场所普遍集中布局在城市各级商业商务中心的核心地带。例如，上海的南京路、淮海路，天津的滨江道，广州的环市路等在原有城市功能布局的基础上引入了一些夜间活动场所，使之继续成为城市夜晚的活跃区。其次，是以自然或历史文化资源为依托的夜间旅游区域。例如丽江、桂林、凤凰等的夜间景观吸引大量游客前往游览。此外，南京市将丰富的夜间活动与夫子庙 – 秦淮风光带相结合，形成其夜间旅游的"金字招牌"。杭州西湖在经历了近十年的大规模亮灯建设和综合保护工程后，如今已经形成了以西湖为核心的夜晚活动区域。最后，城市中心的"边缘地带"聚集着许多夜生活场所。例如香港兰桂坊酒吧一条街、北京三里屯酒吧街、成都少陵路酒吧街中的酒吧和夜总会等夜间娱乐场所，摆脱了诸如居住区、办公区等城市功能空间的限制，具有较大的空间和经营时间上的自主性，形成了集约化发展的趋势。

[资料来源：邹统钎. 我国夜间经济发展现状、问题与对策，中国旅游报，2019-04-16 (003)。]

[案例思考]

旅游目的地如何有效开发夜间消费市场？

第五章

旅游市场细分

【学习目标】
　　理解旅游市场细分的目的、原则、意义。
　　掌握旅游市场细分的一般原理和方法。
　　熟练运用目标市场选择战略和实行市场定位。
　　掌握旅游市场定位的方式、方法。

【学习重点】
　　旅游市场细分的一般原理和方法。
　　运用目标市场选择战略和实行市场定位。
　　旅游市场定位的方式、方法及步骤。

【学习难点】
　　旅游市场细分的方法。
　　旅游目标市场的选择。

第一节　旅游市场概述

一、旅游市场的概念与构成

　　旅游业是以旅游市场为对象，为旅游活动创造便利条件并提供其所需商品和服务的综合性产业。旅游市场既是旅游企业营销活动的主体和开发对象，又构成了各种营销活动的运作平台。在市场经济条件下，任何一个旅游企业都在不断地与市场进行着交流，从市场中获取需求信息，同时也把企业以及与企业有关的产品信息向市场传播。旅游企业只有同市场保持密切的联系，才能求得生存与发展。市场不仅是旅游企业生产经营活动的起点和终点，也是旅游企业生产经营活动成功与失败的评判者。认识市场、适应市场并使旅游企业活动与社会需求协调起来，是旅游市场营销活动的核心与关键。

　　（一）旅游市场的概念
　　1. 经济学的解释
　　从经济学的角度来说，狭义的旅游市场是指旅游产品交换的场所，广义的旅游市场是指在旅游产品交换过程中各种经济活动现象与经济关系的总和。

2. 市场学的解释

从市场学角度看，旅游市场是指在特定的时间、地点与条件下具有购买欲望与支付能力的旅游者群体，即某种旅游产品的现实购买者和潜在购买者。此时的旅游市场即旅游需求市场，也被称为旅游客源市场。

（二）旅游市场的构成要素

从市场的概念出发，旅游市场的形成必须同时具备四个要素：人口、旅游愿望、购买能力和购买权利。这四个要素和旅游市场的关系可用以下等式表示

$$旅游市场 = 人口 \times 旅游愿望 \times 购买能力 \times 购买权利$$

1. 人口

旅游市场的规模首先取决于该市场范围内的人口特征，人口是构成旅游市场的基本要素。

2. 旅游愿望

旅游市场的规模取决于人们的旅游愿望。旅游愿望是指消费者购买商品的动机、欲望或要求，它是由消费者的生理需要和心理需要引起的。

3. 购买能力

旅游市场的规模取决于人们的购买能力，旅游产品的交换必须要以一定的支付能力为前提，如果没有足够的支付能力，旅游就只能成为一种主观愿望。

4. 购买权利

旅游者必须有相应的购买权利。某些地方政府为了保护旅游者利益、维护旅游市场的健康发展，通过颁布法令禁止或限制某些违规旅游产品的交换。因此，只有在旅游地各种相关的政策法规许可的条件下，旅游者才能有效地行使自己的购买权利。

二、旅游市场的核心指标

旅游企业与组织在研究营销策略时，必要的条件是对旅游市场的规模和质量特征做出准确界定，因此需要在了解旅游市场运行规律的前提下熟悉和掌握一些基本的市场分析指标。旅游市场需求的主要指标分为以下四类。

（一）旅游者人数指标

旅游者人数是指旅游目的地在一定时期内接待本区域以外的旅游者的数量，一般以旅游人次数来衡量。旅游者人数指标可以用来反映旅游目的地现有旅游产品吸引市场需求的能力，同时也可以用来衡量各地区旅游业的发达程度。一般情况下，旅游目的地的旅游业发达程度与该地区的旅游人数成正比例关系。

（二）旅游者停留时间指标

旅游者停留时间指标是从时间角度衡量旅游者使用目的地旅游设施和服务的程度，同时也能反映旅游者对目的地的需求水平。

（三）旅游者消费指标

旅游者消费指标是以价值形态衡量旅游需求的数量状态，它主要包括旅游消费总额、旅游者人均消费额和旅游者消费率三个指标。

(四) 区域旅游需求能力指标

反映区域旅游业发展水平和能力的指标还包括旅游出游率和旅游重游率两类。其中,旅游出游率包含总出游率和净出游率两种。总出游率是指某地区在某一时段出游人次与总人口数的比;净出游率是指在一定的时间内至少参加一次旅游的人数占人口总数的比例。旅游重游率也称旅游频率,是指一个国家或地区出国(或出境)旅游人次数与该区域出国(或出境)旅游人数之比。

三、旅游流及其流动规律

旅游需求与其他产品需求相比,其特点集中表现在旅游需求跨越时空的消费现象。旅游者必须离开常驻地并在旅游目的地停留一定时间、参与一定的旅游项目,这一特点形成了独特的旅游时空消费规律。

(一) 旅游流

旅游流是旅游者流动的简称,是指在一个区域由于旅游需求的近似性特征而引发的旅游者集体性空间移位现象。旅游流具有三个要素,即时间、流向和流量。

(二) 旅游流的流动规律

旅游需求的变化趋势可以通过旅游流的变化趋势集中体现出来。旅游时空分布的流动性规律比较明显和稳定,其形成可以从旅游的基本激发条件、优越的旅游资源条件、距离衰减规律的作用和历史联系的惯性作用等方面进行解释。

旅游流的运动规律具体表现为:近距离流动多,远距离流动少;流向风景名胜区;发达国家和地区流向不发达国家和地区;经济发达国家和地区流向另一个经济发达国家和地区;从严寒地区流向温暖地区及反方向的流动;集中流向政治、经济、文化中心。

第二节　旅游市场细分

1956 年,美国营销学家温德尔·史密斯 (W. R. Smith) 发表的《市场营销战略中的产品差异化与市场细分》(*Product Differentiation and Market Segmentation and Marke Strategies*) 一文中首先提出了旅游市场细分的概念。

一、旅游市场细分的概念及意义

(一) 市场细分的概念

市场细分是指企业根据消费者群体之间需求的差异性将一个整体市场划分为两个或更多的消费者群体,从而确定企业的目标市场的活动过程。每一个需求特点相类似的消费者群体叫作一个细分市场。市场细分的实质就是辨别具有不同欲望和需求的消费者群体,并将他们分门归类的过程。一般可根据消费者偏好的同质性将市场分为同质市场和异质市场。

(二) 旅游市场细分的必要性

旅游市场细分是指旅游企业根据游客群对旅游产品的需求欲望、购买行为和购买习惯的差异,把旅游市场划分为若干个分市场并从中选择自己目标市场的过程。

旅游市场细分不是由人们的主观愿望决定的,而是由旅游市场的需求和供给的共同特点所决定的。一方面,从需求来看,任何旅游者都不可能对任何类型的旅游产品都感兴趣,经常表现为具有购买能力，但对其中部分旅游产品和服务有实际的需求。另一方面，从供给来看，任何一个旅游产品的供给者，不管是一个旅游目的地，还是一家旅行社、一个餐馆，既没有足够的接待服务能力，也没有足够的旅游吸引物面向所有的国内外游客，满足他们各种各样的要求。因此，有必要针对不同游客群体的消费需求，选择性地提供相应的产品和服务。

(三) 旅游市场细分的意义

旅游市场细分是分析旅游消费需求的一种手段，对于旅游企业而言，它有以下作用：有利于旅游企业及时寻找新的市场机会，有利于旅游企业适时调整营销策略，有利于旅游企业制定灵活的竞争策略，可以为中小型企业选择独特发展空间、回避大企业的竞争压力提供机会，有助于市场的渗透。

二、旅游市场细分的原则

为保证市场细分的质量，企业在进行市场细分工作时应坚持五个原则。

(一) 可衡量原则

可衡量原则总的要求是各细分市场的需求特征、购买行为等要能被明显区分，各细分市场的规模和购买力的大小等要能被具体测度。

(二) 可进入原则

可进入原则是指细分后的市场是企业利用现有的人力、物力和财力可以进入和占领的。市场细分是为确定目标市场服务的，市场细分结果中只有存在本企业可能进入并占有一定份额的子市场，才有现实意义。它包括客观上要有接近的可能，主观上要有能开发的实力。

(三) 有价值原则

有价值原则是指要求细分出的市场在顾客人数和购买力上足以达到有利可图的程度，即要求细分市场有可开发的经济价值。细分后的市场要有适当的规模和发展潜力，适合企业经营和今后进一步发展壮大的需要。细分后的市场规模与营销费用密切相关。市场范围太小，其人均营销费用会扩大；反之，人均营销费用则缩小。因此如果容量太小、销量有限，就难以形成有价值的市场。

(四) 稳定性原则

严格的旅游市场细分是一项复杂而又细致的工作，因此要求细分后的市场具有相对的稳定性。如果市场变化太快，会使制定的营销组合很快失效，造成营销资源分配重新调整的损失，并形成企业市场营销活动的前后脱节和被动局面。

(五) 可区分原则

可区分原则是指细分市场之间的差异可以被识别，并且对于不同的细分市场可以采取差异化的营销组合方案。

三、旅游市场细分的标准

旅游市场的细分标准也称旅游市场的细分变量，受到这些因素的影响和作用，旅游者在欲望和消费需要方面产生了明显的差异。细分旅游者市场所依据的标准很多，一般依据旅游市场地理变量、人口统计变量、旅游者心理和购买行为四大类进行划分。

（一）旅游市场地理变量细分

旅游市场地理变量细分是指旅游企业按照旅游者居住地所在的地理位置及自然环境的差异来细分旅游市场。具体有：根据潜在客源地区与旅游目的地之间的自然环境的差异进行旅游市场细分；根据国际上通用的标准进行五大旅游区的旅游市场细分；根据客源国进行旅游市场细分；根据客源地与旅游目的地的空间距离进行旅游市场细分；根据旅游者的国际流向进行旅游市场细分。

（二）按人口统计变量细分

按人口统计变量细分是市场细分中最流行的方法，它既直接又十分有效。其分析变量非常明确，包括性别、年龄、职业、收入、家庭年龄结构、家庭人数、种族、宗教、国籍、受教育程度等，旅游者的需求与爱好往往同这些因素有着十分密切的关系。

1. 年龄和生命周期

不同年龄段的人对旅游内容、旅游价格、旅游时间和旅游方式等有着很明显的需求区别，随着年龄的增长，需求也不断发生变化，因此，可以根据游客的年龄结构将旅游市场细分为老年旅游市场、中年旅游市场、青年旅游市场和儿童旅游市场。

2. 家庭结构与家庭生命周期

家庭是社会的细胞，也是消费的基本单位。一般说来，没有小孩的家庭进行旅游活动的可能性更大，旅游费用也较高。因此可以说，家庭生命周期对旅游市场的需求会产生一定的影响。

3. 性别细分

根据不同性别可以将旅游市场细分为男性旅游市场和女性旅游市场。男性旅游者与女性旅游者对旅游服务和项目的需求表现出一定的差别。公务旅游以男性为主，家庭休息时间也一般由男性决定，但家庭旅游决策和目的地的选择通常由女性决定。

4. 按社会阶层及文化程度细分

人们的社会地位往往是由职业和受教育程度所决定的，从而导致他们在旅游产品需求上的不同。随着人们生活水平的不断提高，旅游需求与日俱增，需求内容也在不断地变化。

（三）按旅游者心理细分

按旅游者心理细分主要是从旅游者的个性特征、生活方式和购买动机等方面分析。生活方式是人们在所处社会环境中逐渐形成的，按生活方式细分市场主要是根据人们的习惯活动、消费倾向、对周围事物的看法以及人们所处的家庭生活周期阶段来划分。人们生活方式的不同必然造成需求上的差异。

旅游动机也是一个重要的心理细分依据。由于人们的旅游需要具有多元性的特点，因此，旅游者的动机也是非常丰富和复杂的。

（四）按购买行为细分

购买行为涉及购买动机、购买状态、购买频率、品牌信赖程度、服务敏感程度及广告敏感程度等。具体的分类标准和类型如下。

按旅游目的细分有：观光旅游市场；会议、商务旅游市场；度假旅游市场；奖励旅游市场；探亲访友旅游市场；体育旅游市场；文艺旅游市场。

按购买时间可以划分为旺季、淡季及平季的旅游市场，还可以分为寒暑假市场以及节假日市场。

按购买方式可以分为团体旅游市场和散客旅游市场。

按购买数量可以分为较少次旅游者、多次旅游者和经常旅游者。

四、旅游市场细分的一般程序

旅游市场细分的一般程序由以下七个步骤组成。

（一）确定市场范围

企业在确定经营目标之后就必须确定其经营的市场范围，这是市场细分的基础。企业必须在深入调查研究市场的基础上，分析市场的需求状况并做出相应的决策。同时，企业必须结合自身的经营目标和资源条件，从广泛的市场需求中选择自己有能力服务的市场范围，市场范围不能过大或过小。

（二）了解市场需求

在选择好市场范围后，根据市场细分的标准和方法，了解市场范围内现实消费者和潜在消费者的全部需求和潜在需求，并尽可能全面而详细地分列归类，以便针对市场需求的差异性决定实行哪种细分市场的因素组合，为市场细分提供可靠的依据，如银发市场、儿童市场、残疾人市场、学生市场。

（三）分析可能存在的细分市场

通过了解消费者的不同需求分析可能存在的细分市场。在分析过程中，一方面，企业要考虑消费者的地区分布、人口特征和购买行为等情况；另一方面，还应根据企业多年的经营经验做出估计和判断。

（四）确定细分市场标准

在可能存在的细分市场中各有其不同的需求因素，企业应分析哪些需求因素是重要的，删除那些对每个细分市场都重要的共同因素，因为这些共同因素与企业进行市场细分无关。

（五）为可能存在的细分市场命名

企业应根据各个细分市场的不同消费需求与购买行为等主要特征，以最形象的方法为各个可能存在的细分市场确定名称。

（六）进一步了解各细分市场消费者的消费需求和购买行为

企业应深入分析各细分市场的消费需求，了解这些市场消费者的购买心理和行为特征，以便对各细分市场进行必要的分解或合并，使之形成有效的目标市场，从而制定有效的企业经营策略。

（七）分析各细分市场的规模和潜力

企业对各细分市场的分析要与该细分市场的人口特征、地区分布、消费习惯、经济条件等特点联系起来，以便企业估计潜力，决定各个细分市场的规模并找出主要市场，完成整个细分市场工作。

五、旅游市场细分的方法

旅游企业的市场细分变量因素复杂多样，必须根据具体旅游者的需求特征和企业要达到的目标加以选择、运用。旅游市场的细分方法即如何选择或组合运用有关细分变量进行市场细分，具体包括如下三种。

(一) 单一变量细分法

单一变量细分法也称一元细分法,即根据影响旅游者需求的某一种因素进行旅游市场细分,这一变量一般是与旅游者需求差异相关的某一个最重要的变量因素。例如根据性别特征分出的女性客房。

(二) 综合变量细分法

综合变量细分法又称交叉细分法或多元细分法,即根据影响旅游者消费需求差异紧密的两种及两种以上的并列变量对旅游市场进行细分的方法。

(三) 系列变量细分法

系列变量细分法即考虑与旅游需求差异相关的各种因素,将其按照一定的顺序对旅游产品市场依次进行系列细分的方法。此方法用于对旅游者需求差异较大而市场竞争又较激烈的旅游产品市场细分比较适合。其要点是充分把握各变量之间在内涵上的从属关系,对其进行合理排序,如果不这样容易造成细分工作混乱,从而增加成本。

第三节 旅游目标市场选择

一、旅游目标市场概述

目标市场是指旅游企业在市场细分的基础上进行营销活动所要满足其需求的旅游消费者群体。这一类的消费者群体的市场需求成为旅游企业的主要经营目标。目标市场形成的条件包括:存在尚未满足的现实与潜在需求,市场上有一定的购买力,竞争者未完全控制市场。

二、评估细分市场

选择目标市场的第一步是分析、评估各细分市场。对各细分市场的规模和增长率、细分市场结构吸引力以及旅游企业营销目标和资源等方面予以准确评估,从而能把握最佳的市场机会,决定细分市场的取舍。

(一) 细分市场规模和增长率

旅游企业选择某一个或某些细分市场作为旅游目标市场,其最终目的是期望旅游企业进入该领域后具有理想的长期盈利能力。潜在细分市场只有具有适度规模和合适的预期增长率,才具有一定的市场发展潜力,旅游企业进入才有驱动力。测量目标市场的发展潜力一般要估算目标市场的需求总量(即市场容量)。

(二) 细分市场结构吸引力

哈佛大学商学院迈克尔·波特(Michael Porter)教授指出,影响一个市场或一个细分市场的长期盈利有五个因素——行业竞争者、替代产品、购买者、供应商和潜在的竞争对手。细分市场结构吸引力可以视为对该市场利润的期望值。期望值高,则吸引力大。而吸引力的大小则是上述五种要素在细分市场上的强度的一个函数。分析每一个细分市场的吸引力是旅游企业选择目标市场的基础和出发点。

1. 同行竞争者状况

过多旅游企业共同经营同一种旅游产品,他们都把同一个细分市场作为自己的目标市场,实际上就是共同争夺同一个容量有限的市场,从而造成某一种旅游产品的供给大大超过市场需求的状况,结果造成社会劳动和资源的浪费,忽略了其他市场需求,大大提高了企业的机会成本,影响了企业的经济效益。

2. 替代性产品状况

如果在一个细分市场上目前或将来存在许多替代性产品的话,那么可能会妨碍进入这个细分市场的企业获取足够多的利润。

3. 购买者的能力状况

购买者的相对能力大小也会影响细分市场的吸引力。如果在一个细分市场上,购买者相对于销售者来说具有强有力的讨价还价能力,那么,他们将迫使价格下降并需要提供更好的质量与服务。

4. 供应商的状况

如果在一个细分市场上存在一个强有力的供应商,能控制生产所需的原材料与服务的价格以及它们的质量和数量,那么这个细分市场对旅游企业本身而言也是缺乏吸引力的。

5. 潜在的竞争对手威胁

潜在竞争对手是指暂时对企业不构成威胁但具有潜在威胁的竞争对手。潜在竞争对手的可能威胁,取决于进入行业的障碍程度以及行业内部现有企业的反应程度。市场进入障碍主要存在于六个方面:规模经济、品牌忠诚、资金要求、分销渠道、政府限制及其他方面的障碍。

(三) 旅游市场营销目标与资源

除了对细分市场进行深入、细致的评估以外,旅游企业还必须明确自身的经营目标和拥有的资源。即使是吸引力大的细分市场,一旦与旅游企业的长期经营目标相偏离,旅游企业也只能放弃这个细分市场。对适合企业经营目标的细分市场,旅游企业则要考虑自身的生产能力以及拥有的各种资源和技术,不能选择企业自身无法满足的细分市场,否则就会得不偿失。

三、选择目标市场应遵循的原则

(一) 目标市场必须与旅游企业的经营目标和企业形象相符合

高档次、集团化的旅游企业不适宜打入中低档、大众化的客源市场。反之,中、低端的旅游企业对经济收入较高、社会地位较高的消费者不具有吸引力。因此,旅游企业选择目标市场时应考虑到企业形象和经营目标。

(二) 目标市场必须与旅游企业所拥有的资源相匹配

旅游企业拥有的资源条件成为选择目标市场的重要依据。目标市场的选择应该能使旅游企业充分发挥自身的优势,充分利用自身的资源,扬长避短,突出自己的特色,才能使营销获得成功。

(三) 目标市场必须具备结构性吸引力

如果一个细分市场具备众多竞争者,则对旅游企业而言该细分市场的吸引力下降。若旅游企业的市场进入几乎没有壁垒,资本和劳动力自由流动,说明目标市场的吸引力并不高。另外,替代品会限制该细分市场的潜在收益。

四、旅游目标市场选择的模式

旅游企业评估细分市场后对目标市场的选择是"由面至线、由线至点"的战略，逐渐缩小目标市场的范围，最后确定旅游企业的目标市场。

（一）产品－市场集中化

产品－市场集中化也称密集单一市场，即旅游企业的目标市场无论从产品还是从市场角度都集中在一个细分市场中，针对某一特定的消费者群体只生产一种产品，以此展开市场营销活动。

（二）产品专业化

产品专业化即旅游企业生产一种旅游产品，向各类旅游消费者同时销售这种产品。这一模式的前提在于旅游企业拥有优势的资源，并充分利用这一资源开发出旅游产品，以满足不同的细分市场需求。

（三）市场专业化

市场专业化即旅游企业向同一旅游消费群提供各种性能有所区别的或者系列化的旅游产品，以极大限度地满足该类消费者群体的需求，从而使企业在这个顾客群体中获得良好的声誉。

（四）选择性专业化

选择性专业化即选择若干个客观上都有吸引力并符合旅游企业目标和资源的细分市场，为不同的旅游顾客群提供不同类型的旅游产品。各细分旅游市场之间很少或没有任何联系，然而每个细分市场都有可能盈利。

（五）全面市场

全面市场即旅游企业决定全方位进入各个细分市场，为所有顾客提供他们所需要的性能不同的系列产品，以满足整个市场需求。采取这一模式有一定难度，它要求旅游企业实力雄厚，在旅游市场上占据领导或垄断地位，能够实行多方位经营。

五、旅游企业目标市场的进入策略

旅游企业在选择目标市场范围时可以采取"由面至线、由线至点"的战略，而在市场营销中则采取"由点至线、由线到面"的原则，稳打稳扎、步步为营地进入整个市场。其具体的进入策略有以下三种。

（一）无差异营销策略

无差异营销策略即旅游企业在市场细分之后不考虑各细分市场的独特性，而只注重于市场的共性，决定只推出单一产品，运用单一的旅游市场营销组合，力求在一定程度上适合尽可能多的消费者的需要。

（二）差异性营销策略

差异性营销策略即旅游企业把整个旅游市场划分为若干个细分市场，从中选择两个以上的细分市场作为自己的目标市场，并有针对性地进行营销组合以适应旅游者不同的需要，凭借旅游产品与市场的差异化获取最大的销售量。

（三）集中性营销策略

在市场细分的基础上，选择一个或少量细分市场作为旅游目标市场，为了充分满足其需求服务而集中企业自身营销力量实行高度专业化经营,以占领大量市场份额。

【知识拓展】

目标市场进入途径

1. 收购现成的产品或企业

适用条件:想要进入该市场的企业,对于这一行业的知识还不足;尽快进入新市场对企业有很大的好处;企业如果依靠内部发展的方式进入新市场,将遭遇种种障碍,如专利权、原材料、经济规模及其他所需物资供应的限制等。

2. 以内部发展的方式进入市场

适用条件:没有合适的企业可供收购,收购的方式代价过高或存在其他收购障碍,内部发展方式有利于巩固本企业的市场地位。

3. 与其他企业合作的方式进入市场

适用条件:合作降低了经营风险;合作的企业在技术资源等生产要素上相互支援,从而可以利用单个企业经营能力总和的新能力。

六、影响目标市场选择策略的制约因素

旅游企业采用何种目标市场策略要受到旅游企业自身的实力条件、旅游产品或服务的特点、旅游市场的需求状况、产品生命周期阶段、旅游市场竞争状况等因素的影响,应综合考虑各方面因素来加以确定。

(一)旅游企业的自身实力条件

旅游企业的自身实力条件主要包括其人力、财力、物力条件及其生产能力、技术能力和销售能力,具体表现为旅游企业的产品的设计与营销组合能力、宣传促销能力、服务与管理能力等方面。

(二)旅游产品或服务的特点

同质性旅游产品或服务,如旅游酒店同档次的客房、旅游航空客运服务等,由于其差异性小,替代性很强,竞争主要集中在价格上,较适宜实行无差异营销策略。而异质性的旅游产品可以考虑采用差异性营销策略。

(三)旅游市场需求状况

当旅游市场上的消费者在某一时期的需要与偏好及其他特征很接近、市场类似程度很高时,适宜采用无差异市场策略,如旅游交通市场。而对于旅游者需求异质程度很高的旅游产品市场,一般要采用差异性营销策略或集中性营销策略。

(四)旅游产品生命周期

旅游产品的生命周期分为导入期、成长期、成熟期和衰退期四个阶段。针对产品生命周期不同阶段的特征,需要采用不同的营销策略。导入期为尽快开拓市场,可采取差异性营销策略;成长期为尽可能获得盈利,可以实施无差异营销策略;成熟期为保证稳定的市场份额,应用差异性营销策略较为有利;衰退期若实施无差异营销策略,则旅游产品可能会逐步退出市场;若实施差异性营销策略,则可能再次迎来发展机会。

(五) 旅游市场竞争状况

经营者采取的市场策略往往视竞争者的策略而定，一般采取与之相抗衡的策略。如果竞争者数量较少或实力较弱，且自身产品具有垄断性，则旅游企业可以采取无差异营销策略。若竞争者采用无差异营销策略，则旅游企业可以采用差异性营销策略或集中性营销策略。如果竞争者太多，则应采取差异性营销策略或集中性营销策略。

第四节 旅游市场定位

旅游企业在选定旅游目标市场之后还应确定本企业旅游产品在目标市场上的竞争地位，即进行市场定位，只有这样才有可能制定出有效的旅游市场营销组合。

一、旅游市场定位的相关概念

(一) 市场定位的概念

市场定位是20世纪70年代由美国阿尔·里斯（Al Ries）和杰克·特劳特（Jack Trout）提出的一个重要营销学概念，所谓市场定位，就是企业根据目标市场上同类产品的竞争状况，针对顾客对该产品某些特征或属性的重视程度，为本企业产品塑造强有力的、与众不同的鲜明个性，并将其生动形象地传递给顾客以赢得顾客认同。

(二) 旅游市场定位的含义

针对旅游业，美国营销学者戴维斯（Davis）从一个清晰的角度给市场定位下了一个定义：从根本上说，定位实际上是一种理念的表达，是消费者（旅游者）的理念感知的凝固。在较理想的状况下，这种感知定位是定位策略作用的结果。

简而言之，旅游市场定位就是指旅游企业根据目标市场上的旅游者偏好、竞争状况和自身优势，确定自身产品在目标市场中应有的竞争位置。

二、旅游市场定位的意义

首先，有利于旅游企业和旅游目的地有针对性地开展营销活动，而旅游市场定位的前提与基础是进行旅游市场的细分。其次，有利于旅游目的地与旅游企业造就和强化在旅游者心目中的持久形象，旅游市场定位是通过为旅游目的地或旅游企业的产品创立鲜明的特色或个性，从而塑造独特的市场形象来实现的。最后，有利于旅游目的地与旅游企业拓展目标市场潜力，通过市场营销定位，旅游市场的范围更加清楚与明确，反馈变得迅速而敏捷，旅游目的地与旅游企业可以据此来开展集中、有效的营销活动，并且可以充分发掘市场潜力。

三、旅游市场定位的方式和方法

(一) 选择定位方式

市场定位作为一种竞争战略，决定着一家企业或一种产品同类似的企业或产品之间的竞争关系。定位方式不同，竞争态势也不同。下面分析四种主要的定位方式。

(1) 对抗性定位。对抗性定位也称针对性定位、竞争性定位或迎头定位，即把产品定在与竞争者相似的位置上，与竞争者争夺同一细分市场。

(2) 避强定位。避强定位也称回避性定位、补缺定位或创新性定位。寻找新的尚未被占领的但为许多消费者所重视的位置，即填补市场空缺。

（3）比附定位。比附定位是不去占据原有形象阶梯的最高位，而是避开第一位，抢占第二位。

（4）领先定位。旅游者根据各种不同的标准和属性建立形象阶梯，在这些形象阶梯中占据第一位置，树立领先形象。

（二）市场定位的方法

在旅游市场上，企业可以选择的定位方法主要有以下几种。

（1）根据产品特色或是特殊用途进行定位。这是最常见的一种定位方法，即根据自己产品的某种或某些优点，或者根据目标顾客所看重的某种或某些利益进行定位。

（2）根据"质量－价格"定位。"质量－价格"反映了消费者对企业产品实际价值的认同程度，即对产品"性价比"的分析判断。

（3）根据产品使用者进行定位。使用者定位方式是指企业主要针对某些特定顾客群进行的促销活动，以期在这些顾客心目中建立起企业产品"专属性"特点，激发顾客的购买欲望。

（4）借助竞争者进行定位。这种方法是指一家企业可以通过将自己同市场声望较高的某一同行企业进行比较，借助竞争者的知名度来实现自己的形象定位。其通常做法是通过推出比较性广告来说明本企业产品与竞争者产品在某个或某些性能特点方面的相同之处，从而达到引起消费者注意并在其心目中形成印象的目的。

定位的内容反映在产品定位、企业定位、竞争定位、消费者定位等不同层面。

四、旅游企业定位的原则

旅游企业定位最主要的依据是产品的差异性。旅游企业要使自己的产品获得稳定的销路，必须与众不同，自有特色。

（一）差异化原则

旅游市场定位的主要任务，就是通过差异化营销策略，发掘并成功展示独特的竞争优势，从而将自己与竞争对手区别开来。旅游产品差异化是指充分挖掘和创造自身的特色，避免与竞争对手定位雷同。此外，还可以塑造差异化的旅游市场形象。旅游市场形象分为功能性形象和象征性形象。功能性形象是指由价格、服务内容与服务效果等方面所反映的旅游产品的实际功效形象；象征形象是旅游产品的人格化形象等。

（二）垄断性原则

垄断性原则是指旅游企业的形象定位策略等难以为竞争者模仿，这是旅游企业在成功定位之后获得一个相对稳定时期的经济收益的保证。

（三）盈利性原则

盈利性原则指符合旅游市场定位的消费群体的规模和消费水平要能保证旅游企业获得一定的投资回报。

五、旅游市场定位的步骤

1. 确定定位的层次

对于旅游企业及旅游目的地而言，一般应考虑三个层次的定位：组织定位、产品线定位及单一产品定位。组织定位是指一个企业整体或目的地整体的市场定位。

2. 确定产品和服务的特征

当市场定位的层次确定之后，企业就应根据目标市场的需要选定能够使本企业产品和服务区别于竞争对手的产品特征。这些特征既是旅游产品必须具备的，也是目标顾客最关注的核心"利益点"，因为消费者正是在不同竞争产品和服务差异性评估的基础上进行购买决策的。

3. 绘制定位图，确定定位位置

当选定了作为产品和服务差异化的产品特征后，企业为这些特性寻找最佳的市场位置。一个简单有效的办法就是，将企业的关键属性与竞争对手的属性标注在同一张图上，形成专门的"定位图"。

4. 实施定位

市场定位最终是通过企业与目标市场的互动过程实现的。这些互动过程包括企业各个部门、员工及市场营销活动对目标市场的各种接触和作用。

【知识拓展】

三亚千古情——一生必看的演出

景区内有很多不同主题的娱乐活动，而且在这里也可以品尝到海南的各种最出名的小吃。在不同的时间段，景区还会上演不同的外景演出：夏威夷野人秀，酋长纳妃，HuLa快闪，《三亚千古情》表演，阿罗哈狂欢等。

大型歌舞《三亚千古情》是获得海南省"五个一工程"奖的旅游演艺作品。这是一场无法用语言和文字定义的演出，以崭新的舞台设计使整场演出突破了传统空间与感觉的界限，呈现出诗画般令人目眩神迷的美学感受。360°全景剧幕层出不穷，400m² 的巨型悬空透膜从天而降，4700 位观众伸手与头上的比基尼美女零距离互动……让每一寸角落都满盈着演出怒放的张力，撼动着观众的视觉与听觉神经。这里能听到落笔洞的万年回声，这里有巾帼英雄冼夫人的荡气回肠，这里有海上丝绸之路的异域风情，这里能看到鉴真东渡时的惊涛骇浪，这里还有鹿回头的美丽传说……在椰风、海韵、沙滩的醉人风景中，寻一段浪漫邂逅。

六、旅游市场营销定位战略

竞争是市场经济的固有特性之一。制定正确的营销定位战略是企业成功实现其市场营销目标的关键。企业要想在激烈的市场竞争中立于不败之地，就必须树立竞争观念，制定正确的营销定位战略，努力取得竞争的主动权。根据企业在市场竞争中的地位，旅游企业可以选择的营销定位战略有四种：市场领先者战略、市场挑战者战略、市场追随者战略和市场补缺者战略。

（一）市场领先者战略

市场领先者战略是指在相关的产品市场上具有最大市场占有率的企业所采取的战略。绝大多数的行业都有一个被公认的市场领先者公司。这个公司在相关产品市场上占有最大的市场份额。通常在价格变化、新产品引进、分销覆盖和促销强度上，对其他公司起着领导者的作用。实施市场领先者战略,主要的途径如下。

1. 扩大市场需求总量

当一种产品的市场需求量扩大时,受益最大的通常是处于领先地位的企业。市场领先者可以通过发展新用户、开辟新用途、增加使用量这样一些方式扩大市场需求量。

2. 维护市场占有率

最根本的措施是不断提高自己的竞争实力,任何时候都不满足于现状,必须在产品的创新、服务水平的提高、分销渠道的畅通和降低成本等方面不断努力。

3. 扩大市场占有率

市场占有率是与投资收益率有关的最重要的变量之一,在一定的条件下,市场占有率越高投资收益率也越大。提高市场占有率时应考虑三个因素:引起反垄断活动的可能性;为提高市场占有率所付出的成本;争夺市场占有率时所采用的市场营销组合策略,公司在争取较高的市场份额时,可能会奉行了错误的营销组合,从而不能提高自己的利润。

(二)市场挑战者策略

市场挑战者是指那些积极进攻本行业领导者企业,并由此来提高自身市场占有率的企业。当企业在市场竞争中处于接近本行业市场领导者的前列地位并有可能扩大市场占有率时,该企业便处在挑战者地位。身为市场挑战者的企业可以从多种攻击策略中做出选择,如正面进攻、侧翼进攻、包围进攻、迂回进攻和游击进攻等。

(三)市场追随者战略

市场追随者战略是指旅游企业为避免在市场竞争中损失增大而自觉维护与领先者共存的局面。追随并不意味着单纯模仿。追随者设法给自己的目标市场提供特殊利益,培养自己的优势,降低成本,保持较高的产品和服务质量。一方面,追随者要确保自己不失去某些方面已存在的竞争优势,这样才能保住现有市场和进入新市场。另一方面,追随者常常是挑战者打击的主要目标,要想不被对手击败,追随者就必须注意保持相对低廉的成本与优质的产品服务。

(四)市场补缺者战略

市场补缺者是指那些专注于整体市场上被大企业忽略的某些部分,试图在这些细小的市场部分通过专业化经营和精心服务来获取有利的市场位置和最大限度的收益,在大企业的夹缝中求得生存与发展的企业。小公司经常避免与大公司竞争,它们的目标是小的细分市场或大公司不感兴趣的市场,但有些大公司的业务部门也推行市场补缺者战略。

七、运用 CI 与 CS 战略进行旅游市场定位

随着市场经济走向成熟,旅游区或旅游企业间的竞争已不仅仅是单一生产经营层面上的竞争了,而是在理念与价值取向、目标与企业精神、决策与经营哲学、人才与员工教育等多方面的全方位整体性竞争。CI(Corporate Identity)战略与 CS(Customer Satisfaction)战略作为一种全新的经营战略,具有超前性、多维性和诱发性的特点。这两种战略试图融文化于企业战略,对于旅游目的地或旅游企业的旅游市场定位具有较强的借鉴作用。

1. CI 战略

CI 是企业形象识别的简称。CI 组合即企业识别系统,它由三个子系统构成:理念识别(Mind Identity,MI)、行为识别(Behavior Identity,BI)以及视觉识别(Visual Identity,

VI)。CI 策划，就是运用 CI 方法对旅游目的地或旅游企业进行整体策划，帮助其创造富有个性和感染力的全新形象。

2. CS 战略

（1）CS 是顾客满意的缩写，它是 20 世纪 90 年代国际上新兴的营销战略。CS 战略是一种面对买方市场新形势的出现，强调从顾客需求出发的战略。

（2）CS 战略在旅游市场定位中的运用。CS 战略在旅游目的地与旅游企业中的运用可以表现为以下三个方面：强化旅游消费者至上的经营观念，提高旅游从业人员的服务质量，广泛征询旅游者的意见。

3. CI 战略与 CS 战略整合

CI 战略与 CS 战略在旅游企业经营战略中各有所侧重，又相互融合。旅游地或旅游企业在进行旅游市场定位时，一方面要强调旅游地或旅游企业的经营理念、行为和视听具有可识别性的个性创造，突出区域特色、企业特色和产品特色。另一方面要强调旅游者的满足感，注重建立健全反馈机制与满意评价机制；做到创造需求的同时适应需求，既留住目标旅游消费群又吸引潜在旅游消费者，从而真正实现经济效益、社会效益的统一。

【思考题】

1. 旅游市场细分的标准有哪些？
2. 旅游市场细分的原则是什么？
3. 旅游市场细分的方法有哪些？
4. 旅游目标市场的选择模式是什么？
5. 进入旅游目标市场的营销策略有哪些类型？
6. 旅游市场定位的基本战略有哪些？

【案例分析】

海南研学旅游市场开始走俏 主打"青春"牌升级新玩法

"我要去海南当岛主！""才知道大熊猫不仅喜欢吃竹子，还喜欢吃窝窝头"……盛夏时节，随着暑期的临近，海南研学旅游市场开始走俏，各大景区纷纷针对这一市场，进行产品研发，提升服务水平，为学生们畅游琼岛带来了更多选择。

雨林高空滑索、峡谷"踏瀑戏水"、热带雨林真人 CS 对抗、原生态雨林烧烤露营……每天都有几百名年轻人在呀诺达雨林文化旅游区里玩得不亦乐乎。呀诺达所倡导的针对年轻市场的产品不止满足于开阔眼界，还鼓励青少年不断挑战自我，在实践中探索真知，培养积极进取、坚强刚毅、善良友爱、乐观向上的优秀品质。

6 月，三亚大小洞天景区最新发布了夏季的十大旅游产品，南海洞天寻秘游、大小洞天阖家幸福游、大小洞天亲子欢乐游、大小洞天八百年胜境研学游、大小洞天青春芳华毕业游、大小洞天独占鳌头成人礼……其中多半都是针对年轻群体的主题产品。

"游+学"主题化产品受热捧。相比旅游，中小学生的家长们更希望孩子们参与"游学结合"的研学旅游项目，从中获取课本以外的知识。

先了解南繁技术与水稻知识、对每天吃的大米有一个全面的认识；再展开一段与恐龙的奇妙邂逅，听导师讲述这些恐龙是如何生存以及最终又如何灭亡；最后化身小农夫，体验一把插秧的耕作之乐。三亚水稻国家公园的"稻城童趣 欢乐一夏"家庭亲子暑期特惠套餐销售火爆。

在海口的海南热带野生动植物园里，"疯狂动物城"正在上演。海野国际自然教育中心专门设计热带特色动植物研学活动和课程，设立国宝熊猫、亚洲象、非洲长颈鹿、鸟语林4个科普站点，设计"海野动植物大讲堂""海野动物大营救""我为熊猫种竹子""文明旅游小使者"等多款研学产品，以求知、学习、探索、体验为主旋律，使用谐趣且平易近人的科普语言，通过使用集"看、听、闻、尝、摸"为一体的讲解方式，在提升学习乐趣的同时，让孩子们真正做到"研有所值、学有所思、旅有所乐、行有所获"。

2019年6月6日，南湾猴岛生态旅游区迎来陵水小天使学校的小学生以及家长共500多名游客，除了游览园区、观赏猕猴、观看园区演出等常规体验项目之外，还特地加入猕猴科普知识讲解，以及符合亲子互动体验的拓展活动，通过亲子拓展活动，促进孩子和家长更深层次的交流沟通。

塑造深度研学游，精品拓"蓝海"。随着政策助推以及研学旅游的火热，海南省越来越多的景区深挖资源，积极开发各具特色的研学旅行产品，为暑期游市场提供了更多选择，展现了更多活力。

海南槟榔谷黎苗文化旅游区开发建设的悠黎客研学基地推出了守望者时代、纺织新说、黎族故事、耕耘青春、全民安全五大主题的研学旅行产品，涵盖黎族饮食起居文化、纺染织绣文化等8个课题，以及房子的由来、粮食的来源等16个探究任务，项目十分丰富。悠黎客还专门细分了针对亲子家庭出游的产品，分别是"乐悠悠"亲子周末游产品、"奇幻森林"情景主题产品、"我是小大人"成长主题产品及"千年黎韵"探索之旅民族文化主题产品，通过陪伴、成长、感恩三大情感主线，增进父母与孩子之间的感情。

呀诺达雨林文化旅游区结合自身特色与研学旅游的内在要求，也专门开创"雨林大课堂"专项深度研学旅游产品，力求达到"学与思""学与行"的最高境界。两天一晚的"雨林大课堂"包含自然科普课堂、民俗体验课堂、拓展训练课堂、生存技能课堂、突发应急自救课堂等多项课程，也成为研学旅游寓教于乐的有效实践。

截至目前，海南省共有16个国家级研学旅行教育实践基地，20个省级研学旅游教育实践基地（部分国家级和省级基地有重复），大多数都设立在各大景区。2019年年初，海南省教育厅、省旅游和文化广电体育厅联合印发通知，公布了海南省中小学生研学旅游的7条精品线路，进一步提升了中小学生研学旅游的针对性和实效性。

（资料来源：中国旅游报，2019年7月1日。）

[案例思考]

海南的研学旅游是如何进行市场细分及市场定位的？

第六章

旅游市场营销战略

【学习目标】
  掌握旅游市场营销战略的概念。
  熟悉旅游市场营销战略的特点及制定。
  理解 BCG 矩阵的应用方法。

【学习重点】
  旅游营销战略的制定过程。
  旅游市场竞争战略的类型和对策。

【学习难点】
  BCG 矩阵分析法的应用。

第一节　旅游市场营销战略概述

一、旅游市场营销战略的概念

  根据美国市场营销专家菲利普·科特勒的定义，营销战略是一个企业单位用以达到目标的基本方法，包括目标市场、营销定位和组合、营销费用水平等主要决策。因此，企业的市场营销战略，既包括确定企业市场发展战略的基本形态，又表现在企业市场经营组合的各项决策之中，而且要使市场经营组合的各种决策相互协调起来，作为一个整体来发挥作用。
  因而，现代企业营销战略一般包括战略思想、战略目标、战略行动、战略重点、战略阶段等。营销战略思想是指导企业制定与实施战略的观念和思维方式，是指导企业进行战略决策的行动准则；它应符合社会主义制度与市场经济对企业经营思想的要求，树立系统优化观念、资源的有限性观念、改革观念和着眼于未来观念。
  由于旅游行业的特殊性，旅游市场营销战略通常有着更为广泛的内涵，有宏观和微观两个层次。从宏观上讲，旅游市场营销战略是指一个国家（或地区）在现代市场营销观念的指导下，为了实现该国家（或地区）发展旅游业的目标，为旅游业内各行业制定的在一个相当长的时期内市场营销发展的总体设想和规划。其目的是使该国家（或地区）旅游业的产业结构、资源规划和发展目标，与旅游市场环境所提供的各种机会取得动态平衡。从微观上讲，旅游市场营销战略是指一个旅游企业的领导人在现代市场营销观念的指导下，为了谋求企业长期的生存与发展，根据外部环境和内部条件的变化，对旅游市场营销所做的具有长期性、全局性的计划与谋略，它是旅游企业在一个相当长的时期内市场营销发展的总体设想和规划。

二、旅游市场营销战略的特点和意义

（一）旅游市场营销战略的特点

1. 全局性

旅游市场营销战略是以旅游企业的全局为对象，根据旅游企业总体发展的要求而制定的。旅游市场营销战略所规定的是旅游企业的全局性行动方略，着眼于旅游企业的总体发展，并追求总体协同效果。虽然旅游市场营销战略必然考虑和包括局部活动，但局部活动要服从于全局性战略活动的要求，对旅游市场营销战略的实施发挥有效的支持作用。有时，为了全局活动如期实现，局部活动必须适时加以调整。

2. 长期性

旅游市场营销战略规定了旅游企业在今后相对较长一段时间的发展方向和工作重点。一般而言，旅游市场营销战略应当至少对旅游企业未来 3～5 年的发展做出谋划。必要时，可以考虑对旅游企业未来 10 年或者更长一段时间的发展方向做出全局性谋划。与此同时，不论旅游市场营销战略本身涉及的时间跨度有多长，旅游企业的战略都必须有利于旅游企业未来数十年、上百年或者更长时间的发展，必须致力于将旅游企业塑造成为基业长青的公司。

3. 风险性

旅游市场营销战略规定企业的未来发展方向，描绘旅游企业的发展蓝图，具有行动纲领的意义，为旅游企业的下一步发展指明方向。旅游市场营销战略要求旅游企业在战略期内的各项工作都围绕旅游市场营销战略制定的方向展开，同时要求旅游企业各部门在战略方向的指引下充分发挥各自的积极性和创造性。正确的市场营销战略能够指引旅游企业获得发展，而错误的战略可能将企业引入歧途，甚至使旅游企业失去存在的意义。由于旅游市场营销战略直接决定旅游企业的未来走向，因而，一旦战略出了问题，旅游企业就很可能在错误的道路上越走越远。如果不能得到及时纠正，旅游企业很容易走向灭亡。因此，决定旅游企业未来发展方向的战略，对旅游企业的生死存亡具有特别重要的意义。

4. 适应性

旅游市场营销战略规定旅游企业未来较长一段时间的经营方向，具有相对的稳定性。同时，旅游市场营销战略是根据旅游企业与外部环境因素的互动关系和相互力量对比关系发生变化，因此战略又是动态变化的，必须适应新的情况。一旦旅游企业的外部条件或内部因素发生显著变化，旅游企业的市场营销战略就必须做出相应调整以适应市场的需求。

5. 自上而下性

由于旅游市场营销战略需要从总体上、从内外结合上把握旅游企业的未来发展方向，因此，旅游市场营销战略管理首先体现为旅游企业最高决策者的工作，其次是其他高层管理人员的工作，最后是企业中低层管理人员和其他员工的工作。旅游市场营销战略在管理高层形成，并通过各级管理人员的工作得到贯彻落实。

6. 外部性

旅游市场营销战略是旅游企业对外部条件变化所做出的反应，着重指出旅游企业如何通过自身的有效活动赢得在外部市场中的竞争优势。

（二）旅游市场营销战略的意义

旅游市场营销是旅游企业的主要管理功能之一，作为其重要内容的营销战略，在整个旅游企业战略中占有举足轻重的地位。旅游市场营销战略的关键作用是明确较长一段时期内旅游企业的营销目标，并使旅游企业能动态适应变化的市场环境，这也是绝大多数旅游企业制定市场营销战略的初衷。当然，市场营销战略有多种模式，不同模式的特定目标取向也有差别。具体而言，旅游组织制定市场营销战略的主要意义有四个。

1. 有利于明确旅游企业所处的营销战略位置

旅游市场营销战略的制定是建立在旅游企业对现有营销战略地位进行准确判断的基础之上的，其中，营销战略地位主要取决于企业所处的业界地位、组织产品的生命周期阶段及组织的SWOT状况。只有明确了所处的营销战略位置，旅游企业才能根据相关战略原则制定出具有针对性、前瞻性和竞争性的市场营销战略。

2. 有利于统一规划旅游企业的营销活动

凡事预则立，不预则废。旅游企业必须对较长一段时间内的市场营销活动有一个总体安排，一方面，每个营销循环过程都应促进营销战略目标的实现；另一方面，每次营销活动都应该有明确的工作目标，这些子目标共同构成了组织的营销战略目标。营销管理者的任务就是：既要从战略的高度，又要从战术的角度，在预算、时间和市场环境允许的范围内同上、下级商讨并制定出切实可行的行动方案。

3. 有利于增强经营活动的稳定性

面临不断变化的市场环境，若旅游企业以决策者的意志为转移来开展市场营销活动，则注定会失败。市场营销战略能使旅游企业经营活动稳步开展，进而有效解决与之类似的市场营销活动的随意性问题。在营销战略规划的约束下，旅游企业可灵活采用各种营销策略，以逐步实现既定的战略目标。

广大旅游企业在制定市场营销战略时需要采用一种新的模式——自上而下地确立战略目标，自下而上地制定行动方案，这样才能有效协调长远战略和短期计划之间的关系，减少因盲目调整短期市场营销策略而造成的混乱。

4. 有利于鼓舞企业员工的气势

市场营销战略是旅游企业的长远发展目标，它描绘出了旅游企业的未来轮廓，而美好的发展蓝图对旅游企业员工具有极大的鼓舞作用。如同旅游企业各部门在市场营销战略的约束下会主动寻求协调一样，一般员工在了解了旅游企业的营销战略目标和发展方向后，也会积极地、创造性地贯彻旅游企业决策层的意图，从而大大增强企业的凝聚力。

旅游企业在制定具体的营销活动方案时，应该尽可能地让更多的员工参与进来。这样，既可以增强员工的归属感，体现他们的个人价值，又能充分听取员工的意见和建议，从而保证在实施市场营销计划时广大员工愿意积极参与。此外，通过制定合理的奖惩制度，将市场营销目标的完成情况与各种形式的奖励结合起来，会更有效地激发企业员工的工作积极性。

三、旅游市场营销战略的分析、规划制定与控制

制定营销战略规划是营销战略管理过程的首要环节。营销部门需要在分析评价营销环

境、自身条件和总体战略等基础上,提出适合于旅游企业未来经营发展需要的营销战略方案。

(一) 战略分析

旅游企业市场营销战略是在对营销战略环境分析的基础上制定的。旅游企业环境包括内部环境条件和外部环境条件。企业内部环境条件是指经营目标、经营观念、经营项目、资金状况、产品市场、管理系统、职工素质、设备设施、企业形象。企业外部环境条件又分为外部宏观环境条件和外部微观环境条件。旅游企业营销战略分析就是对旅游企业内外部各种条件进行综合分析。旅游企业主要从以下几个方面进行分析。

1. 企业地位分析

旅游企业地位分析把旅游企业的旅游产品特色、价格、销售渠道、经济实力等资源状况放到目标旅游市场中进行判断分析,以衡量旅游企业的竞争实力,判断旅游企业的市场地位,从而有助于旅游企业确定采用何种营销战略。对旅游企业的地位进行分析,一般需要回答以下问题:国际市场中对本企业产品的需求前景如何;本企业独特且有利于销售的产品特点是什么,目前的旅游产品是否适销对路,应朝着哪个方向发展;本企业旅游产品的价格是否合适,价格构成是否合理,如何使旅游价格在国际市场具有竞争力;本企业旅游产品的销售渠道是否合理、畅通、拓宽、疏导渠道的方法是什么等。在制定战略前,首先要对企业的地位有正确的认识,一般根据企业在某一特定市场上所占的份额,将其地位划分为主导地位、挑战地位、追随地位和补缺地位。

2. 企业环境分析

企业营销环境各种因素的变化都会对企业营销产生直接和间接的影响,旅游企业必须适应营销环境的要求,及时进行环境分析。企业营销环境是一个多主体的、多层次的、发展变化的多维结构系统。在旅游企业面临的营销环境中,机会和挑战往往同时并存,营销人员应能及时、准确地识别它们。

市场环境分析的目的在于掌握企业的市场营销特征。预测市场变化对企业的影响,为分析市场营销能力和制定市场营销战略提供依据。在进行市场环境分析之前要进行市场调查,然后根据调查结果,从行业动向、消费者行为和企业形象等三个方面对市场环境进行分析。

3. 企业能力分析

在对旅游企业的营销环境进行分析后,应对企业的能力进行分析评价。为了便于分析和发现问题,可以把旅游企业的市场营销能力分解为四种能力,即产品的市场强度、销售活动能力、新产品开发能力以及市场决策能力。这四种能力自成系统,彼此紧密联系,又相互影响。

(1) 产品的市场强度分析。产品的市场强度分析是对企业当前销售的各种产品自身的市场地位、收益性、成长性、竞争性以及产品组合等方面进行分析。分析的结果将为改进产品和产品组合、加强销售活动和开发新产品指明方向。

(2) 销售活动能力分析。销售活动能力分析是在产品的市场强度分析基础上,以重点发展的产品或销路不畅的产品为对象,对其销售组织、销售业绩、销售渠道、促销活动、销售计划等方面进行分析,发现销售活动中存在的问题及其原因,为制定销售战略、有效开展销售活动提供依据。

(3) 新产品开发能力分析。新产品开发能力分析是在现有产品的市场强度分析的基础上，着重从新产品开发组织、开发效果、开发过程和开发计划等四个方面进行分析。其目的在于提高新产品开发的效果，改进企业的产品组合，增强企业的应变能力。

(4) 市场决策能力分析。市场决策能力分析是以产品的市场强度分析、销售活动能力分析以及新产品开发能力分析的结果为依据，对照企业的经营方针和经营计划，指出企业在市场决策中的不当之处，探讨企业中长期市场营销战略，以提高企业经营领导层的决策能力和决策水平。

(二) 旅游市场营销战略规划的制定与控制

旅游市场营销战略规划是旅游企业为生存发展而制定的，为了未来某种特定的市场营销目标以及为实现这一目标而设计的行动纲领或方案。它涉及旅游企业市场营销活动中带有全局性、长远性、超前性的问题，并最终影响到旅游企业的生存。战略规划强调旅游企业组织的整体性，是一种在较长期限内把旅游企业看成一个整体，共同实现旅游企业目标的长期计划。

在动态市场上，旅游企业的市场营销战略规划正确与否是旅游企业兴衰成败的关键。其重要意义表现在以下几个方面。

(1) 旅游企业市场营销战略规划的制定，能帮助旅游营销主管和工作人员树立一个奋斗目标，使旅游企业在较长时间内有营销方向。旅游企业作为一个社会组织，是社会分工专业化发展的产物，其内部具有目的性、整体性和相关性等特点，并在此基础上形成一个体系。旅游企业作为一个子系统，其运行必然受到大系统中的其他因素的制约。因此，通过战略规划的制定，对影响旅游企业内部环境、外部环境及其变化的趋势进行科学的定性分析和定量分析，认识旅游企业在竞争中的地位，提高企业的应变能力和适应能力，使旅游企业在变化无穷的市场形势下不至于迷失方向。

(2) 旅游企业市场营销战略规划的制定，能把旅游企业的一切活动有条不紊地组织起来，提高企业营销的整体功能，确保旅游企业市场营销组合实现高效率和高效益。

总之，旅游企业为了求得生存和发展，必须在动态市场上不断发现良机和及时调整战略规划，使旅游企业的经营管理与不断变化的经营环境相适应。然而，需要特别注意的是，市场营销战略规划并非由营销部门独立完成的，它需要几乎所有的部门共同参与和决策，并通过战略规划的制定、执行和控制等环节，最终在实践中真正反映出实际效果。下面介绍制定旅游营销战略规划的具体步骤。

1. 明确旅游企业经营使命任务

旅游企业使命是指旅游企业战略管理者确定的旅游企业经营的总方向、总目标、总特征和总体的指导思想。它反映了旅游企业管理者的价值观和旅游企业力求为自己树立的形象，揭示了本旅游企业与同行其他旅游企业在目标上的差异，界定了本旅游企业的主要产品和服务范围，以及企业试图去满足的顾客需求。不同的旅游企业因其规模、发展阶段的不同，具有不同的战略使命。旅游企业使命一般包括五方面内容。

(1) 旅游企业的定位目标。作为旅游企业的管理者，首先要明确的是"我们的旅游企业究竟为什么而存在"。在旅游企业里，企业的生存、增长、获利等三个经济目的决定着旅游企业的战略方向。在战略决策中，旅游企业不能只注重短期目标，而忽略其长期为之奋斗的目的，在日益激烈变化的环境中，旅游企业只有真正关注其长期增长与发展方向，才能长盛不衰。

(2) 旅游企业理念的定位。旅游企业理念的定位又称旅游企业的信念，是旅游企业和旅游企业高层管理者所持有的基本信仰、价值观念的选择，是企业的行为准则。旅游企业可以据此对自己的行为进行自我控制和自我约束。

(3) 公众形象的定位。旅游企业应维护良好的企业形象，尽到社会义务。旅游企业良好的公众形象是影响消费者购买行为的一个重要因素。

(4) 利益群体的定位。旅游企业管理者还必须充分重视企业内部、外部利益群体的合理要求。旅游企业内部利益群体是指旅游企业的董事会、股东、管理人员和员工。旅游企业外部利益群体是指旅游企业的顾客、供应者、竞争者、政府机构和社区公众等。这些利益群体希望旅游企业能够按照他们满意的方式，从事生产经营活动。

(5) 旅游企业使命的定位。旅游企业使命是其目标的一般性说明，可以认为是组织存在目的的一种表述。一个好的旅游企业使命应该强调以下五个方面：

1) 它应该是富有想象力的，并且可以持续很长时间。
2) 它应该分清楚旅游企业的主要目标，弄清楚旅游企业为什么而存在。
3) 它应该清楚地描述旅游企业的主要活动和希望获得的行业地位。
4) 它应该阐明旅游企业的价值观。
5) 它应该是旅游企业有愿望也有能力完成的使命。

2. 制定旅游企业营销战略目标

旅游企业营销战略目标是对旅游企业战略经营活动预期取得的主要成果的期望值。旅游企业营销战略目标的设定，同时也是旅游企业宗旨的展开和具体化，是旅游企业宗旨中确认的旅游企业经营目的、社会使命的进一步阐明和界定，也是旅游企业在既定的战略经营领域展开战略经营活动所要达到的水平的具体规定。它是一定战略期内旅游企业完成任务的预期成果，决定着旅游企业的战略方向、战略重点、战略对策和战略阶段。

在确定市场营销战略目标时，旅游企业应考虑以下 6 个问题：①我们从事的业务是什么？②谁是我们的顾客？③我们将满足顾客哪些要求？④我们拥有的资源和具有的能力是什么？⑤我们怎样才能最有效地满足顾客的要求？⑥对哪些环境力量以及变化要予以考虑？

旅游市场营销战略目标是企业使命的具体化，对于不同的企业，其具体内容有很大的不同，但从战略制定的角度出发，目标应符合以下要求。

(1) 唯一性。旅游企业制定的营销战略目标只能有一个，即要有一个主攻方向，否则会分散企业的营销力量。

(2) 可以测量。旅游企业制定的营销战略目标要尽可能定量化、具体化，使旅游企业有明确的指标用于衡量目标达到的程度。

(3) 一致性。旅游企业营销战略目标要与企业的总体战略目标及其他目标协调一致。

(4) 可行性。旅游企业制定的营销战略目标不可过高，应符合企业自身的情况，应是企业力所能及的。

3. 调整旅游企业的经营业务组合

(1) 现有业务的调整概述。现有业务的调整战略是指通过对本企业现有业务的分类分析，明确本企业现有业务的构成状况，进而调整企业的业务结构，达到不断扩大本企业优势业务的营销战略。现有业务的调整战略的制定一般分为两步进行：首先要把企业的现有业务分解成若干个战略业务单位，并采用科学的量化方法对该战略业务单位进行分析；其次是针对不同类型业务的特点，分别制定不同的对策，扩展对企业发展有利的业务，淘汰无发展前途的业务，从而实现对现有业务的调整。

(2) 战略业务单位的划分。企业的"战略业务单位"是指企业在经济社会中所承担的不同的分工单位，可以是产品类，也可以是行业内的经营活动范围。每一个战略业务单位必须是有明确的任务、有专人负责、掌握一定资源、有竞争者、能创造一定利润的，独立于其他业务单位的一项业务或几项相关业务的组合。例如，希尔顿酒店集团旗下在美国所有品牌的酒店属于同一个战略业务单位，而希尔顿酒店集团在美国的酒店和在中国的酒店就不属于同一个战略业务单位。进行战略业务单位的划分应该遵循下面几个条件。

1）它是一项独立业务和相关业务的集合体。

2）它有自己独立的组织机构，独立于其他业务。

3）它有自己专门的负责人，该负责人有分配资源等权力，与此同时也承担一定的责任。

4）它有自己的竞争对手。

(3) 现有业务构成的基本分析方法（BCG 矩阵分析法）。对现有业务的构成分析与战略调整，一般采用的是美国波士顿咨询公司的"波士顿业务组织分析方法"，即 BCG 矩阵分析法。BCG 矩阵是由波士顿咨询公司于 20 世纪 70 年代初期开发的，其理论基础是产品生命周期理论。它是根据旅游企业每一个战略事业单位内部的产品组合来确定优先授予权。旅游企业应该立足长远，平衡产品组合，既要有高增长但是需要大量现金投入的产品，又要有低增长但是能够产生大量现金的产品。BCG 矩阵是一个二维矩阵，二维即市场份额、市场增长。现有业务的分析及调整战略如下。

1）计算各业务的市场增长率和企业的相对市场占有率。某旅游业务的市场增长率，表明了该旅游业务在整个市场上的销售前景。某业务的销售增长率越高，说明该业务在市场上的销售前景越好；反之，则说明该业务在市场上的销售前景较差。

某业务的相对市场占有率表明了该业务在整体市场上的竞争力，该业务的相对市场占有率等于本企业在该业务的市场销售量与该行业其他企业中最大一家的销售量之比。这个数值越小，表明本企业的该业务竞争力越差，越处于被动的局面；这个数值越大，则表明本企业中的该业务竞争力较强，在该行业中处于优势和主导地位。

2）划分业务区域，并对企业业务进行分类分析。以市场增长率为纵坐标，相对市场占有率为横坐标，建立平面直角坐标系；分析并确定临界值，将横坐标和纵坐标各分为高、低的部分，从而形成四个区域。按照美国营销大师菲利普·科特勒的观点，市场增长率以 10% 作为临界值，而相对市场占有率以 1.0 为临界值，临界值因行业的不同可以有所不同。将企业的业务划分为以下 4 种类型。

① 明星业务。明星业务是指市场增长率高、相对市场占有率也高的业务。明星业务具有如下特征：市场增长率高，总体市场供不应求，有待进一步扩大整体生产能力；相对市场占有率也高，对于该类业务，企业居于领先地位，竞争能力强，有必要也有可能进一步扩大生产能力；由于投资成本高、当前利润低，是旅游企业将来主要的资金来源。

② 现金牛业务。现金牛业务是市场增长率低、相对市场占有率高的业务。现金牛类业务具有如下特点：市场增长率低，总体市场上供求基本平衡，不必在扩大生产能力方面多加投资；相对市场占有率高，企业对于该业务的经营具有相对优势，竞争能力强；由于投资

少、成本低，经营利润丰厚，是企业当前的主要资金来源。

③ 问题业务。问题业务是市场增长率高、相对市场占有率低的业务。问题业务具有如下特征：市场增长率高，该业务的总体市场前景较好，目前仍处于供不应求的局面；相对市场占有率低，说明旅游企业对该旅游业务的经营处于不利地位，竞争能力较差；属于发展中的新兴业务，旅游企业的发展前景不定，经营风险大，当前利润率低、资金不足。

④ 瘦狗业务。瘦狗业务是市场业务增长率低、相对市场占有率也低的业务。瘦狗业务有以下特点：市场增长率低，说明该业务的总体市场状况已每况愈下，处于衰落期；相对市场占有率低，说明该旅游企业在行业中处于劣势地位，缺乏竞争力；业务经营中利润率低，具有危机感。

3) 现有业务的调整战略。现有业务的调整战略是指在通过对本企业现有业务的分类的基础上，根据不同类型业务的特点，有选择性地进行投资，有针对性地进行企业的业务构成调整，从而使其向着合理的方向发展。这一过程是企业发展战略中的重要一环，如果解决不好，将会直接影响企业的中期或者远期规划与建设。因此在现有业务的调整战略的选择上必须慎重。下面，针对企业的不同业务类型提出不同的策略。

① 发展型全面投资战略。发展型全面投资战略是指旅游企业通过积极投资来扶持和发展某些有前途的业务。发展型全面投资战略主要适用于明星业务。

② 维持型市场拓展战略。维持型市场拓展战略是指旅游企业以维持、巩固和拓展某些业务的市场地位为目的的发展战略。这一战略适用于现金牛业务。

③ 选择型发展战略。选择型发展战略是指企业经过分析，重点投资发展某些有前途的业务，而淘汰另一些业务的战略。选择型发展战略适用于问题业务。

④ 淘汰型控制战略。淘汰型控制战略是指旅游企业逐渐减少某些业务的投资，适时地退出市场的战略。淘汰型控制战略适用于瘦狗业务。

通过以上4种战略措施，通过现金牛业务所获得的富余资金，可以提供给明星业务和一部分问题业务，促使问题业务向明星业务发展；进一步促进明星业务的发展，保持和扩大明星业务的市场占有率。随着市场需求量的减少，使明星业务向现金牛业务转化，而不至于转向瘦狗业务。通过以上战略措施，促使旅游企业现有业务的结构趋向合理化，即有较多的现金牛业务和明星业务，有一部分问题业务，仅有少量的瘦狗业务。

4. 营销战略方案的选择

在营销战略方案选择中，如果经过检验能够确定出一个明显的最优战略，或者现行战略能够满足旅游企业未来战略目标的要求，那么这种决策就比较简单，但这只是一种例外，决策往往是很难决断的。在旅游企业战略决策过程中，决策者在经过综合评价分析后，经常面临有多个各具优缺点的可行战略方案而无法决断，影响旅游企业战略选择主要有以下几个方面。

（1）现行战略的继承性。旅游企业战略的评价分析往往是从对过去战略的回顾以及审查现行战略的有效性开始的，它对最后做出战略选择往往具有相当大的影响力。由于在实施现行战略中已投入了相当可观的时间、精力和资源，人们对之都承担了相应的责任；而制定战略的决策者又多半是现行战略的缔造者，因而旅游企业做出的战略选择接近于现行战略或只是对现行战略做局部改变是不足为奇的，因为这种沿袭现行战略的倾向已渗透到了旅游企业组织之中。这种对现行战略的继承性或惯性作用有其优点，即便于战略的实施；但如果在现行战略有重大缺陷且濒于失败时，仍拘泥于此则是一种危险，应当对此倾向有所警惕，必要时应做出相应的人事调整，以克服这种惯性。

(2) 旅游企业对外部环境的依赖程度。全局性战略意味着旅游企业在更大的外部环境中的行为必然要面对所有者、供应商、顾客、政府、竞争者及其联盟等外部因素，这些环境因素从外部制约着旅游企业的战略选择。如果旅游企业高度依赖于其中一个或多个因素，其战略方案的选择就不得不迁就这些因素。旅游企业对外部环境的依赖性越大，其战略选择余地及灵活性就越小。

(3) 旅游企业决策者的价值观及对待风险的态度。旅游企业决策者的价值观及对待风险的态度对战略选择影响极大。甘冒风险、对风险持乐观态度的决策者有较大的战略选择余地，最后会选择风险较大、收益也较大的战略方案；相反，不愿冒风险，对风险持畏惧、反对态度的决策者，其战略选择余地较小，风险型方案就会受到排斥，最后会选择较为稳妥的收益适中的或较少的战略方案。过去的战略对保守型决策者的影响比对冒险型决策者的影响要大得多，因此，企业决策者的价值观不同，对风险的态度不同，最后选定的战略也会很不相同。

(4) 旅游企业内部的人事和权力因素。旅游企业的战略选择更多地是由权力来决定，而非由理性分析决定。在大多数组织中，权力主要掌握在决策者手里，并由他们决定。在许多旅游企业中，当旅游企业主要决策者倾向于选择某种战略时，其他决策者就会同意这种选择。还有另一种权力来源，人们称之为联盟，在大型组织中，下属单位和个人（特别是主要管理人员）往往因利益关系而结成联盟，以加强他们在主要战略问题上的决策地位。旅游企业中，往往是最有力的联盟对战略选择起决定性作用。在决策的各个阶段都有相应的政治行为在施加影响，不同的联盟有其不同的利益和目标，不应简单地把它看成坏事。政治行为在组织决策中是不可避免的，应将其纳入战略管理之中，个人、下属和联盟之间的正式和非正式谈判和讨价还价，是组织协调的必要机制，确认和接受这一点，在选择未来战略时就能强化向心力，选择出更切实际的战略，因此战略的选择往往是一个协商的过程，是旅游企业内部各方面人事关系及权力平衡的结果，而并不是一个系统分析的过程。

(5) 时间因素。时间因素主要从几个方面影响战略的选择：①有些战略决策必须在某个时限前做出，在时间紧迫、来不及做全面仔细的评价分析的情况下，决策者往往着重考虑采用某种战略方案产生的后果，而较少考虑接受这种战略方案效益，这时不得已而往往选择防御性战略；②战略选择也有一个时机问题，一个很好的战略如果出台时机不当，也会给旅游企业带来麻烦，甚至是灾难性的后果；③不同的战略产生效果所需的时间是不同的，如果经理人员关心的是最近两三年内的旅游企业的经营问题时，他们大概不会选择五年以后才产生效果的经营战略，即战略所需的时间长度与管理部门考虑中的前景时间是关联的。旅游企业管理者如果着眼于长远前景，则他们就会选择较长时间跨度的战略。

(6) 竞争对手的反应。旅游企业高层领导在做出战略选择时，要全面考虑竞争对手将会对不同的战略产生哪些不同的反应。如果选择的是进攻型战略，对竞争对手形成挑战的态度，则很可能会引起竞争对手的强烈反击，企业领导必须考虑这种反应，估计竞争对手的反击能量，及其对战略能否成功的可能影响。

除上述 6 项因素外，企业在最后做出战略选择时，企业应采取权变的态度，如果企业战略的基本假设条件发生变化，企业就要调整或修改已选定的战略。因此这次没有入选的战略方案不应被废弃，应当存档，在今后的战略调整或修改过程中仍会有较大的参考价值。

5. 旅游营销战略的监督与控制

旅游营销战略监督与控制是指为保证营销战略规划的执行，对实际营销成果、信息反馈和纠正措施等不断进行的评审工作。旅游营销战略监督与控制就是对旅游营销战略实施过程进行监督、反馈和调节，并采取措施纠正偏差和失误的过程。换句话说，旅游营销战略监督与控制是旅游企业战略家借以确定所选择的旅游营销战略是否正确、既定目标能否实现的一系列工作。旅游营销战略管理的一项重要任务就是，要及时发现战略实施过程存在的问题并加以纠正。

旅游营销战略监督与控制的过程实际上是将实际旅游营销成果与旅游营销战略评价标准进行对比，发现差距，找出原因，并进行纠正的过程。具体步骤有四步。

（1）确定控制标准。控制标准是旅游企业进行旅游营销战略监督与控制的关键，是旅游企业在一定时期发展的营销目标。控制标准包括定性标准和定量标准，它们都必须与旅游企业的发展过程做纵向比较，必须能够反映旅游企业的经营水平。

（2）测度实际效果。实际效果是旅游企业执行营销战略过程中实际达到的水平。由于旅游企业的营销战略控制是一种开放系统，引起实际效果变化的不仅是内部环境因素，还有外部环境因素，比较而言，外部环境因素影响更大，预测更难。为了确切地衡量旅游营销战略实施的实际效果，旅游企业要制定出具体的衡量方法并确定科学的衡量范围，最大限度地保证实际效果测度的有效性。

（3）评价经营成果。评价经营成果是将实际旅游营销成果与控制标准进行对比，找出实际旅游营销成果与控制标准的差距及其产生的原因。这是一个确认旅游营销战略执行过程中是否存在问题、存在什么问题以及为什么存在这些问题的过程。

（4）修正战略方案。科学及时的旅游营销战略方案修正是旅游营销战略监督与控制的重要环节，也是旅游营销战略方案顺利执行的重要保证。通过营销成果评价，可能发现旅游营销战略实施中存在的问题。如果是具体旅游营销战略规划执行中的问题，那么一般应采取战术纠正措施，以确保旅游营销战略目标的实现；如果是外部环境变化引发的问题或者先前确定的旅游营销战略目标自身存在问题，那么必须采取旅游营销战略纠正措施，调整甚至改变旅游营销战略目标。

第二节　新业务发展及战略

一、新业务发展概述

（一）新业务的含义和种类

新业务是指与现有旅游企业的业务相比，具有新的功能、新的特征、新的结构和新的用途，并能够满足顾客新需求的业务。

新业务大体上可以分为以下三类。

（1）全新型的业务。全新型的业务是指市场上不曾存在过的全新的业务，如太空旅游等。

（2）革新型的业务。革新型的业务是指虽然原产品已经存在，经过一些改变与变动，如增设了服务内容、提高了旅游服务的档次，或者对旅游线路中的某些旅游方式做了技术上的革新等所形成的革新型业务。

（3）区域型的业务。区域型的业务是指虽然该旅游产品已经存在于某一特定的销售区域中，但是通过旅游营销人员的努力又开辟了新的销售领域，对这一新的销售区域而言，该旅游产品也是一种新业务。

(二) 发展新业务的必要性

随着市场竞争的加剧，各大旅游企业越来越意识到：如果要在竞争中处于不败之地，就必须重视新业务的开发与发展。

1. 产品的生命周期要求企业不断开拓和发展新业务

根据产品生命周期理论，可知任何一种产品都有其一定的市场生命周期，它必然从投入期，经过成长期、成熟期，最后进入衰退期。如果企业没有进行新业务的开发与发展，那么，当所有业务走向衰落之日也就是企业没落之时。因此，一个企业要得到更好的生存和发展，就必须不断开拓与发展新的业务，以新代老，这样才能在竞争中立于不败之地。

2. 企业业务的发展要适应消费者需求的不断变化

随着科技的发展和人们生活水平的不断提高，人们的消费需求也会随之不断地变化，除了对产品的质量、品种以及形式的要求越来越高之外，人们还渴望得到个性化、多样化的服务。鉴于此，针对其不断变化发展的需求，企业如果不能随消费者的需求变化开拓、发展新的业务，那么，企业今后所面临的形势十分严峻。

3. 激烈的市场竞争环境也需要企业不断开拓与发展新的业务

在日益激烈的竞争环境之下，企业要生存下去，就要想办法不断地取得竞争优势。只有不断地进取、积极地进行创新，企业才能不断推出新的业务与产品。一旦企业所开拓和发展的新的业务和产品被市场所接受时，企业才能在竞争中占据有利的地位。与此同时，不断地开拓和发展市场能够接受的产品和业务，也能保持企业持续发展的活力，从而提高企业的声誉和地位。

二、新业务发展战略

企业实行新业务发展战略的具体类型，取决于企业的规模和它在行业中的地位。企业在同一行业可以推行不同的新业务发展战略。实施此战略，关键是要正确评价自身企业的优势和劣势，准确分析竞争对手的情况和经济环境，扬长避短。概括地说，新业务发展战略可分为扩大化战略、一体化战略和多角化战略。

(一) 扩大化战略

扩大化战略也称为密集型增长战略，就是指在企业现有的业务中寻找未来的市场和机会，从而促使业务的扩大化。安索夫（Ansolf）提出了一个扩大化战略的分析方法，称为产品 – 市场扩展矩阵（见图6-1）。

图6-1 安索夫的产品 – 市场扩展矩阵

1. 市场渗透战略

市场渗透战略是指由旅游企业现有产品和现有市场组合所产生的战略。市场渗透战略要求企业设法在现有市场的基础上扩大现有产品的销量和市场份额。一般而言，市场份额越大，投资回报率就越高，企业的盈利率也越高。有三种主要的方法可以使企业在同等的市场条件下占有更多的市场份额。

（1）鼓励现有顾客多买。企业通过广告、宣传及强有力的促销方式，促使现有顾客提高对本行业产品的使用频率，由此增加每次购买的数量，以达到多用、多买的目的。运用此方法来扩大销量，不仅可以增加本企业的销量，还可以使全行业受益。例如，每年各大酒店纷纷推出的年夜饭产品，就是一次有益的尝试。各大酒店在春节前会做大力的宣传和铺垫，从而引起酒店现有顾客的兴趣，利用国人春节求团圆的消费心理，采取一系列营销措施，争取扩大现有顾客的购买量和购买频率。

（2）争取潜在的顾客。企业通过营销经验的积累，再加上对目标市场的调研预测，对潜在顾客尚未购买的原因做逐个分析，找准尚未购买现有产品的原因后对症下药，促使该部分潜在顾客也来购买现有商品。据专家分析，潜在顾客尚未购买现有产品的原因有以下几个方面：第一是经济原因，如收入不是很高；第二是产品本身的原因，如产品质量不稳定，产品包装不精美，旅游产品时间、行程安排不科学；第三是心理原因，如从众消费等心理因素。还是以年夜饭产品为例。如果属于经济方面的原因，则各旅游酒店应推出平民化的年夜饭产品；如属于产品本身的原因，各大酒店则应加强对产品进行深层次的改进，满足消费者的个性化和多样化的需求；如果是心理方面的原因，各大酒店则应该加大宣传的力度和效果，争取消除消费者的顾虑。

（3）争取竞争对手的顾客。这种策略很容易会引来竞争者的反感，从而加剧市场竞争。但是在竞争激烈、目标市场有限的时候，也可以不得已而为之。还是以年夜饭的产品为例。在城市的一个社区里，由于目标市场有限，各大酒店会纷纷采取多种营销方式，如价格上的折扣等来争取竞争对手的顾客。

2. 市场开发战略

市场开发战略是由现有产品和新市场组合而产生的战略，它是用于发展现有产品的新顾客群或新的市场区域从而扩大产品销售量的战略。市场开发策略要求企业将现有的产品打入企业未开发的新市场，或者增设商业网点，采用新的分销渠道，从而实现销售的增长。市场开发的方法可以有两种，即现有市场内新的细分市场的开发和现有市场外新的区域市场的开发。

（1）现有市场内新的细分市场的开发。例如，某旅行社之前组团到东南亚或欧洲多半是纯粹的观光旅游团或购物团，现在，通过市场调研，发现此路线中还有许多细分市场的存在。于是，通过一系列的可行性论证和科学的市场开发，该旅行社拓展了多种细分市场，如学生考察团、学术交流团、培训进修学习团、集体婚礼蜜月团、老人休闲娱乐团、教师观光度假团、治疗康复保健团等。这些细分市场的开辟不仅取得了良好的经济效益，而且也获得了较好的社会效益。

（2）现有市场外新的区域市场的开发，即把现有产品打入新的区域市场。例如，一家历年经营亏损较为严重的酒店，抓住本地区会议较多的特点，逐步把眼光放在了地区以外的商务会议旅游市场上，通过为商务会议旅游者提供更为周到的服务，扭亏为盈。

3. 产品开发战略

产品开发战略就是开发新的产品来维持和提高企业的市场占有率。开发新产品可以是开发全新产品，也可以是在老产品的基础上进行改进，如增加新的功能，改进产品的结构，简化操作，甚至是改善外观造型和包装等，都可视为进行产品开发。产品的开发战略要求企业在现有的市场上开发适合市场需求的新产品，或是针对原先产品进行革新来适应市场需求的变动，从而实现企业的销量增长目标。

4. 多样化战略

多样化战略，是指企业同时经营两种以上基本经济用途不同的产品或服务的一种发展战略。多样化战略是相对企业专业化经营而言的，其内容包括：产品的多样化、市场的多样化、投资区域的多样化和资本的多样化。企业采用多样化战略，可以更多地占领市场和开拓新市场，也可以避免单一经营的风险。

(二) 一体化战略

一体化战略是指企业利用本企业在产品、技术、市场上的优势和经营能力、向经营的深度和广度扩展，或向企业的外部扩展的战略。其目的就在于扩大经营规模、提高市场占有率，从而增强市场的竞争力，进而提高经济效益，最终实现供、产、销一体化。一体化战略主要包括后向一体化战略、前向一体化战略和水平一体化战略三种形式。

1. 后向一体化战略

后向一体化指的是本企业与供应商，即原材料的供应单位之间的联系。它要求企业在现有业务的基础之上向上游方向发展，通过联合、兼并或收购若干原材料的供应单位，逐步拥有或控制其企业所需原材料的供应，从而实现供产一体化的目的。例如，酒店控股或参股酒店所需的低值易耗品的生产和销售就是属于后向一体化战略中的一个实例。

2. 前向一体化战略

前向一体化指的是本企业与中间商，即销售渠道中的成员单位之间的联系。它要求企业在现有业务的基础之上，向下游的业务发展。通过收购、联合或兼并若干企业并拥有和控制其分销单位，从而实现产销一体化的目的。例如，酒店自己经营一个附属的旅行社这是一个很好的前向一体化战略实例。酒店自己经营附属旅行社，有利于稳定经营、增加销售，也有利于满足顾客多样化、个性化的产品需求。

3. 水平一体化战略

水平一体化战略，又叫横向一体化战略，是指企业通过收购、兼并和联合同行业的其他企业实行横向上的控制，从而使本企业做大做强，逐步形成自己的品牌。例如，现阶段全球的一些知名酒店集团品牌，如假日集团、万豪集团等知名品牌，都是通过该战略取得了巨大的成功。

(三) 多角化战略

多角化战略是指企业利用现有的资源和优势，向不同行业的其他业务发展，从而扩大企业生产范围和市场范围的营销战略。随着国民经济的发展和人民消费观念的档次提升，新的市场需求也不断地涌现，这就为企业实行多角化发展提供了契机，旅游企业可能通过开拓其他业务找到企业发展的新增长点，可以经营新的产品和服务来满足新的市场需求，进而在求得企业长足发展的同时也可以分担企业经营的风险。具体的多角化战略如下。

1. 同心多角化战略

同心多角化战略是指在现有业务的基础上，企业利用现有的技术、设备、经验等资源，增加产品种类，从同一圆心向外扩大经营业务范围。此战略的最大优点就是新产品与原产品的关联程度较高，因而风险性较小，容易成功。

2. 市场关系多角化战略（水平多元化或横向多元化）

市场关系多角化战略是指企业在现有市场关系的基础之上，发展与其行业有关的其他业务的战略，其最大的优点是新业务与原业务有较强的市场关联，可以充分利用企业现有的声誉进行良好的品牌延伸，从而使原业务与新业务相辅相成、相互促进。

3. 垂直多角化战略

垂直多角化战略也称为纵向多角化战略。它又分为前向多角化战略和后向多角化战略。垂直多角化经营的特点是，原产品与新产品的基本用途不同，但它们之间存在密切的产品加工阶段关联性或生产与流通阶段关联性。一般而言，后向多角化经营可保证原材料供应，风险较小；前向多角化经营往往在新的市场遇到激烈竞争，但原料或商品货源有保障。

4. 业务多角化战略（跨行业多元化）

业务多角化战略是指企业利用现有的人力优势、资金优势以及经营管理上的优势，根据市场发展的需要，发展与原有业务没有明显关系的新业务发展战略，该战略比较适用于大型企业。

第三节　赢得旅游市场竞争的优势战略

本章的前两节分别介绍了现有业务的调整战略和新业务的发展战略等相关方面的内容，无论现有业务还是新业务，都存在着或多或少、或强或弱的竞争者。因此，正确认识该业务所要面对的竞争者就显得尤为重要，本节按照企业在市场竞争中所处的竞争地位，把企业分为以下几种类型：市场主导者、市场挑战者、市场跟随者和市场补缺者，并根据每种类型的特征提出若干发展对策。

一、市场主导者

市场主导者是指在行业中居于领导和统治地位的企业，或者该企业的相关产品有比较高的市场占有率。就一般说来，在一定时间和一定的地理区域界限内，总存在一家或几家大型旅游企业为市场主导者。它通常在价格变动、新产品或新服务开发、分销渠道的宽度和促销力度等方面起着领导作用，这些行业中市场主导者往往会成为竞争对手关注、模仿或者挑战的主要对象。

需要说明的是，这些市场主导者的地位是在激烈的市场竞争中自然形成的，也就是说，这些市场主导者的地位不是固定不变的，它可能会随着市场外部营销环境的变化以及该市场主导者自身经营条件的变化而变化。因此，大多数的市场主导者都会为了维持自己的优势地位而采取不同的措施。概括而言，他们通常会采取以下三种措施。

（一）促进市场对该产品的总需求的增加

对于在某一个旅游市场上处于市场主导者的旅游企业而言，能够扩大市场上的消费者对该产品的总需求无疑是一种最佳的状态。因为该旅游企业处于该细分市场中的主导地位，因此通过增加市场上对该产品的总需求从某种意义上说就是提高了该企业的市场需求量。具体的措施有：开发新的目标市场；开发现有旅游产品的新内涵、新用途，吸引"回头客"；增加特定旅游产品的使用次数。

（二）保护现有的市场占有率

在努力扩大市场需求量的同时，处于领先地位的企业还必须时刻注意保护自己的业务不受竞争对手的侵犯，要做到这一点，该企业必须随时保持警惕，不断推出价格合理的新产品，提高顾客满意程度和对该旅游企业的忠诚度。

（三）扩大市场占有率

通过扩大市场占有率，企业可以不断增强竞争实力，打击竞争对手。研究表明，市场占有率和盈利率之间有正相关关系，即市场占有率越高，则盈利率也越高。扩大市场占有率是一种率先向竞争对手发起攻击的方式，这是一种通过减少竞争对手的市场份额而迫使对方主动退出市场的竞争方式。

二、市场挑战者

市场挑战者是指行业中处于第二、第三或者以后位次的企业，这些企业或者具有较强的发展潜力，或者掌握一些比较关键的技术，使其相对于一般的企业而言具有更强的实力，具备向市场领先者发起挑战的条件和实力。

市场挑战者的市场占有率毕竟小于市场领先者，当他们不发起挑战时，可以采取一些温和的措施设法保护自身在一个适当的空间里生存；当感觉时机成熟时，向市场领先者发起挑战，可以采取不同的措施来使得自身处于优势。一般而言，市场挑战者发起挑战的步骤如下。

（一）明确选择竞争对手和主攻目标

根据挑战企业实力和竞争者的弱点，挑战企业可以向市场领先者发动挑战，也可以向与自己规模相似的企业发动挑战；甚至在某些情况下，还可以与和自身企业规模类似或者规模较小的企业一争高下。除选择竞争对手之外，市场挑战者还应该根据自身的情况对挑战的主攻方向进行选择。

选择市场挑战对手之前，需要明确：有哪些竞争者？每一个竞争者的销售额、市场份额和财务状况如何？每一个竞争者的目的和设想是什么？每一个竞争者的战略是什么？每一个竞争者的实力和弱点是什么？每一个竞争者在对环境的、竞争的和内部发展的反应做出未来计划时，可能会有什么改变？

（二）选择不同的进攻策略

在做了充分的准备以后，挑战企业认为有足够的实力，则可以采取正面进攻的战略，即向市场领先者发起正面进攻，针对市场领先者的主要产品、主要产品的价格、促销该产品采取的方式以及实行的销售渠道等发起挑战。假如做了相当多的调查研究后发现，正面进攻无法撼动市场领先者的权威，可以采取迂回进攻的方式，选一个或者几个市场领先者中的市场营销组合中比较弱小的领域和地区，占领该市场领先者尚未占领的细分市场，然后再由点到面，积蓄力量，以待时机。

三、市场追随者

市场追随者是指安于次要地位,不热衷于挑战的企业。市场追随者和市场挑战者有相同点和不同点,相同的是两者实力均比不上市场领先者,因而在市场竞争中同处于劣势;不同指的是,市场挑战者在战略上敢于明目张胆地向市场领先者发起挑战,而相比较而言,市场追随者的实力可能并不一定比市场挑战者弱小,但是在经营战略上只采取追随的战略,为了避免正面进攻给自己带来损失而采取一种追随领先企业或互不干涉的策略。大多数企业更愿意采用市场追随者战略。一般而言,市场追随企业可能会采取以下三种追随方式。

(一) 追随领先企业

追随者在尽可能多的细分市场和营销组合领域中模仿领先者。追随者往往几乎以一个市场挑战者面貌出现,但是如果它并不激进地妨碍领先者,直接冲突就不会发生。有些追随者甚至可能被说成是寄生者,它们在刺激市场方面很少动作,只希望依靠市场领先者的投资生存。

(二) 保持一段距离的追随

追随者保持一段距离,但又在主要市场和产品创新、一般价格水平和分销上追随领先者。市场领先者十分欢迎这种追随者,因为领先者发现它们对自己的市场计划很少干预,所以乐意让它们占有了一些市场份额,以便使自己免遭垄断的指责。保持距离的追随者可能会因收购同行业的小公司而得到成长。

(三) 有选择的追随

这类公司在有些方面紧跟领先者,但有时又走自己的路。这类公司可能具有完全的创新性,但又避免直接的竞争,并在有明显利益时追随领先者的许多战略。这类公司常能成长为未来的挑战者。市场追随者虽然占有的市场份额比领先者低,但它们可能盈利,甚至效益更好。它们成功的关键在于:主动地细分和集中市场;有效地研究和开发;着重于盈利而不着重市场份额;拥有强力的管理团队。

四、市场补缺者

在现代市场经济条件下,每个行业几乎都有些小企业,它们专心关注市场上被大企业忽略的某些细小部分,在这些小市场上通过专业化经营来获取最大限度的收益,也就是在大企业的夹缝中求得生存和发展。这种有利的市场位置在西方被称为"Niche",即补缺基点。

(一) 理想的补缺基点

1. 应该有足够的市场潜力和购买力

这种市场应该拥有众多的人口,具有很强的需求欲望,还有用于满足这种需求的极强的购买能力,三者缺一不可。只有三者结合起来,才能决定市场的规模和容量,才能组成有潜力的大市场。如果人口众多,但收入很低,则购买力有限;虽然购买力强,但人口少,也不是大市场。如果市场具备这些条件,剩下的就是企业应该生产足以引起人们购买欲望的产品,使其成为理想的补缺基点,使潜在市场转变为现实的市场。

2. 应该有利润增长潜力

这个潜力是利润增长的速度要大于销售增长的速度,销售增长的速度大于成本增长的速度。它应该由企业来发掘,即企业将潜在的市场需求转变为现实的市场。值得注意的是,必须讲究经济核算，加强管理，改进技术，提高劳动生产率，降低成本。在判断理想的补缺基点是否具有利润增长潜力时，预先考虑利润发生的时间，考虑资金的时间价值和风险问题，克服短期行为。

3. 对主要竞争者不具有吸引力

企业应该建立竞争情报系统，从产业、市场两个方面识别自己的竞争者，确定竞争对象；判定竞争者的战略、战术原则与目标；评估竞争者的实力与反应，从而推断出自己选定的补缺基点是否对竞争者具有吸引力，以此预测这个补缺基点是否理想。

4. 企业应该具备占有补缺基点的条件

企业发掘补缺基点时，需要考虑自身的突出特征；周围环境的发展变化及会给企业造成的环境威胁或市场机会；企业的资源情况和特有能力、信誉。只有掌握资源，企业才能确定以市场为导向，寻找切实可行，具体明确的理想的补缺基点，否则，即使是很好的补缺基点，也不会是该企业的理想补缺基点。

（二）市场补缺者战略

市场补缺者的主要战略是专业化市场营销：专门致力于为某类最终用户服务的最终用户专业化；专门致力于分销渠道中的某些层面的垂直层面专业化；专门为那些被大企业忽略的小客户服务的顾客规模专业化；只对一个或几个主要客户服务的特定顾客专业化；专为国内外某一地区或地点服务的地理区域专业化；只生产一大类产品的某一种产品或产品线专业化；专门按客户订单生产预订的产品的客户订单专业化；专门生产经营某种质量和价格的产品的质量和价格专业化；专门提供某一种或几种其他企业没有的服务项目专业化；专门服务于某一类分销渠道的分销渠道专业化；等等。

第四节　旅游市场营销组合

一、旅游市场营销组合的概念

市场营销组合是旅游企业市场营销战略的一个重要组成部分，是指将企业可控的基本营销措施组成一个整体性活动。市场营销的主要目的是满足消费者的需要。这一概念是由美国哈佛大学教授尼尔·鲍顿（N. H. Borden）于1964年最早采用的。做好市场营销组合工作可以保证企业从整体上满足消费者的需求。此外，它也是企业对付竞争者强有力的手段，是合理分配企业营销预算费用的依据。

旅游市场营销组合是旅游企业本身针对目标市场的要求和特点，综合运用旅游企业可控制因素，实行最佳组合，借此达到旅游企业的盈利目标的整体营销活动。这与新闻机构通过对产品进行全网覆盖宣传方式类似，在进行旅游市场营销组合活动中，企业的可控因素包括了产品、价格、销售渠道、促销。

二、旅游市场营销组合因素

（一）"4P"组合

1960年，麦卡锡在《基础营销》一书中提出了著名的"4P"组合。麦卡锡认为，企业从事市场营销活动，一方面要考虑市场营销组合企业的各种外部环境；另一方面要制定市营销组合策略，通过策略的实施，适应环境，满足目标市场的需要，实现企业的目标。产品（Product）、渠道（Place）、价格（Price）、促销（Promotion），即"4P"组合。在这里，产品就是考虑为目标市场开发适当的产品，选择产品线、品牌和包装等；价格就是考虑制定适当的价格；渠道就是要通过适当的路径将产品送到目标市场；促销就是考虑如何将适当的产品，按适当的价格，在适当的地点通知目标市场，方式包括销售推广、广告、人员推销等。

(二) "6P"和"10P"组合

之后，市场营销组合又由"4P"发展为"6P"。"6P"是由菲利普·科特勒提出的，它是在原"4P"的基础上加上政治（Politics）和公共关系（Public Relations）。"6P"组合主要应用在实行贸易保护主义的特定市场。随后，科特勒又进一步把"6P"发展为"10P"。他把已有的"6P"称为战术性营销组合，增加的"4P"包括研究（Probing）、划分（Partitioning）、优先（Prioritizing）、定位（Positioning），被称为战略营销。他认为，战略营销计划过程必须先于战术性营销组合的制定，只有在搞好战略营销计划过程的基础上，战术性营销组合的制定才能顺利进行。菲利普·科特勒在讲到战略营销与战术营销的区别时指出：从市场营销角度看，战略的定义是，企业为了实现某一产品市场上特定的目标所采用的竞争方法，而战术则是实施战略所必须研究的课题和采取的行动。

(三) 雷诺汉分类法

雷诺汉（Leo. M. Renugham）认为，先前的多种营销组合概念都不能充分体现服务业的特点。服务业经营策略与制造业应有所区别，服务业经营策略应能表明服务与产品之间的区别，这就是要显示出服务经营策略的各个要素及其重要性，并表明各要素之间的相互关系。

据此，他把酒店的营销组合归纳为下面三个次组合。

1. 产品和服务次组合

酒店通常同时提供产品和服务。入住宾客往往把酒店的产品和服务看成一体，从得到酒店产品实体和服务中获得自身的满足，而不是仅仅占有产品实体。这与侧重于产品实体推销的工业、商业营销组合有很大区别，它要求连锁酒店把整个产品、服务次组合连成一体，而不应把产品或服务当作孤立的营销手段。

2. 表象次组合

表象包括使酒店产品和服务有形化的所有因素，这些因素使本酒店区别与其他的酒店。表象包括：建筑、地理位置、气氛、价格、服务人员。其中，酒店的气氛可使服务更形象，影响购买者决策；价格是推断衡量服务质量的依据，消费者可以通过价格来推断酒店无形服务的价值；服务人员是酒店的活广告，服务人员的外表、态度影响着宾客对服务质量的感受。

3. 信息传递次组合

造就顾客对服务的质量期望，使酒店了解其意向。形象化的信息传递有助于刺激顾客的购物欲望，从而达到推进本酒店产品销售的目的。

(四) "4C"组合

20世纪90年代，美国市场学家罗伯特·劳特伯恩（Robert Lauterborn）提出了以"4C"为主要内容的作为企业营销策略的市场营销组合（"4C"组合）：针对产品策略，提出应更关注顾客的需求与欲望；针对价格策略，提出应重点考虑顾客为得到某项商品或服务所愿意付出的代价；针对渠道策略，提出应重点考虑顾客获得产品或服务的便捷程度；针对促销策略强调促销过程应是一个与顾客保持双向沟通的过程。"4C"组合具体包括：顾客（Customer）、成本（Cost）、便利（Convenience）、沟通（Communication）。

（五）"4R"组合

21世纪初，美国学者唐·E. 舒尔茨（Don E. Schultz）提出了基于关系营销的"4R"组合，受到广泛的关注。"4R"阐述了一个全新的市场营销组合，即关联（Relevance）、反应（Response）、关系（Relationship）和回报（Reward）。总之，"4R"组合以竞争为导向，在新的层次上概括了营销的新框架，体现并落实了关系营销的思想。

（六）"4V"组合

"4V"是指差异化（Variation）、功能化（Versatility）、附加价值（Value）、共鸣（Vibration）的营销理论。首先，"4V"营销理论强调企业要实施差异化营销，一方面使自己与竞争对手区别开来，树立自己独特形象；另一方面也使消费者相互区别，满足消费者个性化的需求。其次，"4V"营销理论要求产品或服务有更大的柔性，能够针对消费者具体需求进行组合。最后，"4V"营销理论更加重视产品或服务中的无形要素，通过品牌、文化等以满足消费者的情感需求。

【思考题】

1. 旅游市场营销战略是指什么？
2. 新业务的发展战略有哪些？
3. 赢得旅游市场竞争的优势战略有哪些类型？
4. 旅游市场营销组合的意义是什么？

【案例分析】

OYO在中国的战略选择

中国经济型连锁酒店发展虽已超过15年，但据《2018年中国酒店行业发展现状及未来发展趋势分析》报告，截至2016年，中低档酒店房间数为1129万，约占整体市场客房量的80%。其中，单体酒店房间数约为915.53万，占比高达81%。虽然华住、如家、锦江等巨头已经在中国经济型酒店市场占据了主导地位，但这些连锁酒店所收取的不菲加盟费导致中小酒店难以承受，庞大的市场容量仍然给后来者留下了不小的增长空间。

OYO酒店创立于2013年，随后迅速成为印度最大的经济型酒店品牌，酒店想要继续发展，仅凭借印度市场是不够的，这就需要OYO进军海外市场，形成全球布局。因此，OYO抓住中国市场契机，迅速扩大市场规模，初步形成全球化格局。OYO酒店于2017年11月在深圳上线第一家酒店，通过特许经营、委托管理以及租赁经营模式，迅速在我国扩张，选择进入其他酒店品牌从未涉足的100~200元价格区间，为住客提供年轻化和品质的旅居服务。OYO并不过度觊觎一线城市市场，而是侧重开发下沉市场。数据显示，在进入中国的300天内，OYO酒店已入驻中国180多个城市，加盟酒店2000多家，客房数超过87 000间。这一方面是为了顺应国内旅游市场消费升级的需求；另一方面也填补了当前酒店市场相对空白的地带，为酒店行业标准缺失的区域带去了品质旅居生活空间。

2019年5月27日，OYO酒店宣布与携程达成战略合作，根据战略合作协议，双方将在流量互换、场景互通、数据运营、品牌宣传等方面展开深度合作。OYO 酒店宣称是我国最大的单品牌酒店,同时也是我国第二大酒店集团、全球第六大酒店集团。OYO 酒店方面称,和携程的此次合作,双方将优势互补,把 OYO 酒店的规模优势和精细化管理运营能力,与携程的流量优势、平台生态融合起来,为消费者提供更加便捷、优质的住宿体验。OYO 酒店方面称,未来将与携程一起,进一步探索合作模式,从品牌、人才、技术、流量和运营等多方面帮助酒店业主。

相对于竞争对手,OYO 酒店具有地域覆盖面广、酒店设施设备完好、地理位置便利、性价比较高、预订方式多样化等优势;但同时,过度追求极速扩张、忽视品牌塑造、顾客消费体验不佳等难题也日益暴露出来。

[案例思考]

(1) 你认为 OYO 酒店在我国的发展运用了哪些旅游市场营销战略?

(2) 根据你所学的营销理论知识,分析 OYO 酒店未来的发展趋势。

第七章

旅游产品策略

【学习目标】

掌握旅游产品的构成、特点。

理解旅游产品生命周期的阶段特征及营销对策。

熟悉旅游产品开发的内容与程序。

了解旅游产品组合决策、品牌决策。

【学习重点】

旅游产品生命周期不同阶段的特点及营销策略。

旅游新产品的开发过程。

旅游产品的优化组合。

【学习难点】

旅游产品生命周期各阶段的特征及营销对策。

旅游新产品的开发策略。

第一节 旅游产品概述

一、产品与旅游产品

产品策略是旅游市场营销的基础,这是因为:一方面,旅游市场营销活动必须以旅游者的需求为中心,旅游企业能否生存和发展,关键是看其产品是否满足旅游者的需求;另一方面,在旅游市场营销策略中,旅游产品策略是其他营销策略的基础。可见,旅游企业在制定市场营销策略时,提供和销售旅游产品是其首先要考虑的因素。

(一)产品的概念

科特勒把产品定义为:"是可以提供给市场的任何一种东西,它应该能够引起注意、被得到、使用或消费,以满足某种需要或需求。产品可以是物体、服务、人、地点、组织或概念。"

【学习拓展】

酒店新零售的服务创新

传统酒店商品零售服务的基本收益体现在：一是丰富酒店整体的服务项目和内容；二是获取一定的差额利润或场地租金，是对经营服务的一种补充和配套。与传统零售概念相比较，酒店新零售的"新"主要体现在新零售带给酒店的场景革命与体验深化。理查德·泰勒的行为经济学研究表明，人并不具有经济学理想中的理性，在生活中的大部分情况下，人们做决策时受"心理账户"（潜在的或隐性的消费需求）影响，往往呈现出一种非理性的冲动行动。酒店新零售正是通过营造特定的购物场景和独一无二的商品销售，更准确地触碰人们的"心理账户"，激发消费者非理性的消费冲动，创造出消费者"意外"的惊喜和体验满足，从而也将酒店由单纯的住宿业提升到文创产业的高度。因此，作为一种"可购买、可带走、可收藏、可传递"的符号，唯一性、纪念性、艺术性、实用性、多样性是对新零售商品的基本要求。

与互联网企业的新零售概念比较，酒店新零售是在移动互联网时代，酒店适应市场、创造需求、提质增效的一项生产模式创新，这种创新表现为一种产业链开发的思维。所谓产业链开发，是指在企业内部和企业之间为生产最终交易的产品或服务所经历的价值增值的活动过程，涵盖了商品或服务在创造过程中所经历的从原材料到最终消费品的所有阶段。从本质上讲，产业链开发是在新的商业时代，以资源最大化利用为手段，以为消费者提供最大化价值为目的的产品开发模式。因此，酒店新零售的"新"体现在酒店适应消费升级需要，通过商品的产业链开发，突破流通消费领域，实现跨界发展，真正意义上完成生产、流通到消费的全过程整合，从而形成更为完善、更具效益的产品体系和新型商业架构。

因此，"酒店+商品"的新零售模式绝不是简单地批发一些商品摆放在酒店销售这么简单的事情，而是要求酒店通过理念创新、组织创新和生产方式创新，在高度关注产品是什么、消费者消费理由是什么、产品核心价值是什么等基本要素的基础上，通过自行开发商品的展示、销售和服务，营造出酒店特定的场景氛围和消费兴奋点，这是酒店新零售模式最基本的市场逻辑。而在酒店新零售模式中投射自己的理念、注入自己的创意、开发自己的商品、彰显自己的特色、塑造自己的品牌，是酒店新零售最深刻的价值和意义所在，更是其"新"之所在。

（资料来源：https://www.jianshu.com/p/9714f457c344。）

（二）旅游产品的概念

从旅游供给者角度看，旅游产品是指旅游企业在市场上销售，满足旅游者在旅游活动中各种需要的物质产品和服务产品的总和。

从旅游经营者角度看，旅游产品是指凭借旅游吸引物、交通和旅游设施，向旅游者提供服务，用以满足其旅游活动消费的物质精神享受的总和；从旅游者角度看，旅游产品是指旅游者花费了一定的费用、时间和精力所换取的一项经历与体验。

从旅游产品消费方式看，旅游产品是旅游者从离开居住地到返回居住地的一段经历，它是以旅游设施为基础，以旅游服务为主要内容的精神需求。

广义的旅游产品是指旅游经营者在旅游市场上销售的物质产品和提供的各种服务的总

和。其核心是食、住、行、游、购、娱。狭义的旅游产品是指旅游企业提供给游客的在一次旅游活动中其可以体验到的有形产品和无形服务的组合，它是由一系列的单项产品和服务组成的复合型产品，它带给游客的是多种要素结合后的综合性效用。

要把握旅游产品的含义，可以从以下三个方面进行理解。

（1）旅游产品具有整体性。旅游产品是一个多层次的整体概念，即旅游产品是由多种产品和服务组成的综合体。可以把一条旅游线视为一套旅游产品，除了向旅游者提供各类旅游吸引物外，还包括整个旅游过程所提供的交通、住宿、餐饮等保证旅游活动顺利进行的各种服务，如飞机上的一个座位、旅馆中的一间客房、餐厅的一顿餐食、景点内的一次讲解活动等。

（2）旅游产品具有体验性。从游客的角度看，旅游产品是指旅游者花费一定的时间、费用和精力所获得的一段旅游过程的体验。这段体验过程是在从游客离开常住地开始到旅游结束归来的全部过程中，对所接触到的事物、事件和各种服务的综合感受。从这点看，旅游产品不仅仅是其在旅游过程中所购买的床位、交通工具的座位，或是一个旅游景点的参观游览、一次接送、导游服务等，而是旅游者对所有这些方面的总体的和综合性的生理和心理方面的感受，它带给游客一种生理和心理上的满足。

（3）旅游产品具有服务性。从旅游企业角度看，旅游产品即旅游企业凭借一定的旅游资源和设施，向旅游者提供的能满足其在旅游活动中所需要的各种产品和服务，通过旅游产品的生产和销售达到盈利的目的。旅游产品主要表现为旅游服务的提供，即为旅游者提供各式各样的服务来满足其需求。值得注意的是，旅游服务是与具有一定使用价值的有形物质结合在一起的服务，只有借助一定的资源和设施才能实现。

二、旅游产品的特点

（一）旅游产品的综合性

旅游者的需求多种多样，从而决定了旅游产品的内容呈现综合性、复杂性。旅游产品的综合性主要表现在以下两个方面。一是旅游产品的表现形式多样化、综合化，包括旅游资源、旅游服务、旅游商品、交通、购物和娱乐等。二是旅游产品的供给涉及很多行业，包括旅游景区、旅行社、酒店行业、交通行业、商业、娱乐行业、金融行业等。

（二）旅游产品的非实物性

旅游产品的绝大部分属于服务型产品和无形产品，因此，人的因素非常重要。能否将景点和餐饮等旅游各大要素科学合理地整合在一起，能否把旅游过程中的各种因素巧妙地匹配在一起，是旅游产品能否卖得好、走得俏的重要原因，这其中所体现的服务性是十分明显的。另外，旅游产品如果缺乏人的参与、缺乏人性化服务，必将销售困难。服务性是旅游产品的精髓，不体现服务性的旅游产品，或者服务性不强而只是一味求新、求异、求奇特的旅游产品，就不会是真正好的旅游产品。

（三）旅游产品的不可储存性

旅游产品往往存在生产和消费的同时性，即旅游产品是现场消费的，在时间上是不可存储的。生产和消费的同步性，要求旅游产品从生产到消费之间的时滞很小。例如，酒店不可能将淡季多余的客房留待旺季时出售。

(四) 旅游产品的不可转移性

旅游产品在空间上具有不可转移性。只有当旅游者到达旅游产品提供地时，才能实现消费。因此，旅游产品特别受自然条件限制，表现为地域上的垄断性。例如，安徽的黄山、山东的泰山、陕西的华山都属于特定地区的旅游产品。

(五) 旅游产品的需求弹性大

旅游产品消费属于人们较高层次的需求，消费者受到收入水平、时间因素、政治文化环境、自然环境等因素影响较大。同时，旅游产品的替代品较多，人们选择的面较大，因此，旅游产品的需求弹性大且不稳定。

(六) 旅游产品的文化性

旅游产品能够满足消费者在旅游活动中的物质、服务以及精神文化方面的需求，其中精神文化需求占主导地位。通过旅游活动过程，消费者更多的是体验各种文化所带来的享受和愉悦。因此，旅游产品要具有一定的文化底蕴，才能满足消费者精神文化层面的需求，产品才会具有更大的竞争力。

三、整体产品与旅游整体产品

现代营销意义上的产品概念不仅包括传统的有形实物，还包括无形的服务，是一种复杂的综合体，是一套整体产品。从旅游产品的含义看，其具有鲜明的旅游整体产品特性，即任何旅游产品和服务都是一个整体系统，这个整体系统不仅用于满足某种需要，还要求旅游产品具有与之相关的辅助价值。

(一) 旅游整体产品和单项旅游产品

在旅游研究中，人们对旅游产品这一概念的认知通常会涉及两个层次：整体旅游产品和单项旅游产品。

整体旅游产品是指一个旅游目的地为了满足旅游者对某一经历或体验的需要，而为其提供的各类接待设施和相关服务的综合。而单项旅游产品则是指旅游目的地各旅游企业分别提供的住宿产品、饮食产品、交通、游览、娱乐等方面的产品和服务。

(二) 旅游整体产品的五个层次

旅游整体产品包括以下五个层次。

1. 核心产品层次

核心产品是指向顾客提供的产品的基本效用和利益。核心产品是消费者真正要购买的东西，因而也是产品整体概念中最基本、最主要的部分。消费者购买某种产品不是为了获得某种产品本身，而是为了满足某种特定的需要。对旅游者而言，旅游核心产品是指旅游者所购买的整个旅游活动经历，是旅游者需求的中心内容，它具有满足旅游者旅游需求的使用价值，具体表现为食、住、行、游、购、娱六大要素。

2. 形式产品层次

形式产品也称有形产品。形式产品是核心产品的载体，是核心产品借以实现的形式或目标市场对某一需求的特定满足形式，即产品出现在市场上的面貌。形式产品一般有五个特征：品质、式样、特征、商标及包装。产品的核心利益可以通过形式产品展现在顾客面前，企业市场营销人员应努力寻求更加完善的外在形式，以满足顾客的需要。对旅游业来说，旅游形式产品包括满足旅游者不同需求和欲望的产品形式，如自然风光、人文景观、民俗风情等。

3. 期望产品层次

期望产品是指购买者在购买该产品时期望得到的与产品密切相关的一整套属性和条件。例如，旅游者期望酒店提供干净的床、毛巾和安静的环境等。因此，旅游者期望的旅游产品就应该成为旅游企业产品更新换代和旅游市场营销活动的方向。

4. 延伸产品层次

延伸产品也称附加产品，是指顾客购买形式产品和期望产品时附带获得的各种利益的总和，如提供信贷、免费送货、质量保证、安装维修、售后服务、技术咨询和提供说明书等。延伸产品是企业根据市场需求的整体化、多样化和消费水平的逐步提高而附加到产品上的东西，能给消费者带来更多的利益和更大的满足感。旅游企业提供旅游延伸产品，能给旅游者带来更多的利益和享受，如旅游消费信贷、付款优惠条件、旅游信息咨询等。

5. 潜在产品层次

潜在产品是指现在的产品在未来可能的演变趋势和前景。如果附加产品包含着产品的今天，那么潜在产品指出了它可能的演变。在旅游市场上，旅游需求的多变性导致旅游产品内容随之发生相应变化。

(三) 旅游整体产品对旅游企业市场营销的启示

(1) 作为有机整体，旅游产品的整体概念是以旅游者需求为中心建立起来的。产品整体概念本身就说明企业的竞争可以在多个层次上展开，但不可顾此失彼，必须从最大限度地满足顾客的需求出发，全面系统地考虑产品整体概念各个部分的组合搭配，才能落实产品整体概念的精髓。

(2) 旅游整体产品概念说明旅游者追求的核心利益是十分重要的。在购买旅游产品时，只有基本效用或利益得到满足，旅游者的需求才会真正得到满足，旅游企业才会获得成功。

(3) 随着旅游市场竞争的加剧，旅游产品差异化越来越成为市场竞争的重要手段。因为随着经济的发展和居民收入水平的提高，顾客不仅关心产品本身，还关心产品所带来的附加利益。因此，旅游延伸产品在为旅游者提供优质服务的同时，也为旅游企业如何满足旅游者需求提供了有益的思路。

(4) 旅游企业不仅应关注形式产品和延伸产品的研究，更要注重期望产品和潜在产品的开发，因为旅游市场发展快速，旅游者需求不断变化，并且还会不断按需求层次升级。旅游企业必须把握旅游者的需求变化趋势，才能在未来的竞争中始终立于不败之地。

【学习拓展】

三亚红色娘子军演艺文化主题公园项目

红色娘子军演艺文化主题公园项目隶属于三亚苑鼎演艺有限公司，该公司成立于2017年9月，是由陕西旅游集团子公司与北京春光集团授权公司共同出资成立的，携手开发三亚红色娘子军演艺主题公园项目。项目预计总投资12.24亿元，占地179亩，以大型椰海实景演出"红色娘子军"项目、室内影视特技特效实景演艺《解放海南岛》两个大型红色题材演艺为核心，以海南特色美食、民族风情、动态文化为体验，打造集演艺娱乐、民俗体验、海岛休闲为一体的演艺文化主题公园。

大型椰海实景演出·红色娘子军项目是以海南历史文化、红色文化、民风民俗为依托，以多元化、多层次演艺体系为亮点，以红色革命题材为背景打造的大型实景演艺项目。项目计划总投资为 5.85 亿元人民币，建设规模主要为演艺剧场、红村商业街、穹楼琼浆、室外总体及景观工程。建筑面积约 26 000m², 观众席 2400 个，工程占地 120 亩。项目于 2017 年 9 月开工建设，2018 年 2 月 12 日试演，2018 年 7 月 1 日正式上演。

（资料来源：www.hongseniangzijun.com。）

第二节　旅游产品生命周期理论及营销策略

一、旅游产品生命周期

（一）旅游产品生命周期理论概述

旅游产品生命周期是指从旅游产品进入市场开始算起，依次经历导入期、成长期、成熟期和衰退期（见图 7-1）。

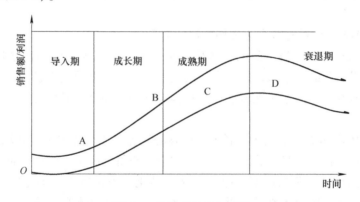

图 7-1　旅游产品生命周期

1. 导入期

导入期是指旅游产品刚刚投入市场，旅游产品所对应的景点、基础设施等还不够完备，各种服务质量还有待完善和改进。旅游者对产品还不了解，市场销量低，各种成本费用高，旅游企业利润低甚至亏损，市场竞争不激烈。

2. 成长期

这一时期，旅游产品的知名度得到提高，市场销量迅速增加，产品的单位成本下降，企业利润增加，但由于市场及利润增长较快，容易吸引更多的竞争者，市场竞争日趋激烈。

3. 成熟期

此时期，市场成长趋势渐缓或达到饱和，旅游产品已被大多数潜在购买者所接受，利润在达到顶点后逐渐维持均衡状态。此时，旅游市场竞争激烈，旅游企业为保持产品地位需投入大量的营销费用。

4. 衰退期

此时期，旅游产品已经不再适应旅游者的需求，旅游产品销量显著衰退，利润也大幅滑落。市场上很多旅游企业在市场竞争中被淘汰，退出旅游市场，市场竞争者也越来越少；与此同时,市场出现新的换代产品或者替代产品。

(二) 旅游产品生命周期循环曲线

受多种因素的影响,各种旅游产品的生命曲线并不一样,有的周期长,有的周期短,有的呈波浪状起伏,有的比较平稳,显现出来的市场现象各不相同。图 7-2 显示的是不同类型的旅游产品生命周期曲线。

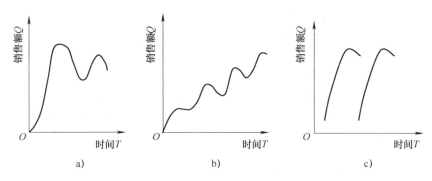

图 7-2　旅游产品生命周期循环曲线 (非典型)
a) 再循环型/专业型　b) 多次循环型/周期型　c) 非连续循环型/时尚型

第一种是再循环型即专业型,这种循环曲线表示旅游企业产品投入期很长,属于一种超前消费,在进入衰退期之后,企业投入更多的销售推广或降价优惠营销策略,使产品又出现新的周期。

第二种是多次循环型即周期型,也称"扇形"运动曲线,多次循环的出现不仅在于营销费用的增加,还在旅游产品进入成熟期以后,在旅游产品销量下降之前,旅游企业通过进一步发展旅游产品特性,寻找产品新的用途,重树旅游产品的形象,开发新的市场,使旅游产品销售又进入一个新的高潮,如会议旅游、周末度假旅游等。

第三种是非连续循环型即时尚型。大多数时髦商品呈非连续型,这些旅游商品一上市即热销,而后很快就销声匿迹。旅游企业既无必要也不愿意采取任何措施延长其成熟期,而是等待下一个周期的来袭,如旅游者的春游、秋游或者节日游。

二、影响旅游产品生命周期的主要因素

(一) 旅游产品的吸引力

旅游产品的核心是旅游吸引物,而旅游吸引物本身的吸引力是影响旅游产品生命周期最重要的因素,它与旅游产品中的其他单项产品是"一荣俱荣,一损俱损"的关系。旅游吸引物越具特色就越不可被替代,吸引前往的游客就越多,重复旅游的价值就越高,以其为核心而构成的旅游产品的生命周期就越长。如果是旅游目的地,那么其旅游产品的生命周期就更长。如一些列入世界文化遗产和自然遗产的旅游目的地就对国外游客有巨大的吸引力,甚至长盛不衰;相反,一些人造新景点,如较近地理范围内的重复建设,类似人造古迹等,虽然曾经火爆一时,但是由于替代产品太多,常常不到几年便进入市场衰退期。

(二) 消费者需求的变化

旅游者的旅游需求可能会因时尚潮流的变化而转移,从而引起客源市场的变化,导致某地旅游吸引物的衰减。旅游消费观念的变化、收入的增加、新的旅游景点的出现、目的地环

境被污染或者服务质量的下降，都会影响消费者需求的变化，从而使旅游产品生命周期发生变化。

（三）旅游目的地的自然与社会环境

旅游产品总是存在于旅游目的地的特定大环境中，因此，旅游目的地的自然和社会环境也是影响旅游产品的重要因素。目的地的居民对游客的态度、自然环境是否优美，以及居住环境的治安和卫生状况，交通是否便捷等，都会影响到旅游产品的生命周期，如在内乱不断的国家和地区，人的生命安全得不到保障，游客便不敢前往旅游。

（四）市场竞争因素

在旅游业市场竞争日趋激烈的今天，对旅游产品的经营很难形成垄断。对于旅游产品，潜在竞争者在导入期往往持观望态度，一旦旅游产品的市场前景明朗，必然会有大量竞争者进入，相应的替代产品和竞争产品会随之增多，该旅游产品的市场迅速饱和，原旅游产品的生命周期会相对缩短。

三、旅游产品生命周期的营销策略

（一）旅游产品导入期营销策略

这个阶段的营销策略的重点在于加强与旅游者的沟通，使旅游者熟悉了解旅游产品，扩大营销渠道，扩大市场占有率。主要从以下几个方面来着手。

（1）加强广告宣传，旅游产品投入期，应以创造产品知名度为营销重点。

（2）扩展旅游市场，不限于一般的宣传，要全方位扩展旅游产品的销售渠道，通过价格策略占领市场。

（3）提高旅游产品质量。旅游产品初入市场，其质量的印象直接导致相应的口碑宣传，从而会影响旅游产品的长远发展。因此，旅游企业要继续改进旅游产品的生产设计并完善配套服务。

在旅游产品导入期，定价和促销是两个最为突出的方面，这两者的组合有四种策略（见图7-3）。

图7-3 旅游产品导入期的市场策略

（1）快速撇脂策略（双高策略），即以较高的价格树立旅游产品的市场形象，并获取较高利润，同时支出大量促销费用以扩大市场占有率，尽快占领市场，即以高价格和高促销水平的方式推出新产品。采用这种策略的条件有：①市场有较大的需求潜力；②消费者求新、求异心理明显，求购心切，而且消费水平较高；③产品自身较为个性化、有特色。例如，相对于传统的"新、马、泰"线路，一些旅游公司推出的非洲、南美洲等旅游线路具有很大的差异性和新颖性，适合采用快速撇脂策略。

（2）缓慢撇脂策略（高价低促销），即以较高的价格树立产品形象，并获取较高利润，同时以较低的促销力度降低产品的销售费用，即以高价格和低促销方式推出新产品。采用这种策略的条件有：①市场规模较小；②产品规格、档次高，适当的高价格可以被市场接受；③潜在竞争对手少，产品具有很大垄断性；④产品需求弹性小。

（3）缓慢渗透策略（双低策略），即以一种低姿态进入市场。低价是为了促使市场接受新产品，形成较大的市场份额，低促销力度则是为了缓慢进行市场渗透。采用这种策略的条件：①市场规模大，对价格敏感；②潜在顾客易于或已经了解产品，促销效果不明显；③有一定数量的竞争者。

（4）快速渗透策略（低价高促销），即以较低的价格、较高的促销力度全力推出产品，目的在于先发制人，以最快的速度打入市场。采用这种策略的条件有：①市场规模大，有较大的开拓余地；②消费者对产品不太了解，但对价格敏感；③存在潜在竞争威胁；④产品成本能够因规模生产而降低。

（二）旅游产品成长期营销策略

成长期是旅游产品迅速被市场接受的时期。在这个阶段，应根据投入期产品的销售情况及时获得产品反馈信息，进一步完善和改进产品，创立企业的名牌产品或者拳头产品。可以采取以下营销策略。

（1）提高产品质量，增加产品的特色。例如，组合和推出多品种、多规格、高质量的旅游组合产品，并在产品特色和服务上狠下工夫，创造出高声誉的旅游产品。

（2）开辟新市场。例如，降低价格以吸引对价格敏感的潜在旅游者，积极寻找新的细分市场，进入有利的新市场。

（3）增加新的分销渠道，树立强有力的产品形象。例如，协调好销售渠道成员间的合作关系，对中间商给予相应的优惠，扩大销售范围，增加分销渠道等。

（4）创立名牌，宣传特色。例如，广告宣传由介绍产品转向树立产品形象，宣传产品特色，增强旅游者对旅游产品和旅游企业的信任感，提高知名度。

（三）旅游产品成熟期营销策略

旅游企业在这一阶段可采取的营销策略包括以下几点。

（1）调整市场。调整市场是指开发新市场，寻求新用户，以扩大产品消费量。市场调整可通过三种方式实现：①开发产品新用途，寻求新的细分市场；②寻求能刺激现有顾客提高产品使用率的方法；③市场重新定位，寻找有潜在需求的新顾客。

（2）提高质量，完善服务。提高产品质量，增加使用效果，既可以更好地满足顾客的特定需要，为顾客带来更多利益，又可以摆脱竞争者的模仿。同时，企业要注重产品的附加功能，与客户建立密切的联系，提供更完善的售前、售中、售后服务，为客户提供更多的便利。

（3）对品牌进行进一步打造和开发。成熟期的产品一般都具有独特的风格，并且这种风格已经被原有顾客所接受。此时，产品的风格调适主要以强化这种风格为主，应保持这种风格，绝不能轻易改变这种风格，以免失去老顾客。企业要设法扩大品牌覆盖范围，使更多产品分享品牌声誉，增加品牌产品的销量。

（4）注重营销策略的组合改进。随时注重企业市场营销策略的改进，随着市场变化进行相应的调整。这种策略组合的改进或调整是通过对产品、定价、渠道、促销等市场营销组合因素加以综合改革，刺激或扩大旅游者的购买，延长产品的市场成长期和成熟期。例如，以降低价格来吸引更多的顾客；采用更有效的广告形式，开展多样化的营销推广活动；还可以改变营销渠道、扩大附加利益、加强售后服务等。

（四）旅游产品衰退期营销策略

该时期的旅游产品销售量已急速下降，利润降低，此时应分析是否存在"假象"，即在其他竞争者撤退时，此产品是否还有一定的发展空间，对不可能出现转机的产品应立即撤销，以免资源流失；同时应做好新产品的开发工作。在衰退期，旅游企业的营销策略具体如下。

（1）放弃策略。如果市场价格、市场销售量都急转直下，甚至连变动成本都无法补偿，那么企业应立刻放弃对该产品的生产。如果企业决定停止经营衰退期的产品，应在立即停产还是逐步停产的问题上慎重决策，并应处理好善后事宜，使企业有秩序地转向新产品经营。

（2）榨取策略。大幅度降低销售费用，如广告费用削减为零、大幅度精简推销人员等，虽然销售量有可能迅速下降，但是可以增加眼前利润。

（3）集中策略。对于滞销产品，企业不应该盲目放弃，应分析产品滞销的原因，对症下药，使产品的销售量得以回升，即把资源集中使用在最有利的细分市场、最有效的销售渠道和最易销售的产品上，也即缩短战线，以最有利的市场赢得尽可能多的利润。

（4）维持策略。企业不主动放弃对于某一产品的生产，而是继续保持原有的细分市场和营销组合策略，把销售维持在一个低水平上，待到适当时机，便停止该产品的经营，退出市场。

综上所述，旅游企业应根据旅游产品生命周期不同阶段的特点实施不同的营销对策，以提升产品竞争力。

第三节　旅游新产品开发策略

一、我国旅游产品的现状

我国旅游产品结构早期以观光旅游为主，这是我国观光资源的优势给我国旅游业所提供的一个先天性的良好条件。这种产品结构有其客观、合理的一面，但也因此使我国旅游产品长期维持观光旅游这种单一结构，很难适应国际旅游市场个性化和多样化的旅游需求。近年来，逐步开发了一系列专项旅游产品，但单一的观光旅游依然影响到重复旅游率。在相当长一段时期内，我国旅游产品结构的另一个特征就是团体旅游比重高，散客旅游比重低，产品结构向团体型倾斜，这也是我国旅游产品初级性的表现。一个国家旅游业越成熟，它接待的散客旅游比重就越高。但由于为散客服务的系统功能薄弱，尤其旅游信息系统亟待建设，因而，我国散客旅游的发展十分缓慢。随着技术的成熟和游客个性化需求的兴起，散客旅游市场将有更大的发展前景。

二、旅游新产品开发概述

（一）旅游新产品的概念与分类

旅游新产品是指旅游产品生产者初次开发设计的，或者在原有产品的基础上进行改进或创新，使之内容、性能、服务方式、表现形式等方面更为科学、合理的产品。它并不完全是指一种全新旅游产品的出现，只要是对产品中某个部分有所创新或改革，就都可以称之为旅游新产品。旅游新产品更多是指对某一个经营者来说是新的，而在市场上已经出现的相对新产品。旅游经营者主要依靠增加服务项目、模仿竞争者的旅游项目、改进产品质量等方式进行旅游新产品的开发。旅游新产品可分为以下 4 类。

（1）创新型旅游新产品。创新型旅游新产品是指为了满足旅游者需要而设计开发的全新产品,是为满足旅游者需要而设计生产出来的,具有新技术、新内涵、新主题的旅游产品,如迪士尼乐园的出现,太空旅游的产生,这些都会给旅游产品的生产和旅游者的消费带来一种新的革命。对于旅游企业或者消费者而言,创新型旅游新产品都是新的,它可以是新开发的旅游景点,也可以是新开辟的旅游线路或者是新推出的旅游项目。例如,漂流、探险、演艺等旅游项目的出现,绿色旅游、森林旅游等专向旅游产品的开发,也解脱了人们日常生活的压抑感,使人们能完全、彻底地回归大自然。这种旅游新产品的开发周期较长,所需投资较多,而且风险较大。

(2) 换代型旅游新产品。换代型旅游新产品即在对现有旅游产品进行较大改革的基础上推出的新产品。例如,我国在原有观光型旅游产品的基础上,推出了红色旅游、乡村旅游和民族风情游等主题观光旅游产品。之后,陆续推出主题旅游年,如2016年的主题是"丝绸之路旅游年",2018年是"美丽中国——全域旅游年"。

(3) 改进型旅游新产品。改进型旅游新产品是指在原有旅游产品的基础上,进行局部形式改进的旅游产品。这种旅游产品可能是在其配套设施或者服务方面的改进,也可能是旅游项目的增减或服务的增减,但旅游产品的实质在整体上没有多大的改变。例如长江三峡旅游,最初的旅游设施只有两艘豪华游轮,为了适应旅游市场需求,在游船的数量、等级、规模、路线等做了改进。

(4) 仿制型旅游新产品。仿制型旅游新产品是指旅游生产者对市场上已有的旅游产品进行仿制并稍做改进创新而推出的新产品,例如某酒店率先推出一道新菜式,颇受欢迎,不久后,其他酒店就会纷纷模仿、跟进。

(二) 旅游新产品的开发原则

1. 市场导向原则

树立市场导向原则,一是要根据市场状况和本企业的实际情形,选择合理的市场定位,确定产品的目标人群,明确旅游产品开发的针对性;二是根据市场定位进一步调查分析该目标市场的需求和供给,把握目标市场的需求特点、规模、档次及变化规律和趋势,从而构思出适销对路的旅游产品;三是对各类产品进行筛选、加工再设计,组合出具有竞争力的旅游产品并推向市场。

2. 效益原则

市场经济环境下,任何产业都要把经济效益作为主要目标,没有经济效益,产业的载体——企业就无法发展,产业也就无法进步,旅游业也是如此,但同时旅游业又是一项文化事业,在讲求经济效益的同时,还必须讲求社会效益和环境效益。因此,旅游产品开发要从总体上来考虑,谋求综合效益的提高。

3. 产品的形象、品牌原则

产品形象直接关系到企业在消费者心目中的形象,旅游产品是一种文化含量较高的综合性产品,在规划设计时,要充分考虑旅游产品的品位、质量及规模,突出旅游产品的主题和特色,努力开发出具有影响力的拳头产品和名牌产品,走品牌化的道路,力争在旅游消费者心目中形成一个鲜明的印象和良好的口碑,口碑效应的作用,任何已经成功的管理者及营销人员都不会忽视。

4. 梯级开发、长短结合的原则

一般而言,旅游企业应有四档产品:一是目前在旅游市场上生产和销售的旅游产品;二

是已经设计开发成功,等待适当时机投入市场的产品;三是正处在开发设计阶段的产品;四是尚处于构思创意阶段,准备设计开发的产品。这种梯级开发的策略既考虑到了旅游企业的短期利益,又着眼于企业长期稳定的发展,旅游企业应该根据具体情况,审时度势,及时把握市场机会,确定产品开发及投放市场的最佳时机。

(三) 旅游新产品的开发策略

1. 资源重组策略

首先,以消费者的需求为基础组合旅游资源。旅游资源是旅游产品的载体,是吸引游客的主要吸引物。在了解市场需求的基础上对旅游资源进行重新整合,有利于激发旅游者的旅游动机,重新创造旅游需求。其次,以文化为纽带组合旅游资源。旅游对于旅游者来说,是获得一种经历一种感受的过程。这种经历与感受,一方面是来自于对大自然奇观的欣赏,另一方面则来自于对文化差异的感悟。因此,通过文化来组合旅游资源和开发新产品有利于创造出旅游产品的新卖点。最后,从经济效益的角度组合旅游资源。开发旅游业,最主要的目的是获得一定的经济收益。对于旅游资源实行组合,要有利于资源价值增值,提高产业贡献率。

2. 层次结合策略

层次结合策略是指同时推出多种不同档次的旅游新产品。由于消费者经济实力不同,旅游者的消费水平有一定的层次性,因此企业在开发产品的时候应注意高、中、低档次产品序列的结合,从而有利于提高旅游企业经营的覆盖面。例如开发一条新的旅游线路,应该体现豪华等、标准等和经济等的差异,并作为一个整体推出,以便于不同层次消费者进行选择。

3. 超前开发策略

旅游企业要获得长远发展,必须有一个长期、中期和短期的发展策略,这样才能获得长期、稳定的持续发展。

三、旅游新产品开发的主要步骤

旅游新产品的开发经历了从新产品构思形成、构思筛选、概念开发与测试、商业分析、产品开发、试销再到正式上市,具体如图7-4所示。

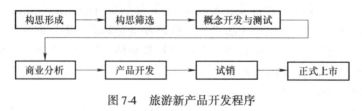

图7-4 旅游新产品开发程序

(一) 旅游新产品构思的形成

创造性的构思是开发旅游新产品的前提,有了充分的构思,才能从中发掘出可行的开发项目,对于旅游新产品的构思而言,顾客的需求和欲望、长期从事旅游业人士的意见和建议、旅游中间商提供的资料、同行业竞争对手的动态,以及专业咨询公司的建议等,都是不错的灵感来源。具体来讲,旅游经营者主要可以从以下四个方面来搜集信息,形成有关旅游新产品的构思。

1. 顾客

任何产品构思都必须着眼于顾客的需要，旅游企业可以通过市场调查来询问顾客的需求以及他们对现有旅游产品的意见和看法。通常，向顾客征询意见和有效处理顾客投诉，都是获得旅游新产品构思的重要渠道。

2. 旅游营销人员

旅游营销人员长期在一线从事旅游销售工作，与顾客联系紧密、交往频繁，比较了解顾客的需求及消费心理，因此他们所提供的资料和所反馈的信息往往都有助于新产品构思的形成。鉴于此，旅游企业可以建立一个奖励体系，充分调动员工的积极性和创造性，让员工积极参与旅游新产品的构思。

3. 同行业竞争对手

激烈的市场竞争环境下，任何一家成功的企业都必须时刻关注竞争对手的动态，旅游企业也应密切注意竞争对手的新产品、新举措，以及顾客对竞争对手的评价，从中发现问题、找到灵感。

4. 旅游中间商

旅游中间商一方面掌握着顾客需求和投诉的第一手资料，了解顾客需求所在；另一方面，他们对多种旅游产品的类型和特色也了如指掌，掌握着大量供给方面的信息。旅游中间商是产品和信息的枢纽，他们所提供的资料对于旅游企业不断完善自身产品结构和质量大有裨益。

旅游新产品构思的来源是多方面的，关键在于企业要在内部建立一个合理有效的制度，激发员工的创新意识；同时保持外部沟通的畅通，集思广益，多渠道形成有关旅游新产品的构思。

【知识拓展】

构思产生的方法

（1）产品属性列举法。将现有某种产品的属性一一列举出来，然后寻求改进每一种属性的方法，从而改良这种产品。

（2）强行关系法。列举若干不同的物体，然后考虑每一个物体与其他物体之间的关系，从中引出更多的新创意。

（3）顾客问题分析法。首先调查顾客在使用某种产品时所发现的问题或值得改进的地方，然后对这些意见进行综合分析整理，转化为创意。

（4）召开主题会。召集若干有关方面的人员和专家一起座谈，寻求创意。在会前提出一些问题，让参加座谈会的人员事先考虑、准备，然后在座谈中交流各自的想法。

（5）群辩法。企业的主管人员挑选若干性格、专长各异的人员座谈，自由交换看法，无拘无束地讨论，以开发新的构想，产生更多的好创意。

（二）旅游新产品构思的筛选

上一阶段往往会产生大量的新产品构思，然而并非所有构思都是可行的，通过筛选可以尽快形成有吸引力的切实可行的构思，尽早放弃那些不具备可行性的构思，以免造成时间和成本的巨大浪费。构思的筛选一般应经过以下几个步骤：①判断新产品构思是否符合组织的发展目标，包括利润目标、销售目标、销售增长目标、形象目标等，产品的构思必须符合组织的发展规划,与企业发展目标保持一致;②判断产品构思是否符合企业内部资源状况,包括企业有无所需资金能力,有无所需技术设备、管理水平,有无所需人力资源、销售能力等,不能盲目上马;③分析企业外部资源设施状况和竞争环境,包括外部有关开发新产品所需的旅游资源和设施条件、产品的成长环境和市场空间等因素。

通过对以上三方面的分析判断,排除不可行的构思,保留少量有价值的构思进入下一阶段,这一筛选工作一般应由营销人员、管理人员和有关专家共同参与,慎重进行,采用科学的方法对所有构思进行比较分析,选出可行构思。

(三) 旅游新产品概念的开发与测试

一个产品要有吸引力,就必须形成自己的产品概念。旅游新产品构思需要发展旅游产品的概念。产品构思并不是一种具体的产品,只是对预计可能投放市场的产品的设想,而产品概念则是用有意义的消费者术语表达和描述出来的构思,即是站在消费者角度对构思的一种大众化说明。一个构思可能形成一个产品概念。但是,某地要发展水上旅游,这只是一个产品构思,它可以转化为赛艇、垂钓、滑水等几个旅游项目。

概念测试就是针对旅游产品的目标消费者对产品概念的理解和对产品特性的反应,测量概念的沟通效果和吸引力,预测购买意向,估计销售潜能,决定是否有必要充实产品概念。这种测试可以采用文字、图片、模型或其他有用的形式提供给消费者,这一点很有必要,它可以在产品投入研制开发之前测试其市场前景,因为一旦决策失误而投入研发,将可能造成巨大的损失。

(四) 旅游新产品的商业分析

该分析主要是预测产品概念的销量、需求、成本、利润率、利润、预测投入资金、开发新产品的资金风险和机会成本,以及市场形势的变化等。在这个阶段要考虑以下问题:①新产品的市场需求情况(在某一价格水平的需求量),即价格弹性分析;②新产品对企业销售额、利润、市场份额、投资回报的影响,包括对现有产品的影响;③新产品的显著特色与利益;④新产品对企业形象的影响;⑤竞争对手的反应;⑥失败的风险等。比如要在一个中型城市建一座五星级旅游酒店,就应该对当地客源市场的结构、规模、购买力以及本地酒店产品的供给饱和度等进行分析。在我国,盲目投资建设高档酒店结果顾客寥寥面临亏损的例子屡见不鲜。同样,开发旅游景点也必须进行商业分析,尤其要把竞争状况和客源市场两个方面作为重点分析对象,以避免近距离的重复建设。

(五) 旅游新产品的开发

以上问题得到解决后,就可以进入到产品开发阶段了。在此阶段,产品概念将被发展成为产品实体。在进行旅游新产品的开发时,要进行功能和质量两方面的决策。功能决策包括旅游新产品的使用功能、外观功能及地位功能,不同产品的侧重点不同,质量决策主要考虑产品的经济性与适用性。例如,开发一种旅游产品,主要是要考虑其外观功能、地位功能等,同时要考虑其经济性,并非越名贵、越豪华越好,从游客需求出发,使可能的总收入与总成本的差额达到最大值才是最合理的。

(六) 旅游新产品的试销

旅游新产品的试销是将新开发出来的产品放到经过挑选的真实的市场环境中进行试销。试销能使旅游经营者在全面推广产品之前获得产品营销的实际经验,了解消费者的反应,了解产品和营销组合的优势与不足,如产品的定位、性能、价格、包装等都要在试验的过程中加以评估，然后加以改正和完善，避免在全面推向市场时遭受失败。但是，试销同时还存在以下几个不容忽视的问题。

（1）高成本。试销往往需要较高的前期投入。

（2）提前暴露。试销把新产品和市场组合在正式进入市场之前暴露给了竞争对手，从而失去了出奇制胜的效果。

（3）信息失真。竞争对手得知试销的情况后，可能会利用非正常的促销手段破坏试销，以误导企业对产品正式投放市场之后市场反应的判断。

因此，有些企业已经开始寻找一些更保险的替代方法，如在几个细分市场上向目标市场成员展示新产品，并记录他们的真实反应，然后完善产品，以更好地适应市场的需要，这一点对旅游企业来说更为实际。

（七）旅游新产品的上市

旅游新产品的上市是新产品开发的最后阶段，在这一阶段，旅游经营者应考虑以下问题。

（1）何时推出？要选择恰当的市场进入时机，如一些季节性强的旅游产品就应在预计的消费高峰到来之前提前一段时间推出。

（2）何地推出？这是一些大型旅游企业经常考虑的问题，是全面铺开还是先选择几个重点区域？另外，一些欲迅速进入市场的中小企业也应选择一个有吸引力的区域市场。

（3）以何种方式推出？有时若采用一些别出心裁的方式，会收到出其不意的效果。

此外，旅游经营者还应针对产品的价格构成、销售渠道、促销措施等因素制定一个市场引入计划，并分配营销预算。产品投放市场后，还要及时掌握市场动态，了解旅游者的反应，为进一步改进产品和营销策略提供依据。

第四节　旅游产品组合策略

一、旅游产品组合概述

（一）旅游产品组合概念

旅游产品组合是指旅游企业通过对不同规格、不同档次和不同类型的旅游产品进行科学的整合，使旅游产品的结构更趋合理，内容更加丰富，从而更好地满足消费者的需求，以便能适应瞬息万变的市场竞争环境。了解旅游产品组合的概念，首先必须要理解旅游产品线。旅游产品线是指旅游企业提供的能满足某一类顾客需求的一组产品，这一组产品之间有一定的联系。例如餐厅提供的餐饮服务，就是餐厅的一条产品线，因此无论提供的是中餐、西餐、酒饮还是快餐，都是为了满足顾客饮食方面的需求。

【知识拓展】

产品组合和产品线分析

产品组合（Product Mix）又称产品搭配，是指一家公司提供给市场的所有产品项目及产品线的组合，包括产品组合的宽度、深度和关联度。宽度（Width）是指该公司拥有多少条不同的产品线。深度（Depth）是指产品线中的每一种产品有多少品种规格。关联度（Consistency）是指各条产品线在最终用途、生产条件、分销渠道或者其他方面相互关联的程度。产品线是指密切相关的一组产品，因为这些产品以类似的方式发挥功能，售卖给同类顾客群，通过同一种类的渠道销售出去，售价在一定的幅度内变动。

（二）旅游产品组合属性

旅游企业的产品组合程度可用旅游产品的广度、深度和相关度表达。

（1）旅游产品线的广度。旅游企业经营产品线的多少，称为产品线的广度。如酒店通常经营餐饮、客房、娱乐、购物等多种服务。企业经营产品线的数量越多，产品线的宽度越广，否则越窄。宽产品线的组合，因为提供的产品内容丰富，能满足顾客多样化的需求，所以市场适应能力强，同时也能适当地分散企业经营风险；窄产品线的组合，有利于企业集中精力开展专业化经营。

（2）旅游产品线的深度。产品线中不同等级、规格的产品数量的多少，称为产品线的深度。如酒店经营的客房服务产品中，又分为标准间、豪华间、普通间和总统套房服务等。

（3）旅游产品线的关联度。产品线的关联度指企业经营的各种产品在生产条件、销售渠道及其他方面的联系程度。产品线组合的关联度越高，生产线之间相互协调、配合的可能性就越大，有利于企业节省生产成本，增强竞争力。

旅游企业进行产品组合，通常要拓宽产品线的广度、加深产品的深度、加强产品线的关联度。产品线广度的拓宽，有利于充分利用企业资源，打开更多的市场空间；产品线的加深，有利于更好地满足消费者的需求，使产品更快地为消费者所接受；加强产品线的关联度，有利于增强资源的利用率。

二、旅游产品组合决策

旅游企业进行旅游产品组合决策，一般主要采用以下的策略。

（一）产品组合缩减策略

当市场繁荣时，较长、较宽的产品组合会为企业带来较多的盈利机会。但当市场不景气或原料、能源供应紧张时，缩减产品组合反而可能使总利润上升。这是因为从产品组合中剔除了那些获利很小甚至无利的产品大类或产品项目，可使企业集中力量发展获利多的产品大类与产品项目。

（二）产品组合扩展策略

扩充企业的产品组合即开拓产品组合的广度和加强产品组合的深度，实行更多品类或品种的生产或经营。一种途径是增加和扩充产品线，拓展企业的经营范围；另一途径是增加原有产品项目的品种。

（三）产品线填补决策

利用现有产品的威望填补产品可事半功倍，填补的理由可如下：赚取利润。平息经销商对产品线不足的抱怨。行成完整的产品线，增加竞争能力，加强搭配能力。利用剩余产能，即利用剩余资金、生产能力，培养新产品。公司政策上希望拥有全线产品，以建立企业整体形象。先行占有，以免竞争者加入，是扩张的必然途径。

三、旅游产品组合优化

由于市场环境的不断变化，旅游产品组合中的每一个要素都会随着形势的变化而不断地发展变化。因此，旅游企业必须经常分析自己产品组合的状况和结构，根据市场环境的变化调整产品组合，在变动的形势中寻求产品组合的最优化。

(一) 旅游产品组合的评价

要达到优化旅游产品组合的目的，首先必须对各产品组合在市场上的发展状况和趋势进行评价。旅游产品组合的评价标准如下。

（1）发展性。根据旅游产品生命周期理论，处于生命周期成长阶段或成熟阶段早期的产品，一般具有良好的发展前途。这说明评价某种旅游产品发展前途的主要指标是销售增长率。

（2）竞争性。竞争性表明某旅游目的地或旅游企业在整体旅游市场上的竞争力，最主要的评价指标是市场占有率。

（3）盈利性。盈利性主要表现为资金利润额、成本利润率、资金周转率等，其中资金利润率是最具综合性的指标。

(二) 旅游产品组合的优化方法

旅游企业根据上述三个方面来分析每个旅游产品在市场上的生命力和发展潜力，并根据评价结果对旅游产品组合做出优化决策。

1. 旅游产品组合的四象限评价法

这是根据市场占有率和销售增长率对产品业务组合进行评价的方法，是美国波士顿咨询公司提出的一种评价方式，具体已在第六章进行了详细说明。

2. 旅游产品组合的资金利润率评价法

资金利润率是表示企业旅游产品经济效益的综合性指标。在资金利润率一定的条件下，销售利润率与资金周转率成反比变动。根据销售利润率和资金周转率将旅游产品组合划分为四种类型，分别属Ⅰ区、Ⅱ区、Ⅲ区、Ⅳ区（具体见图7-5）。

Ⅰ区为快速盈利型。旅游产品具有高盈利、快周转的特点，处于成长期后期或成熟期前期，此时应保持旅游产品在市场中的地位，延长其生命周期。

Ⅱ区为资金积压型。销售利润高，但销量小，资金周转慢，要加强管理，扩大销量，加快资金流通，充分发挥产品潜力。

Ⅲ区为亏损型。低销售利润率和低资金周转率，亏损型产品，处于产品投入期或衰退期，应根据情况迅速使其进入成长期或将其淘汰，进行投资转移。

Ⅳ区为快速周转型。低利润和快周转的产品，低利润是因为薄利多销的策略或成本控制问题。

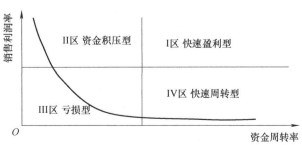

图7-5　旅游产品组合的销售利润率与资金周转率

第五节　旅游产品的品牌决策

一、旅游产品品牌的概念和意义

(一) 旅游产品品牌和品牌化的概念

旅游产品品牌是指用来识别一个（或几个）旅游企业产品或服务的名称、术语、标记、符号、图案或它们的联合使用，以便使消费者能识别本企业的产品，将之与其竞争对手区分开来。旅游品牌一般由品牌名称和品牌标志两部分组成。品牌名称是品牌中可以用语言表达的部分，如中国国际旅行社、中国青年旅行社、康辉旅行社等就是中国旅游业的知名品牌。品牌标志是指用标记、符号或图案等表达的能让消费者识别的部分。如中国旅游业图形标志是1969年在甘肃省武威市出土的东汉时期的青铜器"马踏飞燕"，它象征着我国数千年光辉灿烂的文化历史，展现了文明古国的伟大形象，吸引着全世界的旅游者，也标志着中国旅游业前程似锦。

品牌对于旅游企业来说至关重要。首先，它易于消费者识别产品。旅游产品品牌代表着企业产品或服务的市场形象，一旦企业在市场上树立起良好的品牌形象，消费者就很容易接受本企业的产品。其次，旅游产品是一种无形产品，消费者事先并不能看到或试用产品，购买品牌产品可以帮助消费者规避风险。另外，旅游产品也是重复购买率较高的产品，如果本企业产品在消费者心目中树立了较好的形象，那么消费者就会成为该品牌的忠实拥护者。

品牌化则是指生产者或供应商通过为产品进行品牌命名，从而树立该品牌产品在消费者心目中的形象的工作过程。从本质上讲，品牌化在于通过原本一般的产品赋予某一品牌名称，以增加该产品的价值。

【知识拓展】

品牌的认识

1. 品牌的概念

在探讨品牌决策之前，先了解有关品牌的几个概念。

(1) 品牌名称（Brand Name）——品牌中用语言称呼的部分，如"麦当劳"。

(2) 品牌标志（Brand Mark）——品牌中能够被识别、又不能用语言直接读出的部分，包括符号、图案或专门设计的颜色、字体等，即所谓的Logo，如"麦当劳"的黄色M标牌。汽车品牌别克（Buick）商标图案是三把刀，这种排列给人们一种起点高并不断攀登的感觉，象征着一种积极进取、不断攀登的精神等。

(3) 品牌商标（Trade Mark）——按法定程序向商标注册机构提出申请，经审查予以核准，并授予商标专用权的品牌或品牌的一部分；受法律保护。

2. 品牌的内涵

(1) 属性（Attributes）：品牌首先带给人们某些特定的属性。例如，奔驰汽车：昂贵，制造精良，耐用，声誉高，再售价值高，快速等。

(2) 利益（Benefit）：品牌反映消费者的利益。消费者购买的是产品所带来的利益。需要把属性转化为功能型或情感型利益。例如，耐用性——我这几年将不需要购买新车；昂贵——该车使我感到自己很重要和令人羡慕；制造精良——万一出交通事故，我会是安全的。

（3）价值（Value）：品牌也反映了该制造商的某些价值观。例如，奔驰汽车包含的价值有高绩效、安全和名声。

（4）文化（Culture）：品牌可能代表了一定的文化内涵。例如，奔驰汽车包含德国文化：组织性、效率和高质量。

（5）个性（Personality）：品牌也可能具有一定的个性。例如，把品牌联想成一个特定的个人、一种动物或一个物体

（6）使用者（User）：品牌建议购买或使用该产品的消费者类型，反映出品牌的用户形象。例如，使用奔驰汽车的消费者通常是成功人士。

3. 品牌与商标的关系

共同点：品牌与商标都是用以识别不同生产经营者的不同种类、不同品质产品的商业名称及其标志。

区别：品牌是市场概念，实质上是品牌使用者对顾客在产品特征、服务和利益等方面的承诺。商标是法律概念，它是已获得专用权并受法律保护的品牌或品牌的一部分。品牌被使用才有价值，在使用中增值。不被使用的品牌自然没有价值，品牌的价值是其使用中通过品牌标定的产品或服务在市场上的表现来进行评估的。商标用或不用都受法律保护。商标有防御性。商标无论是否被标在商品上使用，也不考虑商标所标定的商品是否有市场，只要采用成本法对其评估，它就必然有商标价值。商标有"注册商标"与"非注册商标"之分。

(二) 旅游产品品牌的意义

1. 对旅游消费者的影响

（1）品牌代表产品一定的质量和特色，能便于消费者选购，提高购物效率。

（2）品牌可保护消费者的利益，便于有关部门对产品质量进行监督，质量出了问题也便于追查责任。

2. 对旅游企业的影响

（1）品牌便于卖者进行经营管理。如在做广告宣传和签订买卖合同时，都需要有品牌，以简化交易手续。

（2）注册商标受法律保护，具有排他性。

（3）品牌可建立稳定的顾客群，吸引那些具有品牌忠诚性的消费者，使企业的销售额保持稳定。

（4）品牌有助于市场细分和定位。企业可按不同细分市场的要求，创立不同的品牌，将不同的品牌分别投入不同的细分市场。

（5）良好的品牌有助于树立良好的企业形象。

3. 对整个社会的益处

（1）品牌可促进产品质量的不断提高。由于购买者按品牌购买，生产者就必须关心品牌的声誉，加强质量管理，从而使市场上的产品质量普遍提高。

（2）品牌可加强社会的创新精神，鼓励生产者在竞争中不断创新，从而使市场上的产品丰富多彩、日新月异。

（3）商标专用权可保护企业间的公平竞争，使商品流通有秩序地进行，促使整个社会经济的健康发展。

二、旅游产品品牌的设计

（1）标记性。企业在设计品牌时要注意：设计新颖，不落俗套；突出重点，主次分明；简捷明快，易于识别。

（2）适应性。包含几个方面的含义：便于在多种场合、多种传播媒体中使用，有利于企业开展促销活动；适应国内外目标销售群体的喜好，避免禁忌；适应国内外的商标法规，便于申请注册。

（3）艺术性。从艺术的角度对品牌设计提出的要求有：针对消费者心理，启发联想；思想内容健康，无不良意义；设计专有名称。

【知识拓展】

旅游产品品牌命名的思路

品牌的名称可以从以下几个思路出发：①产品效用——望名知义，可被迅速理解，便于联想和记忆；②地名及名胜古迹，如南山寺；③厂商字号即商号；④动植物——以珍贵动物或名花、名草为品牌，使人产生许多美好联想，并提高身价；⑤神话、传说与传奇故事，如鹿回头；⑥数字，如三九药业；⑦外文译名，如马里奥特。

三、旅游产品品牌营销

（一）品牌有无策略

旅游企业可以在无品牌和有品牌之间做出选择。目前，旅游企业大都采取了品牌化策略，这是因为：第一，品牌是强化旅游产品差异化的有力手段，是旅游企业凸显竞争优势的关键环节；第二，品牌是旅游消费者风险的"减速器"，有助于发展旅游企业与顾客的牢固关系；第三，品牌是提高旅游产品附加值的"利器"，能给企业带来可观的经济效益；第四，品牌是旅游企业开展国际化经营的"旗帜"，是提高我国旅游竞争力的法宝。

（二）统一品牌和个别品牌策略

旅游企业也可以在统一品牌和个性品牌之间做出选择。

（1）统一品牌策略。统一品牌策略是指旅游企业所有产品均使用一种品牌。旅游企业使用统一品牌有以下优点：①充分利用品牌形象不断积累的好处，在同一品牌下不断推出新产品，从而大大节省每次推出新产品的促销费用；②统一品牌策略还可节省品牌的设计费用；③充分显示出企业经营的产品种类齐全的实力。其缺点是：①如果一次推出的新产品不成功或某项产品出现质量问题，就有可能影响整个业声誉；②如果企业经营多种在性能、品质、价格档次上相差甚远的产品，那么反而会模糊产品形象。

（2）个别品牌策略。个别品牌策略就是指旅游企业为每种不同的产品规定不同的品牌。旅游企业采用个别品牌的优点是：能更贴切地表现产品特征；尽管每次推出新产品的费用较多、风险较大，但如果新产品在市场上销路不畅，也不至于影响原产品的品牌声誉；有助于帮助消费者识别产品。其缺点是：如同类产品使用不同品牌，就会造成同一企业产品的竞争，还有可能导致总销售量不升反降，新品牌挤兑老品牌，老品牌挤兑新品牌；品牌设计费用与促销费用会提高，如果各品牌产品达不到一定的市场规模，总体效益就可能不佳。

(三) 品牌更新策略

企业确立一个品牌，特别是著名品牌，需要花费不少费用，因此一个品牌一旦确定，不宜轻易更改。但有时候，企业也不得不对其品牌进行修改，导致这种情况的原因有：原品牌有严重问题，旅游者不认同某种品牌或品牌认知被扭曲；某品牌刚投放市场时，还比较受欢迎，但由于竞争者涌入和产品生命周期的变化，原有品牌已不能适应新的市场形势。

品牌更新通常有以下两种。

(1) 全部更新。全部更新即企业重新设计全新的品牌，抛弃原品牌。这种方法能充分显示企业的新特色，但花费及风险较大。

(2) 部分更新。部分更新即在原有品牌基础上进行部分改进，这样既可以保留原品牌的影响力，又能纠正原品牌设计的不足。特别是 CIS 导入企业管理后，很多企业在保留品牌名称的基础上对品牌标记、商标设计等进行改进，既保证了品牌名称的一致性，又使新的标记更引人入胜，从而取得良好的营销效果。

【学习拓展】

法国雅高酒店集团多品牌策略

雅高酒店集团拥有从豪华型到中档品牌，再到经济型的多档次的多个酒店品牌。豪华型酒店品牌包括索菲特、铂尔曼，中档品牌有诺富特，经济型酒店品牌有宜必思。雅高酒店集团能够在短期内快速地强大起来，主要是因为采用了多样化的品牌扩张方式。雅高酒店集团在确立了这种多品牌的扩张经营方式后，集团规模迅速扩大，并在更多的国家创立自己的品牌，因此雅高酒店集团旗下的酒店越来越多，慢慢地就形成了一个庞大的酒店经营网络。雅高不仅看重高端消费群体，也看重工薪阶层。这样的占领方式使雅高在国际酒店业中有了一席之地。雅高在开发服务对象时，对面向大众的经济型酒店极为重视，就经济型品牌也有不同层级的细分。雅高酒店集团针对不同的顾客群体，提供不同的酒店品牌来满足他们的需求。

[资料来源：熊瑛. 分析雅高酒店集团多品牌战略. 旅游纵览（下半月），2014(10):119。]

(四) 名牌策略

著名品牌，通常称为名牌，是指那些具有很高的知名度、良好的质量和服务、深受广大消费者喜爱、能给企业带来巨大经济利益的品牌。名牌的创立并非易事，不是一朝一夕所能达成的，它首先需要有坚实的基础，即可靠的质量、先进的技术、有效的管理、高素质的人员等，有了这些基础再加上恰到好处的运作，经过长时间的努力，才有可能创造一个名牌。仅靠大量的广告宣传"密集轰炸"，期望在短期内成为名牌，持有这种想法是不足取的。因此，企业应认识创立品牌的长远性和艰巨性，克服短视行为。

【学习拓展】

海昌海洋主题公园的品牌之路

海昌海洋公园控股有限公司是中国知名的主题公园和配套商用物业开发及运营商，发展起步于大连，自2002年建成以展示南北极动物为主的大连老虎滩海洋公园极地馆以来，经过近二十年发展，凭借行业优秀的极地海洋动物保育技术，公司将其业务模式逐步推广到核心城市，展开了海昌海洋公园在全国的战略布局。

目前，海昌海洋公园已经在上海、三亚、大连、青岛、成都、天津、武汉、重庆以及烟台经营了十座各具特色、精彩纷呈的综合主题公园，每年游客接待量超2000万人次，累计游客接待量超1.4亿人次。其中，"上海海昌海洋公园"和"三亚海昌梦幻海洋不夜城"这两座全新的大型主题公园分别于2018年和2019年盛大开园，相继迎接全球游客的到来。此外，正在规划和建设中的"郑州海昌海洋公园"也即将成为中原地区国际级的海洋主题公园。

2014年3月13日，海昌海洋公园在香港联交所成功上市，成为内地首家在香港联合交易所主板上市的主题公园运营商。进入资本市场后，海昌海洋公园将继续深化品牌建设，按照既定的发展战略，持续打造以海洋公园为核心的主题公园行业内领导品牌，倡导"勇于创新、阳光健康、真诚可靠"的品牌个性和"有梦、有爱、有快乐"的品牌主张，为游客提供集公园游览、餐饮、购物、住宿等为一体的一站式综合服务体验。未来，海昌海洋公园会将更高品质、国际化、多元化的旅游综合性主题产品呈现给游客、回馈社会。

（资料来源：http://www.haichangoceanpark.com/。）

【思考题】

1. 旅游产品的含义和特点有哪些？
2. 举例说明旅游产品组合的优化策略。
3. 从产品生命周期看，"农家乐"应采取哪种营销策略？
4. 简述旅游新产品的开发程序。

【案例分析】

发展民宿经济　建设美丽乡村

随着社会的快速发展，静谧安逸的乡村民宿日益红火。近年来，海口鼓励发展民宿经济，"民宿+文化体验""民宿+文创商务""民宿+休闲养生""民宿+特色餐饮"等多种业态开始兴起，形成了独具特色的民宿产业版图，一批风格鲜明的民宿在乡村应运而生，成为乡村振兴中的一抹亮色。

海口乡村民宿产业独具发展优势，但产业发展尚处初级阶段，还存在经营管理理念落后、民宿主题单一、两极分化严重、淡旺季分明、基础设施环境有待进一步提高等问题。如何利用资源优势推动乡村民宿转型发展，助力乡村振兴，是海口面临的考题。

发展乡村民宿离不开政府的扶持和引导。政府及相关部门要在统筹规划、制定政策、组织培训、公共服务等方面下工夫，通过引进社会资本投资民宿，解决好发展理念、经营理念等问题，打造一批精品民宿项目；结合地域特色，引进高端乡村民宿项目和开发团队，实施"一点一策"，提升乡村民宿整体品质；鼓励实行乡村民宿"合作社"经营模式，促进乡村民宿规模化发展。

发展乡村民宿要补足乡村基础设施短板，提升乡村民宿服务水平。基础设施薄弱是乡村面临的普遍问题，道路坎坷、环境脏乱、网络不通肯定难以给游客带来良好的体验。近日出台的《海口市推进民宿发展工作实施方案》明确，海口将以美丽乡村建设和乡村振兴为契机，在硬件上完善基础配套设施、公共服务设施建设，加快推动路网、光网、电网、水网等基础设施建设，配套建设垃圾、污水等处理设施，完善消防通道、消防水源以及多种形式的消防队伍等应急设施建设，加强消防安全的监督管理，努力提高乡村民宿的安全性、通达性、便捷性；在软环境上，要求组织开展乡村民宿管理部门、经营者、服务人员的专业技能、经营管理等相关岗位培训，培育专业化乡村民宿人才队伍。一系列"软""硬"兼施的举措，将为海口乡村民宿产业夯实发展之基。同时，社区民宿既让农村群众在家门口吃上了"旅游饭"，又展现了海口美丽乡村新形象，有助于实现经济效益和社会效益的双丰收。

得天独厚的自然环境资源，为海口打造独具琼北特色的高品质的民宿经济提供了有利条件。我们要在乡村振兴战略背景下，依托环境优势、资源特色和地域文化，盘活乡村闲置资源，将乡村民宿产业打造成为海口乡村建设新的经济增长点。

（资料来源：海口日报，2020年1月8日。）

[案例思考]

(1) 民宿作为新兴的住宿业态，它的成功经验有哪些？

(2) 民宿的持续发展需要哪些支撑条件？

第八章

旅游产品价格策略

【学习目标】
　　理解旅游产品价格的概念及其决定因素。
　　了解旅游产品价格的制定过程。
　　掌握旅游产品价格制定的目标、策略及方法。

【学习重点】
　　影响旅游产品定价的因素。
　　旅游产品定价的目标。
　　旅游产品定价的策略。
　　旅游产品定价的方法。

【学习难点】
　　旅游产品定价的策略和方法。

第一节　旅游产品定价概述

　　旅游产品的定价策略是旅游市场营销组合策略的重要组成部分。由于旅游产品价格相对于其他因素来说灵活性最大，因此旅游产品价格制定得合适与否及其策略运用得恰当与否，既直接牵动着旅游消费者的切身利益，又密切关系着旅游企业市场营销的成功与否和经济利益。因此，对旅游产品进行科学、合理、灵活的定价在旅游市场营销组合策略中占有极其特殊的地位，必须引起旅游企业的高度重视。

一、旅游产品价格的构成

　　一般情况下，旅游产品的价格涉及旅游者在旅游活动中的住宿、餐饮、交通、娱乐、购物等多个环节，在这些环节中，其价格都是由成本和盈利两部分组成的。用于交换的旅游产品主要是以两种形式存在：单项旅游产品和线路旅游产品。

　　单项旅游产品的价格构成包括物化劳动耗费的价值、活劳动耗费的补偿价值和经营管理部分。旅游产品盈利是从业人员以社会劳动新创造的价值部分。线路旅游产品的价格构成中的购进成本为旅行社在组合旅游产品时用于购买各项旅游产品的费用之和。经营成本包括旅行社自身经营过程中的各种成本。利润是旅游产品价格减去营业成本的余额，或旅游产品价格减去所有费用后的余额。费用一般由房费、综合服务费、文娱活动费、标准餐饮费、城市间交通费、专项附加费等几项组成。

二、旅游产品价格的形式

从旅游者和旅游企业这两个不同的角度，可将旅游产品分为整体旅游产品和单项旅游产品。旅游者在旅游过程中可根据自己的需要选择购买整体旅游产品或单项旅游产品。旅游产品价格表现形式具体如下。

（一）旅游产品包价

在旅游活动中，旅游者通过旅游产品零售商购买的满足其全部旅游活动所需的旅游产品（包括交通、住宿、餐饮、景点及其他设施和服务中的两个或两个以上要素所构成的产品）的价格称为旅游包价，它等于这些旅游产品单价之和再加上旅游零售商、批发商自身经营的成本和利润。旅游包价一般以统一公布的价格面向一般公众进行营销，借助于印刷品或其他媒介加以描述。

（二）旅游产品单价

旅游产品单价是指旅游者直接与旅游产品的生产者接触，采取零星购买、多次购买的方式，每次购买的只是一个整体旅游产品中的各个单项要素，这种旅游产品的价格称为旅游单价。例如，旅游者单独购买的车船票的价格、餐饮产品的价格、酒店客房的价格等，都属于旅游产品单价。

除上述两种基本旅游产品价格表现形式以外，旅游企业为了扩大对旅游产品的需求量、刺激消费，通常还会在一般旅游产品价格的基础上采取一些特殊的旅游产品价格表现形式。

（三）旅游产品差价

旅游产品差价是指同种旅游产品由于在时间、地点或其他方面的不同而导致的不同价格。因为旅游企业提供的旅游产品和消费者的需求往往会在时间、空间及其他诸多因素上存在较大的偏差（如地区偏差、季节偏差、质量偏差、机会偏差和批零偏差），故而旅游企业往往利用旅游差价来调节旅游市场供求关系，以更好地满足消费者的不同需要。

（四）旅游产品优惠价

旅游产品优惠价是指在旅游产品基本价格的基础上，给予消费者一定的折扣和优惠价格。这种折扣和优惠价格主要有对象优惠价、常客优惠价、支付优惠价和购买量优惠价等。旅游企业实行旅游优惠价，是为了吸引更多的消费者购买旅游产品，争取客源市场，使旅游产品的业务量保持相对稳定。

上述后两种旅游产品价格是旅游产品价格的特殊形式，在旅游市场营销活动中，为了主动地适应市场的供求关系和有针对性地开展市场营销活动，旅游企业常常把上述两种旅游产品价格的特殊形式作为价格调整的策略和措施。

三、旅游产品定价过程

旅游产品价格制定的步骤见图 8-1。

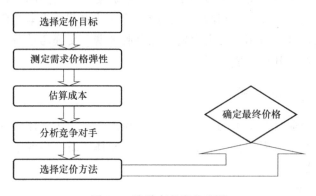

图 8-1　旅游产品定价步骤

（一）选择定价目标

一个企业对自身的目标掌握得越清楚，制定价格就越容易。一个企业通过定价来追求以下六个主要目标：生存、最大当期利润、最高当期收入、最高销售增长、最大化的市场长期利润和产品 – 质量领先。

（二）确定需求价格弹性

首先，分析影响价格敏感度的因素。其次，估计需求线，有两种方法：①使用统计方法分析过去的价格、销售数量和其他因素的数据，估算它们的关系；②询问购买者在不同的价格水平会购买的产品数量，进而建立需求预测模型。最后，分析产品需求的弹性。需求受价格和收入变动的影响，因价格与收入等因素而引起的需求的相应变动率，称为需求弹性。需求弹性分为需求的收入弹性、价格弹性和交叉弹性。需求曲线是向下的。需求的价格弹性反映需求量对价格的敏感程度，以需求变动的百分比与价格变动的百分比之比值来计算，即价格变动1%会使需求变动百分之几。需求的交叉弹性是指产品线中的某一个产品项目很可能是其他产品的替代品或互补品，同时，一项产品的价格变动往往会影响其他产品项目销售量的变动，两者之间存在着需求的交叉弹性。

（三）估算成本

除了了解旅游产品的大众购买力以外，企业本身也要考虑盈利以及投入再生产的需要。因此，企业也需要估计旅游产品的成本。只有处在成本之上和顾客接受价格之间的旅游产品价格，才能使旅游企业与大众同时获得满足，从而实现交易。

（四）分析竞争对手

在由市场需求和成本所决定的可能的价格范围内，竞争者的成本、价格和可能对价格做出的反应也在影响企业制定价格。通过比较，若旅游企业的旅游产品优于对手，价格可以稍高；如果产品类似，则旅游产品价格也要大致相当；如果旅游产品不如竞争者，则价格要低一些，并对旅游产品做进一步的改进和完善。

（五）选择定价方法和策略

应该按照客观规律的要求确定旅游产品的价格，在全面、准确的调查和预测的基础上，运用科学的方法确定价格，使旅游产品的价格水平与市场的需求相吻合。但是，由于旅游市场中存在竞争者，旅游消费者的需要千差万别以及价格较灵活，因此旅游企业在定价过程中必须注意价格策略，充分考虑竞争者和消费者的心理、市场的差异、需求的差别，使得定价既能与企业的其他营销工作相配合，为企业的全面发展创造良好的环境和条件，又能充分体现出定价工作的科学性、艺术性和技巧性，从而增进旅游者对旅游产品或服务价格的理解和偏爱。

（六）确定最终价格

旅游企业在综合考虑旅游产品市场竞争力、旅游者的心理感受以及供应商、营销人员的态度、竞争对手可能做出的反应、政府有关价格法律法规的限制以及行业自律组织的约束后，就可运用适当的价格策略确定旅游产品的最终价格。

四、旅游产品定价机制和目标

旅游产品在被推向市场后，价格并非就此一成不变。旅游企业还需要根据市场的不断变化调整旅游产品的价格，决定调整方向和幅度的就是市场的供求状况。一般来说，市场上旅游产品的供给状况波动不大，而需求状况则受多种因素的影响，弹性较大，比较脆弱、敏感，这些因素包括季节因素、突发事件、政治因素、经济因素等，尤其是某些突发事件对旅游需求的影响往往是致命的。供需双方共同作用于价格，供过于求的旅游产品价格较低，旅游经营者通常通过降低价格或其他价格措施来抢占市场扩大销量；而供不应求的旅游产品则价格较高。

（一）旅游产品定价机制

1. 旅游产品价值量决定供给价格

（1）旅游服务所借助的设施的价值量，由凝结于其中的社会必要劳动时间决定。

（2）旅游服务价值量与服务中支出的抽象劳动（社会必要劳动时间）有密切关系，但二者并不必然成正比。前者的高低与服务质量成正比。

（3）旅游吸引物中那些非独一无二的人造景观的价值量由投入的物化劳动和活劳动量来决定。

（4）旅游吸引物中的历史遗产、文物古迹、风俗习惯、文化观念等的价值则由其特有的历史价值、社会价值和垄断地位所决定。根据以上因素确定的价格是旅游经营者可以接受的价格，称为供给价格。

2. 旅游供求关系决定需求价格

需求价格是指消费者在一定时期内对一定量产品所愿意和能够支付的价格。而在产品价值一定的情况下，供求关系是影响旅游产品价格最重要的因素。

3. 旅游市场竞争决定成交价格

旅游市场竞争是指旅游产品供给者之间、旅游产品需求者之间以及供需双方之间为了获得经济利益，在市场上进行的抗衡或较量。它是价值规律、供求规律的特殊表现形式。在供给者之间的竞争中，市场成交价格实现在较低水平上；在需求者之间的竞争中，市场成交价格实现在较高水平上；供求双方的力量对比最终决定成交价格的高低。

4. 政府的经济政策调节着旅游产品的成交价格

政府政策的必要性在于市场机制的局限性，如价格政策、税收政策、金融政策都会影响旅游产品价格。

(二) 旅游产品定价目标

1. 获取理想利润目标

获取理想利润目标是指旅游企业把制定较高的价格并迅速获取最大利润作为定价目标。一般而言，其旅游产品或服务处于有利地位的企业常可能这样做，但由于旅游消费者的不认可、竞争者的加入以及替代产品的出现等原因，旅游企业的某种有利地位可能难以保持，最终造成旅游产品的高价最终回落到正常水平。旅游企业的定价目标既要考虑长期的理想利润，又要兼顾短期的理想利润，因为企业追求长期利润的目标会促使其不断提高技术水平、改善经营管理，对企业和旅游消费者都有利。因此，企业还是应把产品的价格定到合适的水平，如果企业只顾眼前利益，盲目追求高价格、高利润，必将会损害企业的信誉，进而影响发展，最终可能直接影响企业短期利润的实现。

2. 取得适当投资利润率目标

取得适当投资利润率目标是指旅游企业通过定价，在一定时间内使旅游产品的价格有利于企业的投资，获取一定的投资报酬水平。采用这种定价目标的旅游企业，一般是根据投资额所规定的利润率计算出各单位旅游产品的利润额，然后再加上产品的成本，就等于该产品的出售价格。企业只有具备较强的实力，其产品又是畅销产品，且具有较强的竞争力，才可以采用这种定价目标。应注意的是，企业预期的利润率应该稍高于（但又不能太高）同期银行的存款利率，以确保预期投资利润的实现。

3. 维护或提高市场占有率目标

维护或提高市场占有率目标是指旅游企业从占领旅游市场的角度来制定旅游产品的价格。由于价格在很大程度上受市场占有率高低的影响，一般来说，为了维持和提高市场占有率，常采用低价格策略。追求市场占有率比追求投资利润率更重要，因为一个企业市场占有率的高低，最能反映出该企业在经营方面的竞争能力以及企业的产品在市场上的地位和企业长期经营效果的趋向。但在采用这种定价目标时一定要量力而行，因为低价策略可能会造成旅游者需求量的急剧增加，如果企业没有充足的产品或服务供应，势必将导致潜在竞争者乘虚而入，严重时甚至会导致自己被挤出市场。

4. 稳定市场价格目标

稳定市场价格目标是指旅游企业为了保护自己，避免不必要的价格竞争，牢固地占有市场，在市场竞争和产品供求关系较为正常的情况下，以稳定的价格来获取合理的利润。因为企业都懂得，激烈的价格竞争常常导致两败俱伤，从短期看有可能会给消费者带来眼前的好处，但是破坏了正常的市场秩序和产品供求格局；从长期来看，低价必然会带来产品的低质量和低信誉，最终受损害的还是旅游产品消费者。因此，竞争者应该默契地制定较为稳定的价格，避免不正常的"价格战"，这样，市场中其他企业的价格也往往会自然地与实力雄厚或市场占有率最大的企业所定的价格保持一致。

5. 应付与防止竞争目标

应付与防止竞争目标是指旅游企业完全为了竞争的需要而制定本企业旅游产品的价格，一般是把在旅游市场中起决定性作用的同行企业的产品价格作为定价的基准。若本旅游企业实力较弱，则本企业的产品价格应与竞争者价格相同或略低于竞争者。若本旅游企业实力较强、又想提高市场占有率，则企业的产品的价格应低于竞争者的价格。若本旅游企业资产雄厚，并拥有特殊产品或产品品质能为旅游消费者提供较多的服务，则企业产品的价格可高于竞争者的价格。如果为了防止别人加入同类旅游产品或服务的竞争，那么企业一开始就应把产品的价格定得很低。

第二节 影响旅游产品定价的因素

旅游企业在制定旅游产品价格时，要考虑企业内部和外部两方面的因素，内部因素主要包括产品的成本、企业的战略和定位、企业的目标、组织方面的因素；外部因素包括消费者的特点、旅游市场条件、替代品状况、竞争者的价格和产品以及其他因素。

一、内部因素

（一）企业形象和定位

价格应该与公司的总体形象和定位相一致。例如，一个定位奢华的旅游企业，应该将价格设置在平均水准以上；一个强调经济划算的旅游企业则应该采取相反的策略。企业希望在市场中取得何种位置，扮演什么样的角色，给消费者留下什么样的印象，企业的产品定位如何，在企业发展、市场份额和投资回报方面的预期等，这些战略问题都是影响旅游企业为产品定价的重要因素，企业定价时应把这些因素与企业的长远发展战略综合起来考虑，给旅游产品确定一个合适的价位。

（二）营销目标

企业应以其既定的短、中、长期发展的目标作为定价参考，企业处在不同的时期会有不同的营销目标。这些目标有：①利润目标，如近期利润最大化还是长期利润最大化；②市场份额目标，如市场领跑者还是市场追随者；③销量目标，在某一时段内达到某一销量水平等。在不同目标的支配下，企业应有相应的价格决策体系来配合企业整体目标的实现。针对不同的营销目标，企业应该采取不同的价格策略。例如，为了保持或扩大市场占有率，企业通常采用低价策略，因为低价容易被消费者所接受；以维持企业生存为目标的营销，产品的价格通常与产品的成本相一致。

（三）成本因素

成本是企业产品定价的基础。产品的价格只有高于产品的单位成本时，企业才能盈利。从经济学的角度讲，成本通常包括变动成本和固定成本两部分。

旅游产品的成本包括产品的生产、销售及其他企业需要负担的成本。旅游产品成本可分为两种形式：固定成本与可变成本，固定成本是指那些不随着生产或销售水平的变化而变化的成本。变动成本是随着生产或销售水平变化而变化的成本，如旅游商品或餐饮产品的原材料、客房中的低值易耗品等，都属于可变成本，因为它们的多少直接取决于生产或销售的产品数量。

旅游产品作为服务性产品，一般有高固定成本和低变动成本的特点，特别是在酒店和航空公司这样的企业中。一家酒店在客房出售率为10%时所支付的费用并不比在70%时低多少；同样，一架飞机的满预订比50%的座位预订所花费的飞行成本也不会高出多少。当然，在一些非正常的竞争环境下，企业对产品的定价并不一定能如实反映产品的成本。

(四) 非价格竞争策略

单纯的价格竞争是最原始也是最无效的竞争手段，现代竞争早已从单纯的价格竞争进入了价格竞争与质量竞争、特色竞争和文化竞争融为一体的全方位竞争。回溯全球市场经济发展的历史，营销本身就是供大于求的产物，它要求企业从满足顾客需求出发去研究非价格的竞争策略。例如，通过产品和服务的差异化形成特色优势；提高服务质量，注重服务细节；在完善规范化服务的基础上发展个性化服务。

(五) 组织方面的因素

企业的规模、组织结构、管理方式不同也会对价格的制定产生一定的影响。例如，在一些大的公司或集团，价格通常由公司的一个部门来制定，一些公司甚至设立了专门的收益管理部门来负责价格的制定及其他相关事宜的协调；而在一些小型的企业或经营单位中，确定价格的通常是最高管理层或最高管理者。

二、外部因素

(一) 目标市场因素

1. 客户的特征

消费者需求特点也很大程度上影响着旅游产品价格的高低。有些消费者对价格较为敏感，很小的价格变化都会促使他们立刻做出反应；而另一些消费者则不同，即使在常用消费品价格发生较大变化时也不会改变自己的购买习惯。因此，对于不同的消费群体应区别对待，旅游企业可以针对不同的目标市场提供不同的价格水平。

2. 客户需求量

旅游与酒店业服务的大部分需求量都随着季节、月、周、天，甚至是一天的不同时间而明显变化。随时间不同的差别定价策略是旅游行业为了平衡需求量而使用最多的一种工具。例如，城市旅馆中特别的周末价格，非高峰期的飞行费用，以及打折的周末租车价格。

3. 消费者对旅游产品的价值理解

旅游者是否理解以及在多大程度上理解旅游产品的功能、意义等价值内涵也影响着他们是否能接受以及在何种价格水平上能接受该旅游产品。

(二) 竞争因素

最高价格取决于该产品的市场需求，最低价格取决于该产品的成本费用。企业能把这种产品价格在范围内定得多高，取决于竞争者同种产品的价格水平。尽管我们不提倡单独使用竞争性的定价手段，但是没有一个公司在设置价格时不考虑竞争者的价格水平。在制定价格时考虑的竞争因素包括：市场上竞争对手的数目，竞争对手的相对市场占有率，产品相互差异化的程度，市场进入障碍的大小。

当市场上某种旅游产品存在较多相似的替代品时，竞争较为激烈。供给量相对过剩时，旅游企业对此旅游产品的定价没有太多的选择，价格竞争将是其营销策略的一个重要手段。产品的可替代性越强，消费者对价格的需求弹性就越大。反之，某些可替代性较小甚至独一无二的旅游产品会形成某种形式的卖方市场，受竞争者威胁较小时，其制定价格时则受供求影响较小，具有一定的垄断性。

(三) 政府及法律因素

通常政府部门为了保护消费者的利益，维持正常的市场秩序，都会采取一些措施来干预旅游产品价格的制定，一方面防止旅游产品虚高定价牟取暴利；另一方面也限制旅游企业之间过度的价格竞争以维持市场秩序。因此，旅游企业在定价时也需考虑这方面的因素。

世界各国政府对价格的干预和控制是普遍存在的，只是干预与控制的程度不同。随着我国市场经济的发展，政府对价格的干预程度趋向更低。另外，通货膨胀情况、国际货币币值和汇率等也会对旅游产品，特别是国际旅游市场产品的定价产生影响。

（四）市场供求状况

产品的价格由价值决定，但也会随着市场供求关系的变化而围绕着价值上下波动。旅游产品也同样适合这一价值规律。旅游产品被推出市场后，旅游企业应根据市场的供求状况适时地调整其价格：当供过于求时，旅游经营者应通过降价或者其他价格手段来抢占市场空间；当供不应求时，可以适当地抬高产品的价格。因此经常可以看到，在旅游旺季时，旅游产品价格都呈上涨的趋势；而在旅游淡季，旅游产品价格都有所下降，这其实是旅游产品的价格受供求关系影响的结果。

第三节 旅游产品定价的方法

在实际工作中，旅游企业的定价方法多种多样。旅游企业为了在目标市场上实现既定的定价目标，要从诸多的定价方法中选择适当的方法。一般来讲，无论采用何种定价方法，旅游企业都必须分析市场需求、产品成本和竞争状况。由于决定和影响企业定价的因素很多，根据定价时考虑因素的侧重不同，因此旅游企业的定价方法可分为成本导向定价法、需求导向定价法和竞争导向定价法等。

一、成本导向定价法

（一）成本加成定价法

成本加成定价法就是在产品的成本之上加上适当的加成百分比进行定价，在旅游企业市场营销中主要用于制定旅行社产品、餐厅食品和饮料等产品的价格。这种定价方法简单易行，容易操作。但这种定价法只考虑到产品中的成本因素，而忽略了市场需求、竞争、消费者的心理等因素对价格的影响，因而是一种较为理想化的定价方法，是典型的生产导向型观念的产物，在市场环境及生产成本变动较大的情况下不能使旅游企业获得最佳的经济效益，因而难以适用。

成本加成定价法在具体应用中可以分为总成本加成定价法和变动成本加成定价法两种方法。

1. 总成本加成定价法

在不考虑税率的条件下，单位产品价格的计算公式为

$$单位产品价格 = 单位产品成本 \times (1 + 成本利润率)$$

例如，某饮料的单位成本为 2 元，成本利润率为 20%，则

$$单价 = 2 \times (1 + 20\%) = 2.40(元)$$

在考虑税率的情况下，单位产品价格的计算公式为

$$单位产品价格 = \frac{单位产品成本 \times (1 + 成本利润率)}{1 - 营业税率}$$

在旅游产品单位成本一定的条件下，制定旅游产品价格的关键在于确定成本利润率。

例如，某宾馆有客房600间，全部客房年度固定成本总额为3000万元，单位变动成本为80元/（间·天），预计全年客房出售率为70%，成本利润率为30%，营业税率为5%，试求客房的价格P（一年按360天计算）。

解

$$P = \{30\,000\,000 + (80 \times 600 \times 360 \times 70\%) \times (1 + 30\%)\} \div$$
$$\{(1 - 5\%) \times 600 \times 360 \times 70\%\} \approx 381(元)$$

2. 变动成本加成定价法

变动成本加成定价法又称边际贡献定价法，也就是旅游企业根据单位产品的变动成本来制定产品的价格，制定出来的价格只要高于单位产品的变动成本，企业就可以继续生产和销售，否则就应停产、停销。单位产品价格的计算公式为

$$单位产品边际贡献 = 销售单价 - 单位产品变动成本$$
$$单位产品价格 = 单位产品变动成本 + 单位产品边际贡献$$

例如，一间客房房价成本价为100元/天，其成本构成为固定成本60元，变动成本40元，如不得已销售价降为90元/天，卖则亏10元/天，还有边际贡献50元；不卖则亏60元/天，故还是卖为好，企业还是选择继续经营。但是，如果售价低于40元/天，则不卖为好，企业就应该停止营业。

因此，可以说变动成本加成定价法是指保证旅游产品的边际贡献大于零的定价方法，即旅游产品的单价大于单位变动成本的定价方法。

（二）目标收益定价法

目标收益定价法力求企业带来适当利润以弥补投资成本。

其公式为

$$产品价格 = \frac{总成本 + 目标利润}{预期销售量}$$

目标收益定价法在旅游企业尤其是酒店业中应用广泛，它同时考虑了投资消费水平、收入、利润等因素。但是，由于其未考虑价格与销售量之间的关系，而是通过预测的销售量反过来推算价格，因此这种方法确定的价格并不一定能保证销售量的实现，采用目标收益定价法要结合保本图（亦称盈亏平衡图），它能显示在不同的销量水平上，预期的总成本、收入和利润。

如图8-2所示，假设某旅游产品的固定成本为50万元，变动成本为50元/每单位，当企业预计销售1万件时，

$$保本单价 = (50\,000 + 50 \times 10\,000) \div 10\,000 = 55(元)$$

当以100元的价格销售1.5万件时，

$$获利 = 150 - (50 + 1.5 \times 50) = 25(万元)$$

若预计利润10万元，销售仍为50万元，销量仍为1万件，则

$$单价 = (50 + 50 + 10) \div 1 = 110(元)$$

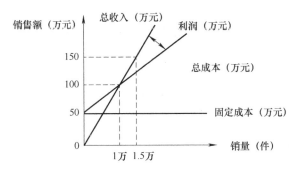

图 8-2 目标收益定价法

销售量目标收益法是酒店常用的定价方法。酒店业中常用的定价方法还有千分之一法和赫伯特公式法，主要用来制定酒店的客房价格、菜肴价格。

1. 千分之一法

用千分之一法计算每间客房的平均售价：

$$每间客房的平均售价 = \frac{建造总成本 / 客房总数}{1000}$$

例如，某酒店总造价 4000 万元，有客房 200 间，则每间客房价格为多少？

解：

$$每间客房的房价 = (40\,000\,000 \div 200) \div 1000 = 200(元)$$

按这一经验公式要求，酒店要有一定比例的举债和产权，并且在计划期内债务数额不变，酒店经营的其他产品，如餐饮产品，需达到一定比例的利润等，否则应用千分之一法就很难制定出合理的房价。另外，千分之一法存在着明显的应用局限性，主要就在于旅游目的地一般物价上涨较快，而此方法把当前产品的价格与过去的建筑费用联系在一起，显然没有对旅游企业的运行费用和机会收益进行估计，因而往往在就只能作为简便、粗略的产品定价方法。

2. 赫伯特公式法

用赫伯特公式法计算平均房价

$$计划平均房价 = \frac{年客房预计销售额}{可供出租客房数 \times 预计出租率 \times 年天数}$$

其中

$$年客房预计销售额 = 酒店总投资额 \times 目标投资回收率 + 企业管理费 + 客房经营费用 - 客房以外其他部门经营利润$$

例如，某酒店有客房 120 间，全年营业费用为 268 万元，税收和保险费为 356 400 元，折旧费为 1 484 000 元，合理投资收益额为 2 158 000 元，客房以外其他部门的经营利润为 96 万元，预计年均出售率为 70%。试计算平均房价（一年按 360 天计算）。

解：

$$P = \{2\,158\,000 + 2\,680\,000 + 356\,400 + 1\,484\,000 - 960\,000\} \div (120 \times 360 \times 70\%) = 189(元)$$

（三）盈亏平衡定价法

盈亏平衡定价法又称收支平衡定价法。这种定价法以保本点的总成本为依据来确定产品的定价。它以盈亏分界点的总成本为依据来确定产品价格，这种方法比上述两种方法更加重视总成本的必要补偿和盈利,但很少考虑竞争情况和市场需求情况。它是企业对各种定价方案进行比较选择的参考标准:高于它则可赚钱,低于它则会亏本。相关公式为

$$产品售价 = \frac{固定成本 + 预期利润总额}{销售数量} + 单位变动成本$$

此种定价法的关键是要预测出市场的保本销售量,如果预测出的销售量不准确,可能对企业的经营效益造成影响。

二、需求导向定价法

(一) 理解价值定价法

理解价值定价法认为,顾客在购买某一产品和服务之前,基于从产品的广告、宣传所得到的信息及自身的想象,对产品价值有一个自己的认知和理解。定价的关键是顾客对价值的认知,而不是制造商或分销商的成本。营销者利用市场营销组合中的非价格变量,在购买者心中确立认知价值;制定的价格必须符合认知价值。认知价值定价较好地体现了产品定位的思想。

理解价值也叫感受价值、认知价值,是消费者对商品的主观价值判断。消费者对产品的理解价值会影响他们的购买决策。如果产品的价格与他们的理解价值相符,他们往往会做出购买的决定;若二者不相符,消费者则会拒绝购买。因此,要成功地运用这种定价方法,就要准确估算消费者对产品的理解价值,然后制定出与之相符的价格。

(二) 需求差异定价法

需求差异定价法是指旅游企业可以对不同的顾客、不同的时间和地点,依据基本价格而确定不同的价格。这种定价方法不是基于成本的定价,而是根据不同时间、地点以及不同顾客的需求状况来确定价格。例如同一档次的客房,在淡季和旺季时价格会有很大的差别。商务旅游者和老年旅游者在购买同一档次的旅游产品时,价格也会有区别,因为商务旅游者时间紧张,他们要求按照他们的时间表来购买产品,所以往往购买的产品价格较高;而老年旅游者时间充裕,可以由旅游公司自行安排时间合适的产品,因此产品价格往往相对较低。差异定价的具体形式有:顾客差异定价、产品形式差异定价、产品形象差异定价、销售地点差异定价、销售时间差异定价。

差异定价的条件有:①市场必须是可以细分的,各个细分市场表现出不同的需求程度;②以较低价格购买某种产品的顾客不会以较高价格转卖给他人;③竞争对手不可能在企业以较高价格销售商品的市场上以低价竞销;④细分市场和控制市场的成本不得超过实行差异定价所得的额外收入;⑤不会引起顾客的厌恶和不满。

三、竞争导向定价法

在竞争激烈的旅游行业中,旅游企业的定价常常不得不以应付竞争为目标,竞争迫使各个旅游企业必须使用同样或近似的价格。这种定价方法就是根据市场的竞争状况,为了打败竞争对手,以竞争对手的价格为基础而进行的定价。常采用以下三种定价方法。

(一) 率先定价法

率先定价法是指旅游企业采取率先定价的姿态,制定出符合市场需求的价格,并能在竞争激烈的市场中获得良好经济效益的方法。采用这种定价方法的旅游企业一般在某个区域内

具有较强的规模与实力，在竞争中处于主动地位，它所制定的价格会成为其他企业制定价格的基础。

（二）随行就市法

随行就市法是中小企业为了适应竞争激烈的环境，为了维持企业生存而采用的一种价格策略。当行业中有少数企业处于垄断地位，在价格上起着领袖的作用时，各个中小企业为了应付竞争只得尾随其后，根据他们的价格制定出自己产品的价格。例如，一些中小型旅行社为了生存，通常采用这种定价方法。采用这种定价法，可以保持本行业价格的相对稳定，也可以尽量避免恶性价格竞争。

（三）密封投标定价法

投标定价法主要用于投标交易方式。投标价格是投标企业根据对竞争者的报价估计确定的，而不是按企业自己的成本费用或市场需求来制定的。企业参加投标的目的是希望中标，因此它的报价应低于竞争对手的报价。这种方法适用于基建工程或成套设备的购置及集团采购。

【知识拓展】

酒店竞争导向定价分析

竞争导向定价在定价时主要以竞争对手的价格为考虑因素，价格与成本高低并无绝对关系。此策略中采用最普遍的是追随定价法。之所以普遍，主要是因为许多酒店对于顾客和竞争者的反应难以做出准确的估计，自己也难以制定出合理的价格，于是追随竞争者的价格，你高我也高，你低我也低。在高度竞争的同一产品市场上，消费者，特别是大客户旅行社对酒店的行情了如指掌，价格稍有出入，顾客就会涌向价廉的酒店。因此一家酒店跌价，其他酒店也追随其跌价，否则便要失去一定的市场份额。对于一个产品（客房）不能储存的行业来说，竞争者之间的相互制约关系表现得特别突出。相反，竞争对手提高价格，也会促使酒店做出涨价的决策，以获得较高的经济效益。

在酒店市场上，一些有名望、市场占有率高的酒店往往左右着酒店价格水平的波动，在一些酒店集团多少有点垄断性的市场上，它们的价格决策往往影响更大（价格领袖）。精明的酒店营销人员在激烈的竞争中，眼睛要时时盯着别人的，特别是竞争对手的，以及对市场价格起着主导作用的酒店的动向。

但竞争导向定价也不能违背国家旅游局的有关政策，酒店与旅行社签订的合同价格不得低于物价、旅游部门核定的最低限价。

第四节 旅游产品定价策略

旅游产品的定价，需要以科学的理论和方法做指导，同时由于竞争和旅游消费者的需要，还必须有高明的定价策略和技巧，从而根据旅游市场的不同情况有针对性地实现企业的营销目标。一般来说，旅游企业在确定旅游产品的价格时，主要采用新产品定价策略、心理定价策略、折扣定价策略、招徕定价策略和区分需求定价策略等。

一、新产品定价策略

（一）撇脂定价策略

撇脂定价是指在新产品刚进入市场时采取的高价投放以获得相对高额利润的策略。因为大量的旅行社产品都大同小异，采用这种策略具有极大的风险，因此一般不宜采用这种定价策略。撇脂定价策略作为一种短期的价格策略，适用于具有独特的技术、不易仿制、生产能力不容易迅速扩大等特点的新的旅游产品，利用消费者求新、求奇、求特的心理，迎合市场上高消费或时尚性的要求。

例如，若某地只有一家旅行社具有出境旅游组团资格，这在某种程度上就形成了对该地区出境旅游市场的垄断经营，则该旅行社就可对其出境旅游线路产品制定一个相对的高价，以获取较高利润。当然，价格也不能过高，因为旅游者有可能因此在市场中寻找相似的旅游替代产品。

（二）渗透定价策略

渗透定价策略是低价投放市场，以增加销量、开拓市场、排斥竞争对手、取得较大市场份额，这一点要求旅行社有足够的接待能力且市场对价格较为敏感。而实际上，目前我国旅游行业的价格竞争已经相当激烈，大多数旅游产品的降价空间已经很小，旅行社如果没有相当的规模和成本优势而贸然采用此策略，将非常危险。渗透价格策略作为旅游企业的一种长期价格策略，往往适用于能尽快大批量生产、特点不太突出、易仿制、技术简单的新产品，如旅行社的观光旅游类产品、低星级酒店的客房产品等。

（三）满意定价策略

满意定价策略是一种折中的价格策略，它吸取上述两种定价策略的长处，采取比撇脂价格低但比渗透价格高的适中价格。其方法是先做期望价格调查和预测，根据消费者对新产品所期望的支付价格来定价。这种定价策略既能保证旅游企业获取一定的初期利润，又考虑了消费者的购买能力和购买心理，能够增强旅游消费者的购买信心，使消费者比较满意这种价格标准，因此被称为满意价格策略，有时也被称为"温和价格"策略或"君子价格"策略。

二、心理定价策略

（一）尾数定价策略

尾数定价策略是给旅游产品定一个非整数价格，由于旅游消费者一般认为整数定价是概括性定价，这种定价是有水分的，是不准确的；而非整数定价则会使消费者认为是经过精确计算的最低价格，其价格对消费者是认真负责的、是合理的，因此，即便产品定价稍高消费者也不觉得太贵。因为世界各地的消费者有不同的风俗和消费习惯，所以不同的数字在不同国家和地区代表着不同的含义。如我国较多地利用6、8或9作为尾数，因为中国消费者普遍认为6、8和9是表示吉祥的数字："6"代表"顺"；"8"的谐音是"发"，有"兴旺发达"之意；"9"被认为是"好事长久"。

同时，非整数定价策略可以使消费者产生价格偏低的心理感觉，如认为98元和99元是几十元，而101元则是100多元。另外，非整数定价容易使消费者产生价格下降的心理错觉。

需要注意的是，在利用尾数定价策略时，要尽可能使价格保持在某一范围内，因为消费者常把某一价格范围看作是一个档次,如把 0.86~1.39 元视为 1 元,把 1.40~1.79 元视为 1.50 元等。如果旅游产品调价以后,价格仍在原来的价格范围之内,就不容易为消费者所感知,那么调价也就起不到应有的作用;另外,产品的调价频率不宜过快,幅度不宜过大,否则会引起消费者的反感;再有,提供的系列产品差价不应过大,要给旅游者留下价格合理的感觉。

(二) 整数定价策略

整数定价策略是指旅游企业在定价时,采用合零凑数的方法,制定整数价格,这也是针对消费者心理状态,对高档、名牌和耐用消费品的定价策略。主要用于高档产品,如豪华客房、总统套房等,为满足一些特殊层次的消费者,价格应尽量凑足位数,如 800~900 元不如 1000 元给人的感觉高档,因为前者是百元,后者是千元,档次不同。

针对旅游消费者"价高质必优"的心理,根据产品或服务在旅游消费者心目中的声望高于其他同类产品或服务而采用高价政策。声望定价就是企业利用消费者仰慕名牌名店的心理为产品制定价格,故意把价格定成整数或高价。对于质量不易鉴别的商品,可采用这种定价方法,因为消费者有崇尚名牌的心理,往往以价格判断质量,认为高价格代表高质量。旅游商品中的工艺品、星级酒店的高级客房等,通常都用声望定价。

(三) 差别定价策略

1. 地理差价策略

为了调剂不同地区的旅游供求关系,就要采用地区差别定价来吸引游客。

2. 时间差价策略

对相同的产品,按需求的时间不同而制定不同的价格,如受季节变化影响的差价。

3. 质量、样式差价策略

高质量的产品包含着较多的社会必要劳动量,应该实行优质优价。

4. 批零差价

批零差价是指同种旅游产品,由于销售方式不同所引起的价格差别。例如,旅游批发商和零售商的价格是有区别的。

5. 顾客细分定价

从收益管理的角度考虑定价。收益管理也称作营业收入管理,是指根据市场需求量,为各个细分市场合理地安排服务设施,制定合理的价格;在适当的时间安排适当的价格,向适当的细分市场销售适当数量的产品和服务,以最大限度地提高营业收入。

实行差别定价必须满足如下条件。

(1) 市场必须能够细分,而且这些细分市场要显示不同的需求程度。

(2) 低价细分市场的人员不得将产品转手或转销给高价的细分市场。

(3) 在高价的细分市场中,竞争者无法以低于公司的价格出售商品。

(4) 细分和控制市场的费用不应超过差别定价所得的额外收入。

(5) 实践这种定价法不应该引起顾客的反感和敌意。

(6) 差别定价的特定形式不应是非法的。

三、折扣定价策略

旅游产品或服务的基本标价不变,而通过调整实际销售价格,把一部分价格转让给购买者，鼓励旅游者大量购买、及早购买、用现款购买自己的产品或服务的价格策略。也就是利用消费者对低于一般市价的产品感兴趣的心理，用低价、减价的办法吸引消费者，借机扩大销售、打开销路，因此又称"特价品"策略。

（一）现金折扣

现金折扣又称付款期限折扣，也就是指对现金交易、按期或提前付款的旅游产品或服务购买者给予一定的价格折扣，其目的是鼓励买方早付款，以利于企业尽快收回货款，加速资金周转，减少贷款利息负担。

这是针对付款迅速的消费者所给予的一种折扣。比如客房在成交后 10 天内付款，就可得到 1% 的现金折扣；在 20 天内付款，就可得到 0.5% 的折扣。采用这种办法的目的是改善酒店的资金周转状况，减少呆账损失，降低收款费用。

（二）数量折扣

数量折扣是指旅游企业为了鼓励旅游消费者大量购买或多次购买本企业的旅游产品或服务，根据所购买的数量给予产品购买者一定的折扣。

1. 总量折扣

当消费者所购买的旅游产品或服务的总量超过一定数额时，旅游企业将会按购买总量给予消费者一定的价格折扣。

2. 一次折扣

一次折扣是指购买者每次购买达到一定数量或购买多种产品达到一定的金额时所给予的价格折扣，一次性购买数量越多，折扣就越大。

（三）季节折扣

季节折扣是指，旅游企业为了适应旅游产品季节性强、销售波动大的特点而采取的在淡季时给予旅游消费者的折扣优惠，即利用淡季给予买方特别优惠价格，以刺激需求。酒店产品的不可储存性迫使酒店想方设法刺激淡季需求，而折扣可能是最有效、最直接的办法。比如有关部门制定了一个旅游黄金周酒店客房优惠价格，规定旺季标准间房价优惠 10%，平季优惠 25%，淡季优惠 40%，团队价格可在此基础上再优惠至少 10%。

（四）同业折扣和佣金

同业折扣和佣金也称作功能性折扣，是指旅游产品或服务的生产企业根据各类中间商在市场营销中所担负的不同职责，给予不同的价格折扣。

折扣价格策略只有产品具有价格弹性时才适合采用。如果降低某产品的价格时可以大大提高其销售量的话，可以采用适当的折扣策略来激发消费者的购买欲望。但值得注意的是，折扣价格策略要取得成功，折扣力度必须要大到使消费者确实感觉便宜，也就是降价幅度应刚好引起喜好经济型产品的消费者的注意。

四、招徕定价策略

招徕定价的形式很多，如淡季降价、试营业降价、节庆日降价等。

（一）亏损定价

亏损价格是指旅游企业在自己的旅游产品或服务结构中，有意识地把某些产品或服务的价格定得很低，甚至低于成本而表面上造成亏损，以这种亏损的价格来迎合旅游消费者"求廉"的心态，从而带动和扩大其他产品的销售。这里的亏损是指某方面的亏损，而不是完全的亏损，如旅行社打出低团费的广告来吸引游客，通过扩大客源来弥补损失，但该策略有一定的负面影响。

（二）特殊事件定价

特殊事件定价是指旅游企业利用某些特定节假日、特殊季节、本地区特殊活动的举行、特定事件的发生等机会，适度降低旅游产品或服务的价格以刺激旅游消费者、招徕生意、扩大销售额的一种做法。例如，"五一""十一"等旅游旺季到来前，旅行社往往都会在媒体上大做广告，宣传其产品、价格及优惠措施等。

（三）产品捆绑定价

产品捆绑定价是指企业将两项和多项产品捆绑组合在一起，以低于单项产品价格之和的整体价格出售。例如，酒店所出售的周末特价组合产品（包括客房、食物和娱乐）或提供商业价格（包括早餐和报纸）便属此类。价格捆绑策略可以促销消费者本不想买的产品，但捆绑的价格必须低到能说服顾客购买。追加到核心服务之上的这些产品要能够给顾客一种物超所值的感觉。在一些游船公司、旅游批发商和酒店，产品捆绑定价策略得到了广泛的运用。

（四）产品单独定价

有些顾客可能不喜欢捆绑销售，比如当某位游客在游览某个主题公园时，他可能并不希望游览所有的景点、享用所有的服务设施。对于这些顾客而言，往往希望每项产品单独定价，而不是几项产品捆绑定价。

【知识拓展】

特殊时期的旅游消费券

新冠肺炎疫情给文旅等行业带来了较大影响，为了切实帮助文旅企业渡过难关，激活被抑制的消费需求，3月以来，全国多个省市推出了促消费方案举措，其中最引人瞩目的莫过于发放"旅游消费券"。

3月2日，山东济南开展惠民消费活动，面向景区、旅行社、影院、演艺场所、书店等推出2000万元消费券以拉动文旅消费。目前，和济南市文化惠民消费服务平台签约的商户有130多家，文化惠民消费电子券主要分20元、50元、80元、100元、150元、200元等不同面额，消费者可以通过微信搜索小程序"贴票票"，在线上平台领取消费券，在消费时可以抵扣相应金额。

3月6日，辽宁发布《辽宁省支持文化和旅游企业共渡难关若干政策措施》，鼓励向大众发放惠民文化和旅游消费券，促进文化和旅游市场复苏。其中，辽宁银联与商业银行将共同投入不低于7000万元，给符合条件的企业提供便民优惠活动支持（辽宁银联投入不低于3000万元，各家商业银行投入不低于3000万元，中国银联大连分公司将联合辖内机构投入不少于1000万元用于大连地区的优惠券发放）。

有专家表示，当下发放旅游消费券有利于刺激短期消费回升，在各地实践中则要善于趋利避害，最大限度地发挥其促进消费的积极作用。一是要结合当地实际，综合考虑地方财政的承受能力，科学研判消费券发放的可行性；二是要平衡好各方利益诉求，让市场主体和广大人民群众都能够从中真正受益。

第五节　旅游产品价格调整策略及反应

新产品推出后，为了树立企业产品的声誉，产品的价格应该在一段时间内保持相对的稳定。但企业毕竟处在一个竞争激烈、需求也在不断变化的环境中，为了生存与发展，企业必须适时地对价格进行调整。

一、维持原价

在市场环境虽已改变，但企业本身的市场区隔却未受影响时，企业可维持原价。另外，当企业考虑有必要变动价格，却又不知道应该变动多少，或价格变动是否可能损及产品形象或伤害本公司其他产品时，宁可维持原价。

二、降价策略

企业在面对以下三种情况时通常采用降价策略。
（1）当企业面对强大的竞争压力，市场占有率有下降的趋势时，为了保持市场占有率，企业不得不降价。
（2）企业的生产能力过剩，因而需要扩大销售，但企业又不能通过改进产品和加强销售工作等来扩大销售，在这种情况下，企业就需要考虑降价。
（3）当企业的生产成本比竞争者低时，为了打败竞争者，并迫使潜在竞争者退出，企业往往会发动降价攻势。

降价策略虽然在一定时期内可以帮助企业摆脱困境，但它也会产生一系列的负面影响。例如，有的消费者认为产品降价是因为产品质量上存在着缺陷；也有的消费者认为降价可能是因为企业经营状况不好；甚至还有消费者认为，产品现阶段降价，将来可能还会降价。消费者的所有这些想法，都可能导致他们对企业的信任度降低，让他们决定不再购买，从而影响企业的市场占有率。

三、提价策略

企业提价通常也有其原因。当面对通货膨胀、物价上涨、生产成本大大提高时，企业便不得不考虑提高产品价格。当企业的产品供不应求，不能满足其所有顾客的需求时，企业一般也会提高价格以限制部分顾客的购买。提价可以给消费者传递产品质量上升、成本提高、产品紧俏等信息。尽管提价会引起消费者、经销商和企业推销人员的不满，但成功的提价可以使企业的利润大大增加。

四、价格调整的反应

（一）顾客的反应

面对价格调整，消费者的感知可能是：有新产品出现，目前的产品销售得不好，公司陷入财务困境，质量下降，价格将会继续走低。顾客的常规反应有：产品价格下调，大量、重复购买。而顾客的非常规反应则是：产品价格下调，反而减少购买；产品价格上调，反而增加购买。

(二) 竞争者的反应

对竞争者价格变化，企业在做出反应前必须考虑以下问题。
（1）为什么竞争者变动价格？
（2）是临时还是长期？
（3）如果不做出反应，会怎样？其他企业是否会做出反应？
（4）对于每一种可能发生的反应，竞争者与其他企业的回答很可能是什么？

作为市场领先者，可以做出的反应是：维持原价格，提高被认知的质量，降价，提高价格同时改进质量，推出廉价产品线反击。

目标市场如果是价格非敏感型顾客，企业可以提高价格，并利用适当的促销手段在顾客心目中为本企业产品树立一个高质量、高品质、高档次的产品形象。只要价格提高的幅度能为顾客所接受，并能保持其市场份额，那么提价就是成功的。

【思考题】

1. 旅游产品价格构成是什么？
2. 你认为如何对旅游产品进行理性定价？
3. 成本导向定价法的实质及包含的内容是什么？
4. 某旅游企业在一个著名的风景名胜区新建了一家宾馆，如果你受聘为宾馆的总经理，你如何为宾馆的客房定价？

【案例分析】

新冠肺炎疫情下酒店预售制的效果思考

日前，国家发展改革委等23个部门联合印发了《关于促进消费扩容提质加快形成强大国内市场的实施意见》，各地相继出台了刺激消费的各项举措。相关人士认为，酒店的预售是顺势而为，也是对消费的一种拉动。疫情防控还未结束，也有业者提出了这样的质疑：酒店通过大幅优惠来进行产品预售，牺牲的是未来利润，不过是饮鸩止渴。那么，酒店在现阶段以优惠价格预售产品是否可行？

"活"下去是首要的。所谓"饮鸩止渴"，指的是某一种"作为"短时间内缓解了问题，但长时间后则加剧了问题的严重性。酒店预售虽不是"灵丹妙药"，但肯定不是"饮鸩止渴"，只是特殊时期的一种努力尝试。现在，包括酒店在内的各企业面临的是严峻的生存问题，活下去是首要的，为此所做的一切努力都应该被鼓励。此时不应再用平时的评价标准看问题。预售是提前兑现未来收入，从目前来看是酒店快速增加现金流的主要方法。住宿业预售是经营者与消费者共同认可的模式，按照契约履行是可行的。先把当下的困难应对过去，以后酒店便可以通过提高出租率将现在"让"出去的利润补回来。

在现阶段，酒店预售可适当缓解当前的现金流压力，同时可帮助酒店提前锁定部分未来的生意。酒店当前的一些特殊经营措施如果不是"赔本赚吆喝"，不是简单的降价促销，就是值得鼓励的。疫情发生以来，很多酒店都出现了阶段性市场消费"归零"的情形，而预售是酒店与消费者重新建立联系、形成交流的一种途径，也是酒店营造消费氛围的一种手段。

当前疫情尚未结束，人们多是"宅"家网购，酒店通过网络预售，用价格优惠的产品提前锁定一部分基础客源，为下一步扩大经营提供实际数据，同时可借机增强消费黏性，为酒店全面复工打好市场基础。

预售模式更接地气。对于大部分酒店来说，预售产品并不是简单地拉低价格。为吸引消费者，酒店开始钻研线上销售模式，甚至有一些酒店紧跟潮流，用直播的方式进行产品预售。也有从业者表示，如今通过直播销售产品已经被广大消费者所接受。特别是在疫情防控期间，如何让消费者对产品更心动，更有购买欲望，直播的即视感和带动性远远超过了宣传片。作为传统行业的酒店在此时选择用这样的方式预售产品，除了吸引目光外，也能借此机会更好地展示自己酒店的产品和服务。

预售并非唯一选择。在疫情防控结束后，酒店市场有可能还要经过三个阶段：尝试期、跟随期、爆发期。在尝试期，大多数人对疫情风险仍心有余悸，在消费上持强烈的观望态度，只有少部分意愿较强的客人选择消费，此时的市场需要刺激，而刺激的最佳手段就是预售爆款，即大家都喜欢购买的产品。在跟随期，消费者的信心渐增，消费呈稳步增长态势，这时预售爆款仍然会刺激消费者，因此预售也适用于这个时期。到了爆发期，此时爆款预售不再是酒店的首选，精品预售，即一些在价格上未必优惠但却很有特色的产品，才是提高收益率的最佳选择。

[案例思考]

疫情期间的酒店预售模式是否有效？如何优化？

第九章

旅游营销渠道策略

【学习目标】
  掌握旅游营销渠道的概念、类型及作用。
  掌握旅游营销渠道管理的主要内容。
  了解旅游营销渠道发展趋势。

【学习重点】
  旅游营销渠道的类型。
  旅游营销渠道管理的功能。
  旅游营销渠道选择。

【学习难点】
  旅游营销渠道的选择。
  旅游营销渠道的冲突与竞合。

第一节 旅游营销渠道概述

旅游营销是旅游营销者用一定的方式,以一定的价格,在一定的时间、一定的空间将旅游产品从销售者手中转移到购买者手中。其中,"一定的方式"是指营销渠道问题,由于旅游产品的类型、目标市场的分类等都存在差异,因此各旅游企业所采取的营销渠道策略不尽相同,营销渠道也表现出不同的类型,发挥着重要作用。

一、旅游营销渠道的内涵

(一) 旅游营销渠道的定义

营销渠道是指商品由生产领域向消费领域运动过程中所经历的线路和线路上一切活动的总和。营销渠道的构成包括供应商、生产者、代理中间商、辅助中间商以及最终消费者或用户等,而不包括资源供应商、辅助商,如运输公司、仓储企业、广告代理商等。

旅游营销渠道泛指旅游企业将旅游产品转移至最终消费者手中的途径,或者是指旅游产品从生产者转移到购买者手中所经历的途径或通道。而狭义的旅游营销渠道是指旅游产品或服务从旅游企业向消费者转移过程中，取得旅游产品或服务的所有权（使用权）或帮助转移其所有权（使用权）的所有企业或个人。由于旅游营销渠道是个完整的系统，所要解决的问题是由谁、在什么地方把旅游产品销售出去。在渠道的流程中，就可以明显看到生产者、中间商、旅游者之间的相互关系。

另外，旅游营销渠道起"交付价值"的作用，这里即是指通过旅游营销渠道中的各方主体买卖活动，完成旅游产品从生产者到旅游者的转移，最终实现旅游产品价值。除旅游产品生产者与旅游者面对面的直接营销渠道外，还有通过中间商销售的间接营销渠道。而且，旅游产品营销渠道具有稳定性、协调性、整体性的特征。

（二）旅游营销渠道的属性

1. 旅游营销渠道长度

任何存在的事物都有其特征标志，旅游营销渠道也不例外。它的长度是指旅游产品从生产者到旅游者所经过的中间环节的多少。中间环节的数量不同，渠道的长度也不同。所经过的中间环节越多，渠道就越长；反之，渠道就越短，其中企业直销渠道最短。据此可知，营销渠道就有长渠道和短渠道之分（见表9-1）。

【知识拓展】

表 9-1　短渠道与长渠道的对比

适用条件	短　渠　道	长　渠　道
市场	客源市场相对集中	客源市场分散
	购买数量大	购买数量小
产品	价格较高	价格成本低
	新开辟的旅游线路	常规线路
	需要特殊服务的产品	不需要特殊服务的产品
企业自身	实力雄厚，营销人员素质高	销售能力弱
	资金雄厚，财力充足	缺乏资金，财务不足
	增加的收益能够抵偿销售费用	增加的收入不足以抵偿销售费用

由于旅游产品大多具有不可储存性，今天售出的是今天的价值，明天售出的是明天的价值，如果卖不出去，价值就会全部损失，酒店的客房、旅游交通工具的座位、景点的门票等属这类产品，因此对旅游营销渠道的营销速度有很高的要求。

2. 旅游营销渠道宽度

相对于长度来说，旅游产品营销渠道也有宽度属性，如图9-1所示。宽度是指一个时期内营销网点的数量，包括旅游企业自设的营销网点和旅游中间商的数量。比如，一些规模大的旅游公司的旅游营销网点遍布全球、渠道较宽，而一些小型旅游企业营销网点很少、渠道较窄。

宽渠道适用于一般化、大众性的旅游产品，如观光型、度假型旅游产品；而窄渠道一般用于销售专业性较强的旅游产品，如探险旅游、修学旅游等。

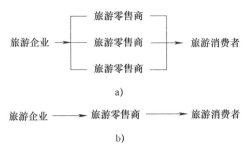

图 9-1 宽、窄旅游营销渠道比较
a) 宽旅游渠道 b) 窄旅游渠道

3. 多渠道与少渠道

渠道的多少是按旅游企业所采用的渠道类型的多少来区分的。少渠道是指旅游企业只通过一条营销渠道便将产品送达目标市场，多渠道则是指企业通过两条以上的营销渠道将产品送达目标市场，如图 9-2 所示。

图 9-2 旅游营销多渠道示意图

但营销渠道是否越多越好呢？一些旅游产品，如容量很大的旅游景点、大规模连锁经营的酒店等，往往是营销渠道越多越好。然而不是所有的旅游产品都是渠道越多越好，有的旅游产品多渠道营销反而得不偿失，如包价的旅游线路，在同一地区选择众多中间商，在竞争条件下，渠道过多会导致大家都难以成团并造成渠道冲突。

(三) 扩充旅游营销渠道的必要性

首先，企业经营规模或生产能力的扩大需要营销渠道来促进销售。其次，企业所在地区内同类企业数量增多，生产和供应能力过剩，导致市场竞争加剧，需要适当扩展原有的营销渠道。再次，企业要实现发展，就需要提高其产品销量。实现产品销量的提高不可能仅仅依赖回头客，更为重要的是要使更多的人成为自己产品的购买者。最后，随着市场范围变化，很多目标市场所在地同企业所在地之间的距离较过去更远，国际旅游市场更是如此，需要借助营销渠道来推广产品。

二、旅游中间商

在旅游营销渠道中，旅游中间商一般是不可缺少的。旅游中间商是指旅游产品从旅游生产企业向旅游者转移过程中所经过的一切取得使用权或协助使用权转移的中介组织和个人。简单地说，旅游中间商是指专门进行旅游产品交易的组织或个人。

(一) 旅游中间商的类型

旅游中间商大致可分为三种：旅游批发商（目前国内所谓组团社即属此类）、旅游零售商（国内所谓接团社属此类）和特殊代理商。特殊代理商内涵极广，如奖励旅游经营商、会议组织者、预订系统及旅游俱乐部等。旅游中间商在市场营销活动中的作用日益明显，根据中间商是否拥有产品所有权，可将其分为旅游经销商和旅游代理商两大类。

1. 旅游经销商

旅游经销商是指通过买卖旅游产品，从买进和卖出的差价中获取利润的中间商，它与旅游生产者共同承担市场风险。旅游经销商主要分为旅游批发商和旅游零售商两类。

（1）旅游批发商。旅游批发商是以批量购进和销售旅游产品为主要业务的经销商。与旅游零售商相比，旅游批发商有以下五个特点：①批量购进和销售；②交易产品一般不直接进入最终消费领域；③交易地域范围广；④交易关系较为稳定；⑤多分布在大型经济中心城市和地区。

（2）旅游零售商。旅游零售商是指把旅游产品直接销售给顾客的中间商。旅游零售商直接与顾客接触，其交易活动是旅游产品流通过程的最后一道环节。零售商在营销渠道中承担着实现旅游产品的价值和反馈信息两项重要职能。

2. 旅游代理商

旅游代理商是受旅游产品生产者的委托，在一定时间、一定地区内代售其产品的中间商。由于不取得产品所有权，旅游代理商承担的风险要比经销商小得多。旅游产品生产企业一般在自己的营销能力难以达到的地区，或在新产品投放期、产品销路不太好的情况下利用代理商寻找营销机会。旅游代理商代理的业务包括：代购、代销、提供销售信息、咨询服务等，其核心是促成交易。代理商的报酬是佣金或服务手续费。

（二）旅游中间商的作用

旅游中间商的作用主要表现为它是整体旅游产品的组合者、营销渠道的合作组织者，对旅游消费者购买决策产生重要影响；同时，旅游中间商也是传播销售信息的重要场所和方便购买的销售点。

（三）选择旅游中间商的原则

由于旅游营销渠道是旅游营销策略的重要组成部分，因此选择合适的旅游中间商对那些规模较大、目标市场范围广的旅游企业尤为重要。选择旅游中间商还应遵循如下原则。

1. 便捷性原则

顾客购买产品通常会选择方便快捷，并能得到所需服务的营销点，因此旅游中间商要有现代营销意识、最靠近目标旅游市场。

2. 效益原则

构建和维持营销渠道都需要一定费用，这些费用需要从营销渠道的收入中得到抵偿。一般情况下，企业会选择费用最省、效益最高的旅游中间商作为最佳营销渠道。

3. 控制风险原则

风险和利益往往是共生关系，选择旅游中间商应尽可能规避风险、降低风险。旅游生产企业都十分重视对散客的招揽，因为对这类游客销售旅游产品售价高且没有被拖欠的风险。目前，旅游市场行为还不够规范，防范中间商的拖欠风险成为旅游企业风险控制的重要内容。一些旅游企业因被中间商恶意拖欠而苦不堪言，甚至导致生存危机。其实对中间商恶意拖欠的防范，从理论上讲并不难。

【学习拓展】

中间商恶意拖欠招数"贫乏"

S国际旅行社（以下简称S社）地处在国际上较有影响力的旅游胜地，经过多年的经营,其已具备了一定的经济实力,不少境外旅游公司都希望与该社建立业务关系。一家境外的 Y 旅游公司却把恶意的眼光瞄向了 S 社,经过了一番"考察"后,与 S 社签订了一份较为公允的销售协议。根据这一协议,Y 旅游公司向 S 社送团需预付定金、团到后结款。双方签约后,Y 旅游公司按协议不断小批量地送团,在一段时间内显得十分"诚信",并以此取得了 S 社的信任。然而一段时间后,Y 旅游公司就开始以小批量形式拖欠但很快又结付团费,S 社也没在意;随着送团规模的扩大,拖欠团费越来越多。为追讨欠款,S 社经理亲赴境外与 Y 旅游公司进行交涉,而对方早有应付的准备,S 社经理最终被 Y 旅游公司以贿赂的方式拉下水,于是拖欠一发不可收拾,一个好端端的旅行社因恶意拖欠团费而濒临破产。

防范拖欠风险也不太难,主要包括:①企业对境外旅游团和诚信不佳的国内旅行社坚持"先款后接"的原则;②企业高层主管应廉洁自律;③要充分了解旅游中间商的诚信程度;④建立恶意拖欠的预警防范机制。

4. 效率原则

选择旅游中间商要考虑其对本企业旅游产品的推销速度。推销速度快、效率高,有利于旅游企业提高资本周转速度。推销速度快、效率高,对时间性很强的旅游产品,如特定日期的旅游产品、流行时间短的旅游产品尤为重要。

5. 可控性原则

旅游企业有必要对营销渠道进行适当的控制,一旦营销渠道失控,就会导致营销渠道的混乱,旅游中间商便会弃之而去,严重时生产者会被挤出市场。如当旅游批发企业以低于零售商的价格直接向旅游者出售旅游产品时,会引起批发商和零售商的强烈反对;当旅游客源地各旅游零售商出售同一生产者包价旅游线路、价格高低差异却很大时,会引起游客的质疑。上述两种情况都会影响营销渠道的整体效益,严重时会使整个营销渠道崩溃。

三、旅游营销渠道的功能和作用

(一)旅游营销渠道的功能

旅游营销渠道解决旅游产品价值的交付问题,其具体作用表现如下。

1. 简化交易流程

旅游营销渠道为旅游者、旅游企业双方都提供了极大的便利。从旅游者的角度看,旅游企业通过形式多样的营销渠道把旅游产品带到旅游者面前,从而为旅游者节省了大量的购买时间和精力,如图 9-3 和图 9-4 所示(假定某游客游览了 A、B、C 三地的景点)。从旅游企业角度来看,中间商的存在能节省大量的人力、物力。

2. 组合旅游产品

旅游营销渠道宛如一台组合机器,它可以把各类旅游产品组合成配套的包价旅游线路,再把线路销售给旅游者,满足他们的需要。旅游中间商是这台机器中的重要零件,它把食、住、行、游、购、娱等单项产品组合成整体产品,使旅游者在一次购买后即可体验一次完整的旅游经历。由此可见,旅游营销渠道还有旅游产品组合和配套功能。

3. 实现信息反馈

旅游市场是各种信息集合的场所。而旅游营销渠道如同一条条通道,将各种即时信息汇总而来。图 9-5 则形象地描绘了旅游信息传递的方向。

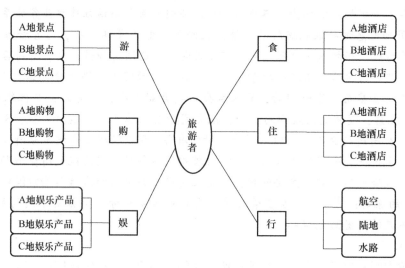

图 9-3　没有中间商时的旅游者购买图

图 9-4　有中间商时的旅游者购买图

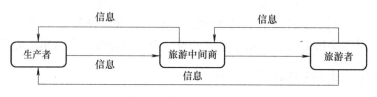

图 9-5　旅游信息传递图

从图 9-5 可以看出，旅游营销渠道具有信息反馈功能。经营者可通过各种营销渠道了解来自旅游中间商和旅游者的有关信息。

4. 实现促销与销售

渠道在传递信息方面有着无与伦比的作用。旅游营销渠道向目标市场传播旅游产品有关信息；在适当的时间、地点把旅游产品提供给适当的旅游者，达成交易，完成旅游产品销售。

5. 承担营销风险

渠道性质不同、任务不同，在执行渠道职能时所承担的风险也有差别。以旅游经销商为例，通过购买旅游产品而获得了对旅游产品的所有权，由于大部分旅游产品在价值上具有不可储存性，如果不能及时把所购买的旅游产品销售出去，那么尚未售出的旅游产品的价值就可能会完全损失。由此可见，旅游营销渠道还具有承担风险的功能。

营销渠道功能的大小取决于营销渠道的构成与组织，即执行营销功能的中介机构是否具有效率和效能。高效率、高效能的中介机构往往能使渠道功能发挥得淋漓尽致，为卖方创造丰厚的利润，为买方提供优惠的服务。

(二) 旅游营销渠道的作用

旅游营销渠道往往由多个组织或个人构成，并表现为一个相对完整、稳定的体系。该体系运作得好坏，对旅游企业营销计划的执行效果，甚至对整个旅游产品的流通过程都有重要影响。

1. 营销渠道是旅游企业经营活动得以开展的必要条件

与大多数企业一样，旅游企业的生存和发展有赖于其自身经营活动的循环（见图9-6）。在图9-6所示的经营活动循环中，任何一环出现问题都会直接影响旅游企业的整体经营活动和再发展。而旅游企业可以控制购买原材料、决定旅游产品生产及获取资金三个方面，但对销售环节的控制力则相对偏弱。这是因为，旅游产品的销售状况除了取决于产品自身能否满足旅游需求外，还取决于营销渠道能否及时地完成旅游产品的销售。如果营销渠道不合理或流通不畅，那么即使旅游产品优质对路，也难以产生价值。

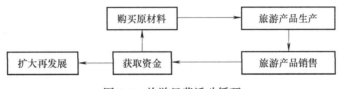

图9-6 旅游经营活动循环

2. 合理选择营销渠道能增强旅游企业的营销实力和营销效果

在市场经营中，通过合理选择营销渠道，建立由多个组织或个人构成的"利益共同体"，能联合多家机构的营销力量，为一个共同的营销目标服务。这些联合起来的营销组织在长期合作中密切配合、协调发展，共同实现营销绩效。

3. 科学的营销渠道模式有利于旅游企业扩大销售收入，树立市场形象

一方面，合理选择营销渠道可以扩大旅游产品的销售量，加快旅游产品的流通速度，加速资金的周转，从而使旅游企业获得更大的经济效益；另一方面，健全的营销渠道体系能形成单个企业的营销活动所难以产生的规模效应，从而在更大范围的公众心目中树立起旅游企业的整体形象，迅速提高企业的知名度和美誉度。

四、旅游营销渠道的类型

受旅游生产企业、旅游产品、旅游中间商、旅游同行竞争者、旅游者等多方影响，旅游营销渠道呈现多种类型。从旅游产品生产者和旅游者是否直接进行旅游产品交易来看，可把旅游营销渠道分为直接营销渠道和间接营销渠道两种基本类型。

(一) 直接营销渠道

直接营销渠道又称零级销售渠道，是指旅游产品生产者不借助任何中间商，直接把旅游产品销售给旅游者。

1. 直接营销渠道模式

旅游企业选择直接营销渠道，可以降低成本，在价格上赢得竞争优势。同时，这也有利于旅游企业及时了解和掌握旅游者对其产品的购买态度和其他相关市场的需求信息，及时根据市场需求改进产品，有利于企业控制旅游产品的质量和信誉。

从旅游产品的销售实践看，直接销售渠道一般有三种模式。

(1) 旅游产品生产者或供给者→旅游者（在旅游目的地）。在这一模式中，旅游产品的生产者或供给者把产品直接卖给旅游者。这种销售渠道至今仍被很多旅游企业所采用。例如，旅游景点、旅游酒店、博物馆、小餐馆采取的等客上门购买其产品的销售方式，即属于这种模式。

(2) 旅游产品生产者或供给者→旅游者（在旅游客源地）。在这一模式中，旅游者通过网络、电话等方式购买或预订旅游产品。随着现代信息技术的迅猛发展及其在旅游业中的广泛应用，近年来，这种模式有了新的发展和突破，很多旅游企业都已开始借助网络预订直接向旅游者出售其产品。例如，旅游酒店通过互联网向旅游者销售其产品。

(3) 旅游产品的生产者或供给者→自营的销售网点→旅游者（在产品销售地点）。在这一模式中，旅游产品生产者通过自己在目标市场设立的销售网点，直接面向旅游者销售其产品。例如，一些规模较大的旅行社在很多目标市场区域设立门市部或销售点，向旅游者直接销售产品。

2. 直接营销渠道的优缺点

直接营销渠道的优点有：生产者通过与旅游者"零距离"接触，可以了解旅游者对旅游产品质量、价格等方面的意见，以便改进营销组合、适应目标市场需要，而且节省了成本；电话预订，特别是网络销售渠道，突破了出售旅游产品的时空限制，更是成为营销渠道的新形式。

直接营销渠道的缺点有：旅游产品生产者与旅游市场的接触面（网络销售渠道除外）有限，销售量有限，适合于生产规模小或接待量有限的企业。

(二) 间接营销渠道

生产者借助中间商将其产品销售给旅游者即是间接营销渠道，其特点是生产者先把产品卖给中间商，再由中间商进行售卖。间接营销的范围较广，但同时旅游企业对销售活动的控制力相对减弱，信息反馈的及时性和准确性也有所下降。按中间环节的多少，间接营销渠道又可分为一级渠道、二级渠道、三级渠道等类型，其中，有两个或两个以上中介机构的营销渠道统称为多级营销渠道。

1. 一级营销渠道模式

一级营销渠道模式是指旅游产品生产者通过旅游零售商销售其产品，即旅游产品生产者→旅游零售商→旅游者。

航空运输公司、铁路运输企业邀请旅行社代理销售其客票，景点邀请酒店、旅行社代理销售门票等就属于该形式。

其优点是：一级销售渠道环节较少，有利于把旅游产品快速推向市场。

其缺点是：销售范围有限、规模有限。

2. 二级营销渠道模式

二级营销渠道模式是在一级营销渠道基础上加入了旅游批发商，生产者通过旅游批发商，再通过旅游零售商把旅游产品卖到旅游者手中，即旅游生产者→旅游批发商→旅游零售商→旅游者。

在这种模式下，规模大的生产企业将其产品以大批量预订的形式卖给旅游批发商，旅游批发商设计出包价旅游线路，再以批量形式卖给旅游零售商，最终将旅游产品卖给旅游者。

其优点是：旅游批发商一般规模大、网点分布广泛，生产者借助旅游批发商，可以把旅游产品销售到更大的范围和更远的目标市场，适用于规模大的旅游企业。

其缺点是：小旅游企业不宜采取这种渠道模式，因渠道营销速度较慢，渠道费用高。

3. 三级营销渠道模式

三级营销渠道模式是在二级营销渠道的基础上加上旅游总代理。其基本结构为：旅游生产者→旅游总代理→旅游批发商→旅游零售商→旅游者。

这种模式在我国国际旅游市场营销中应用广泛。我国旅游生产企业一般较少直接在国际市场上销售，而是委托总代理商把产品销售给国外的旅游批发商，再由它们把产品卖给国外的旅游零售商，再转卖给客源国旅游者。

其优点是：销售范围进一步扩大，销售量进一步提高。

其缺点是：渠道最长，各环节有时间差，销售速度较慢，旅游产品生产出来较长时间后才能真正与旅游者见面，有时会因此错过时机，特别是会影响流行时间短的旅游产品的销售，而且渠道费用高。

图 9-7 直观描述了旅游营销渠道模式的不同层次。

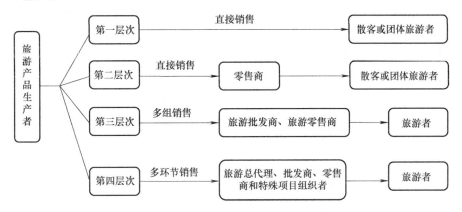

图 9-7　旅游营销渠道模式的不同层次

第二节　旅游营销渠道的管理

一、旅游营销渠道管理的功能

在选择了旅游营销渠道模式和旅游中间商后，旅游企业还需对营销渠道进行有效管理，以明确旅游中间商的权利和义务，增强企业自身对营销渠道的控制能力，从而最大限度地发挥旅游中间商的销售职能。旅游营销渠道管理的主要功能体现为四个方面。

（一）调节功能

中间商在营销渠道系统中都是相对独立的，他们以追求自身利益为目标，并常常从本企业利益出发做出相应决策，因而与生产者和其他中间商之间难免会发生冲突。通过渠道管理，旅游生产者可有效调节各渠道成员的利益关系及销售行动，从而减少冲突、加强合作。

（二）激励功能

生产者不仅是利用中间商销售产品，也是把产品销售给中间商（代理商除外），因而必须采取相应措施，激发中间商的购买和销售热情。旅游企业通过给予中间商资金、技术、信息等方面的支持，能最大限度地调动中间商的积极性，从而保证营销渠道的高效运转。

（三）评价功能

对渠道成员的工作业绩进行科学评价是营销渠道管理的一项重要功能。渠道评价的作用主要有三点：①对各中间商预期销售指标的完成情况进行考察，以控制企业营销计划的执行；②发现营销渠道存在的问题，并采取相应对策；③通过渠道评价寻找理想的旅游中间商，并与之建立长期的合作关系。

（四）改进功能

为了适应市场变化的需要，旅游企业必须随时对部分渠道成员，甚至整个营销渠道系统进行修正和改进，其主要依据便是渠道评估结果。渠道改进可分为三个层次，即增减渠道成员、改变特定市场渠道以及调整营销渠道系统。通过渠道改进，旅游企业可以提高整个渠道系统的运行效率和销售水平。

二、旅游营销渠道的选择

选择合适的旅游营销渠道，需要旅游企业通过综合分析影响营销渠道的各种因素，确定营销渠道目标，并设计出多个备选方案，然后根据不同标准加以评估，从而确定最佳方案。

（一）旅游营销渠道选择的基本原则

1. 旅游者导向原则

旅游企业开展市场营销活动的最基本原则是满足顾客的需求，旅游产品的生产者或供给者首先必须设计和生产出符合市场需求的旅游产品，制定出合理的价格，并进行有针对性的旅游市场促销活动。如今的旅游业已经是一个竞争十分激烈的行业，新的旅游业态不断涌现，旅游产品甚至同类旅游产品的数量也在不断增加；旅游产品又具有替代性强的特点，旅游者的选择余地大。在其他条件相同的情况下，选择合适的时间和地点使旅游者能够便利地购买到本企业的旅游产品，可以使旅游企业在竞争中赢得更多的优势。

2. 经济效益的原则

旅游产品营销渠道并非自然形成的，它需要旅游产品生产者的认真规划、组建、开拓和维持，而这种开拓和维持需要一定的费用。这些费用需要从建立后的销售渠道所带来的收入中得到抵偿。如果旅游企业自身的经济实力不足以支付开拓和维持某一营销渠道所需要的费用，那么这一渠道显然不具有选择意义。因此在选择营销渠道时，应比较各种渠道所带来的销售收入、利润和成本，只有那些不但能带来一定的销售收入，而且在扣除其他费用后还能使本企业盈利的营销渠道，才是值得选择的营销渠道。这就是选择旅游产品营销渠道时应遵循的经济效益原则。

要同时考虑两点：一是所选渠道的营销能力，目前我国的旅行社实力差异极大，大企业的员工上千名，年接待量数十万人次，小企业五六名员工，一年也就接待几百人次；二是所用渠道的成本，利用国外酒店集团的连锁营销渠道，效率很高，但代价也很大，一般营销能力越强，酒店付出的成本就越高，这属于按质论价，选择营销能力强而成本低者，酒店的利益就大。

事实上，旅游者导向原则和经济效益原则是市场营销观念在旅游产品营销渠道选择中的具体表现。前者体现了旅游市场竞争形势下的必要性，后者则体现了选择该营销渠道的可行性。

3. 稳定可控的原则

营销渠道是旅游企业整个经营系统的重要部分，设计和建立营销渠道往往需要大量的人力、财力、物力，在营销渠道确定后，企业一般不会轻易地对渠道做出调整、更换渠道成员、转换渠道模式，因为这样既要花费大量成本，又要冒很大风险，所以营销渠道的稳定可控很重要，这样有利于企业经济效益的提高，进而促进企业的稳步发展。但是，市场形势风云变幻，旅游企业营销渠道也难免受此影响，这就要求营销渠道具有一定的调整功能，以保持营销渠道的适应力和生命力，从而适应市场变化。

渠道中间商大多数也是自负盈亏的经营者，它们的存在首先要考虑自身的最高利益，未必以供应商利益为着眼点。比如，酒店推出新的服务产品，但旅行社未必愿意向外推销，因此选择渠道要考虑酒店对它的控制力。

4. 适度覆盖的原则

旅游企业在设计产品销售渠道时既要考虑渠道的成本费用及产品流程，又要考虑销售渠道能否将产品销售出去并保持一定的市场占有率。因此，旅游企业既不能单纯地追求营销渠道成本的降低，否则可能导致销量和市场占有率的不足；也不能过度扩展分销网络，否则会导致渠道的庞杂和难以控制。旅游企业只有在权衡企业自身实力的基础上，适度铺开营销网络，同时追求成本节约，才是可取的做法。

与营销渠道间的契约关系一旦确立之后，短时期内不能轻易改变。除非从经济标准和控制标准看，订有长期契约的渠道有绝对优势，否则一般并无长期契约关系。从适应性标准看，长期契约未必有利于营销转向，因此选择渠道要有长远眼光，要考虑渠道在一定时期内的适应性。

5. 畅通高效的原则

合理的旅游产品销售渠道必须做到畅通高效。尽管旅游产品具有无形性，但保证销售渠道信息、资金等的流通顺畅却是十分必要的，畅通高效的销售渠道应以消费者需求为导向，将产品尽快、尽好地通过最合理的方式、以合适的价格送达消费者手中。不仅要保证消费者能以合适的价格便捷地购买到旅游产品，还要尽量保证营销渠道的经济效率，设法缩短流通时间、加快流通速度、降低流通费用、节省营销成本。

6. 利益均衡的原则

旅游企业在设计产品营销渠道时考虑自身经济利益是理所当然的，但是一味追求自身利益最大化而忽视渠道成员的利益很可能会适得其反，引起旅游产品生产企业与中间商的矛盾。因此，在渠道设计时应注意协调、平衡旅游生产企业与渠道成员之间以及各成员之间的利益。旅游企业对渠道成员之间的合作、竞争和冲突要具备相应的控制和管理能力，有效地引导渠道成员良好合作，鼓励他们之间的良性竞争，减少渠道摩擦和冲突，确保企业营销渠道的正常运行。

7. 综合权衡的原则

营销渠道虽然很重要，但它毕竟只是旅游企业市场营销策略的一个方面，企业要在市场竞争中获得主动，仅仅依靠渠道策略是难以奏效的。企业应该将渠道的设计及运营管理与企业的其他策略，如产品策略、价格策略、促销策略结合起来，综合权衡，使之成为一个有机的、运转良好的营销系统，以促进企业目标的实现。

(二) 影响旅游营销渠道选择的因素

旅游营销渠道有长、有短、有宽、有窄，旅游中间商多种多样，营销渠道成员之间关系各异。因此，旅游产品生产者在选择营销渠道时要想做出正确决策，就必须考虑法律因素、市场因素、产品因素、企业自身因素和中间商因素等多种因素的综合影响。

1. 法律因素

在进行旅游营销渠道决策时，应考虑相关法律政策因素的影响。如在我国，入境游目前尚属特许经营，未被批准的国内旅行社无法从事招揽、接待入境旅游者的业务，因此酒店、景点、旅游交通企业就不能选择国内旅行社作为向入境旅游者销售产品的经销商或代理商。旅游生产者或提供者要认真研究目的地国（地区）和客源国（地区）的有关法律和法规，在法律法规允许的前提下选择营销渠道。

2. 旅游市场因素

旅游市场因素包括旅游者特点和竞争状况，它们对旅游营销渠道的选择也有一定的影响。旅游者特点包括目标旅游市场、旅游者数量与地理分布、购买习惯等。当旅游者地理分布较集中、购买量大时，旅游产品生产者往往会选择在客源地建立直接营销网点；当旅游者地理分布较分散时，旅游产品生产者可利用中间商进行销售。

市场范围大，潜在购买者多，可采用长而宽的渠道；相反，则可采用直接分销渠道。对消费者购买次数较多、销售量较大的大众性旅游产品，可采用长而宽的分销渠道，以方便消费者购买；相反，则宜采用短而窄的渠道。

竞争状况以及竞争对手所采用的营销渠道对企业营销渠道也有较大影响。当竞争对手所生产的旅游产品替代性不强甚至有一定互补性时，旅游企业可以选择与竞争者相同的营销渠道；当企业产品竞争力比竞争对手的产品更强时，也可选择竞争对手所采用的渠道；当企业产品竞争力不如对手竞争产品时，应另辟渠道，避免选择与竞争对手相同的中间商。

3. 旅游产品因素

对于大众化的旅游产品，宜采取间接营销渠道、较宽的营销渠道，而对于高档、非大众化的旅游产品，则不宜选择宽渠道，而宜选择较窄的营销渠道，如豪华邮轮的船票多选择五星级酒店作为代销点。另外，旅游产品生命周期也是影响营销渠道选择的重要因素，在投入期、成长期、成熟期、衰退期等不同阶段，旅游企业所选择的营销渠道也应有一定的差异。旅游企业产品组合较深、较宽，能很好地适应旅游零售商和消费者的需求，即可采用较短些的渠道；反之，则应采用较长的分销渠道。此外，还应根据旅游产品的类型、等级、价格、服务水平及市场声誉来选择营销渠道。

4. 企业自身因素

旅游企业的规模、形象、经营能力对营销渠道有较大影响。旅游企业规模大、形象好、经营管理能力强，愿意加盟的经销商就会较多，企业的挑选余地较大，对营销渠道的影响力和控制力也较强；相反，企业选择经销商的余地就小。规模小的旅游企业一般宜以散客和短渠道为主，而规模大、供给能力强的旅游企业宜采用较长的旅游营销渠道；企业自身销售能力强、直接销售的经验丰富，宜采取直接营销渠道，如果自身销售能力弱，则应借助中间商的力量来销售产品。如果旅游企业有较高的管理能力，市场营销经验丰富，则可以采用直接营销渠道；反之，则应通过中间商来销售产品，采用间接分销渠道。

5. 中间商因素

旅游产品生产者能否找到理想的旅游中间商，这是选择营销渠道所要考虑的重要问题。理想的旅游中间商是：能便捷服务顾客，其职能与生产者的需要相符，熟悉生产者所提供的旅游产品，在目标市场旅游者心目中形象较佳，合作意愿强，营销能力能达到生产者的期望，费用适中。旅游产品的生产者如一时难以找到理想的中间商，就不得不采取直接营销渠道。旅游产品生产者如果能找到理想的中间商，能为旅游企业承担部分营销职能，则可采用间接营销渠道；如果中间商状况不理想，则企业只能采用直接营销渠道。

6. 外界其他因素

外界环境因素主要包括人口、经济环境、政治环境、自然环境、技术等因素，它们都会对旅游企业的渠道决策产生很大的影响。如旅游市场营销要受国家法律、法规、政策的制约；技术的进步会导致营销渠道的变革；在经济繁荣时，企业可选择合适的渠道进行销售，在经济衰退时，则宜减少不必要的中间环节，采用较短的渠道。

(三) 旅游营销渠道方案的设计

旅游企业在确定了渠道成员的销售水平及中间商的分工后，接下来的工作就是设计具体的营销渠道。它包括两方面的内容，即渠道长度选择和渠道宽度选择。

1. 旅游营销渠道长度选择

旅游营销渠道长度选择分为两个层次，一是决定采用直接营销渠道还是间接营销渠道进行销售，二是选择间接营销渠道的中间环节或层次多少。一般来说，在实际的营销活动中，旅游企业会同时采用这两种营销渠道。因为：一方面，对近距离市场，企业自身营销能力可以达到，则多用直接渠道；另一方面，绝大多数旅游产品的目标市场都比较庞杂、分散，且有生产与消费异地的特点，因此仅凭企业自身的营销力量很难建立起足够的营销网点，而借助各种类型中间商的力量，可以使营销活动的辐射空间更为广阔。

2. 旅游营销渠道宽度选择

旅游营销渠道长度设定之后，旅游企业还应对每个环节中间商的数量进行选择，一般有密集型营销、选择型营销和独家营销三种策略。

(1) 密集型营销策略。密集型营销策略是指旅游企业在营销渠道中选取尽可能多的中间商，以扩大与市场的接触面的策略。对于大众化的旅游产品，一般采用这种策略，在主要目标市场采取密集型营销策略，效果往往更为明显。如许多海外旅游公司常通过中旅、国旅这样的大型经销商在我国开展促销。另一方面，旅游企业也要充分考虑这种策略的不足之处，如营销控制力弱、信息反馈缓慢等。

(2) 选择型营销策略。选择型营销策略是指旅游企业只选择那些素质高、营销能力强的中间商销售其产品。这种策略一般适用于档次高、专业性强的旅游产品，因为它要求中间商有较强的销售能力，并具备相应的专业知识，能给消费者提供有针对性的服务。选择型营销策略有助于旅游企业树立鲜明的整体形象，提高知名度和美誉度。

(3) 独家营销策略。独家营销策略是指旅游企业在一定时间、一定市场区域内只选择一家中间商销售其产品。这种营销渠道决策有助于调动中间商的积极性，而且企业对中间商的控制能力较强，在价格、促销、信用和服务等方面也更便于双方合作；其缺点是灵活性较小，不利于大众消费者分散购买。

(四) 旅游营销渠道选择方案的评估

旅游营销渠道选择的最后环节就是对各备选方案进行评估，以确定最可行、最能满足企业营销目标的方案。评估的标准主要有以下五个。

1. 经济性

经济性是营销渠道方案评估中最基本、最重要的标准。一般来说，旅游企业增加渠道环节将扩大销售额，但销售成本也相应增加，因而是否增添渠道环节关键看销售额的增量是否大于销售成本的增量。经济性标准与企业的战略目标紧密联系。企业的经济目标是以最小的投入获得最大的效益。企业依靠自身的力量建立营销渠道与委托专门的销售代理公司相比较，在成本和效益上有很大的区别。

2. 控制性

控制性即以旅游企业对渠道成员的可控制程度为标准。中间商是独立于旅游产品生产者以外的，它同样以追求最大利润为目标，因而中间商与生产者难免会发生利益上的冲突。因此，旅游企业在选择营销渠道时，应尽量使渠道成员在自身的有效控制范围之内。

采用不同的营销渠道所达到的控制效果不尽相同。一般而言，企业对自己的销售队伍易于控制，容易及时向消费者和用户传达企业的最新意图，有利于形成良好的企业形象；还可以灵活安排和调整渠道计划，依据企业的整体战略，在不同时期突出不同的重点。

3. 适应性

适应性标准即主要根据营销渠道对市场环境的适应程度来选择营销渠道方案。旅游营销渠道的设计与选择由于其耗时长、费用高，因此一经确立便很难在短时间内进行大的改变。因而，旅游企业在评估营销渠道方案时，还要充分考虑各方案对企业发展目标、目标市场变化、社会经济发展等的适应程度和应变能力。

企业面临的营销环境是不断变化的，因此企业市场营销活动的设计就要与环境变化的趋势相吻合。在销售渠道的设计上，也要本着适应环境变化和符合企业总体发展规划要求的方针，要具有灵活变动的特征。例如，在与销售代理机构签订销售代理合同时，合同的有效执行年限不能过长，以便为企业灵活变动营销渠道留有空间。

4. 便捷性

便捷性即方便目标顾客购买，节省旅游者的时间和精力成本。

5. 辐射性

辐射性即旅游产品营销渠道的覆盖范围和渗透能力，能较好地保证销售效果的实现。

渠道成员选择的其他影响因素有：目标市场，经营地点，经营规模，营销实力，偿付能力和信誉程度，维持费用，合作意愿。

三、旅游营销渠道管理决策

(一) 旅游营销渠道的演进

旅游营销渠道在不断发展变化，各种渠道既有相互冲突、竞争的一面，又有相互合作的一面，对企业而言，更重要的是选择其中合适的渠道类型。

旅游营销渠道在"旅游产品生产者→旅游批发商→旅游零售商→旅游者"这种传统模式中，渠道各成员都是独立的企业，各自都以本企业的利润最大化为决策目标，相互间的利益冲突会影响旅游产品"货畅其流"。为此，变革营销渠道模式、减少渠道冲突，使渠道各成员在竞争中合作、在合作中竞争，是旅游企业所面临的重要课题。

（1）垂直的旅游营销渠道。垂直的旅游营销渠道是作为传统营销渠道的挑战者而出现的，传统的营销渠道由独立的生产者、批发商和零售商组成。传统渠道的每个成员都是作为一个独立的企业实体追求自己利润的最大化，即使是以损害渠道整体利益为代价也在所不惜。没有一个渠道成员对于其他成员拥有全部的或者足够的控制权。

垂直营销渠道是由生产者、批发商和零售商所组成的一种统一的联合体。联合体的形式有：或者拥有其他成员的产权，或者是一种特约代理关系，或者某个渠道成员拥有相当的实力使得其他成员与之合作。垂直营销渠道可以由生产商支配，也可以由批发商或者零售商支配。

垂直营销渠道的类型有：公司式、管理式和合同式。公司式垂直营销渠道是由同一个所有者名下的相关的生产部门和分销部门构成的。管理式垂直营销渠道是由某一家规模大、实力强的企业出面组织的，是指渠道内各成员以协调方式而不是以所有权为纽带进行管理的营销渠道组织，如由知名酒店牵头，旅游批发商、旅游零售商自愿参加的营销渠道联合体就属这种形式。合同式垂直营销渠道是由各自独立的公司在不同的生产和分销水平上组成的，它们以合同为基础来统一它们的行为，以求获得比其独立行动时所能取得的更大的营销效果。这种渠道组织中，以契约形式规定渠道成员各自的权利和义务关系。合同式垂直营销的具体形式很多，酒店业、餐饮业特许经营就是其中的一种形式。

（2）水平营销渠道组织。水平营销渠道组织是指同一渠道层次上的两个或两个以上成员联合起来，共同开拓市场的营销渠道组织。如大型旅游企业集团，既经营酒店、景点，还经营旅游车队，为增强大渠道功能，把这些旅游产品生产或供给企业营销渠道整合成水平营销渠道组织，形成互补优势，减少渠道资源的浪费。

（3）多渠道营销组织。多渠道营销是指企业建立两个或更多的营销渠道以到达一个或多个目标市场的做法。多渠道营销组织是指旅游企业同时使用两种或两种以上的营销渠道销售旅游产品的营销渠道组织。而且大型旅游企业还可能从同一营销渠道模式中选择若干家中间商作为本企业产品的经销商或代理商，如一家旅游产品生产企业可能同时选择数家批发商和数家旅游零售商作为本企业的营销渠道。

（4）网络营销渠道。随着网络时代的到来，网络营销渠道作为一种全新的营销渠道，正被越来越多的旅游企业所关注和使用。

（二）选择渠道成员

企业在设计好渠道后，需选择渠道成员，在选择时需考虑以下因素：经商的年数；经营的其他产品；成长和盈利记录；偿付能力；合作态度以及声誉。如果中间商是销售代理商，生产者还要考虑其所经销的其他产品的数量和特征及其推销力量的强弱和推销态度。

（三）成员的评估与激励

1. 成员的评估

为确保中间商及时有效地完成任务，旅游生产者还应随时监督中间商的行为，并按一定标准评价出每个旅游中间商的销售业绩。评估营销渠道成员时，旅游生产者通常采用下列七项指标，即销售量、销售增长率、销售范围及扩展情况、产品流通情况、销售过程中对顾客的服务情况、营销中的合作情况和对经销商的投入产出比。其中，销售量、销售范围以及扩展情况和对经销商的投入产出比三项指标最为重要。

通过对营销渠道成员的检查评估，旅游企业可以鼓励销售量大的中间商继续与本企业开展合作；还能鞭策销售业绩差的中间商，促使他们加大销售力度；同时还将发现营销渠道存在的问题，以查明原因并及时采取补救措施。

2. 成员的激励

激励旅游中间商应以适度激励为基本原则，尽量避免过分激励和激励不足，前者可能导致销售量提高而利润却下降，后者会影响中间商的销售积极性。对旅游中间商进行激励主要采取以下五种方式。

（1）产品支持。旅游生产者应努力向中间商提供质量高、利润大、符合市场需求的产品，以提高他们的销售积极性，同时还要经常征询中间商的意见和建议，不断对产品进行改进。

（2）利润刺激。中间商最关心的是经销或代理某种旅游产品获取的利润。在定价时，旅游企业必须充分考虑中间商的利益，给予适当的折扣，以保证中间商能获取理想利润。

（3）营销活动支持。在中间商进行营销活动时，旅游生产者应主动为其提供人员、技术等方面的支持，甚至为其分担部分广告宣传费用，或根据中间商的销售业绩给予不同形式的奖励，以激发中间商对本企业产品的促销热情。

（4）资金支持。生产企业为中间商提供一定的资金支助，能缓解中间商的资金紧张问题，并增强他们大批量购买、销售本企业产品的信心和决心。旅游企业所提供的资金支持主要有售后付款、分期付款、直接销售补偿等几种形式。

（5）信息支持。旅游企业有必要定期或不定期地与中间商联系，及时和中间商沟通生产、市场等方面的信息，帮助其制定相应策略，使其能有效地安排销售。

（四）旅游营销渠道的改进与修正

市场是纷繁复杂、瞬息万变的，要保持营销渠道的高效性，旅游生产者就必须根据自身销售目标及市场变化情况，不断改进与修正营销渠道。旅游营销渠道改进与修正主要有三种方式。

1. 增减渠道成员

增减渠道成员即在某一营销渠道中增加或减少一个甚至几个旅游中间商。增减渠道并不代表企业利润一定会增加或减少，如当旅游企业取消一个落后的经销商时，由该经销商负责的市场业务可能会被竞争者轻易占领，其他经销商也会因此而产生不安全感，甚至降低销售积极性。因此，在决定增加或减少中间商之前，旅游生产者最好先对企业利润变化进行分析，然后再做决策。

2. 增减营销渠道

增减营销渠道即旅游企业根据利润与投资回报的分析结果，增减某一条或某几条营销渠道。当原营销渠道的销售业绩不理想、效益低下而成本又较高时，应考虑停止该渠道；当市场需求扩大、原有渠道无法满足需求时，则应考虑新增营销渠道。

3. 修正整个旅游营销渠道

修正整个营销渠道系统是指旅游生产者对其所有的营销渠道做出调整，如直接渠道改为间接渠道、单渠道改为多渠道等。这种决策通常由企业最高管理层制定，它不仅会改变旅游企业的营销渠道构成，还会迫使其改变整体营销战略。旅游生产者实施这类决策的难度很大，且需要特别小心谨慎，以尽量减少对销售的不利影响。

（五）渠道的冲突与竞合

1. 渠道冲突

渠道之间会由于目标不一致、不明确的角色和权力、知觉或感受差异、中间商对制造商巨大的依赖性而产生冲突。渠道冲突是指渠道各成员之间、各渠道之间因为利益上的矛盾而发生的冲突。主要表现在三个方面。

（1）横向冲突（水平渠道冲突）。横向冲突是指渠道内处于同一层次的渠道成员之间的冲突，如酒店与酒店之间、旅行社与旅行社之间的渠道冲突。横向冲突还表现在同一渠道、同一层次的中间商之间的冲突，如同样都是某酒店的批发商互相诋毁，甚至旅游企业自设的经营网点内部有时也发生冲突。

在同一酒店内部也存在渠道冲突。如南方一家宾馆，经常接待会议，遇到大型会议就不得不压缩长住散客的接待量，会议住宿具有很大的波动性且折扣较大，散客反而收益较高；团队渠道与散客渠道的冲突在此表现为宾馆应该采取何种营销策略，既能有大量的客源，又能保证有较好的收益。

（2）纵向冲突（垂直渠道冲突）。纵向冲突（垂直渠道冲突）是指同一企业营销渠道中不同层级之间的利害冲突，如旅游产品生产者调高价格会面临来自旅游批发商和旅游零售商的较大压力，旅游批发商时常与旅游零售商发生利害冲突，生产者时常给散客的优惠会使零售商处境困难等。

（3）多渠道冲突。多渠道冲突产生于建立了两个或更多的渠道，且这些渠道在向同一市场销售时相互竞争。

旅游营销渠道发生冲突是正常现象，引起冲突的原因比较复杂，旅游企业应予以妥善处理。冲突的解决办法有：①明确规定渠道成员的权利和责任；②建立利益共享、风险共担机制；③建立共同的行为准则，约束渠道成员；④采用垂直渠道系统，由一个强有力的渠道领袖统一领导，使渠道平稳运行；以共同目标为导向，协调矛盾、减少分歧，防止矛盾激化。

2. 渠道竞争

渠道竞争是指目标市场相同的旅游企业营销渠道为争夺客户所形成的竞争，包括两种竞争形式。

（1）横向渠道竞争。横向渠道竞争是指在同一目标旅游市场销售的同一渠道层次之间的竞争，如向同一观光旅游市场提供产品的某景点各旅游零售商之间为争夺观光客而展开的竞争。而旅行社之间为争夺客源也会发生竞争，这种竞争使旅游者可以在更大的范围内选择酒店产品、价格和服务。

（2）渠道系统竞争。旅游市场是较为开放的市场，各种营销渠道林立，同一旅游者可以得到来自各类渠道的服务，各种渠道系统往往竞争激烈，如希望乘飞机旅行的游客，既可得到各家航空公司自设门市部的服务，又可选择到代办机构购买，还可通过电话、网络订票。

对于酒店的营销工作，可以通过酒店自身的推销员队伍，也可以通过旅行社渠道，或者通过预订网络系统，还可以通过酒店集团的共同营销渠道等来实施。每个渠道都有一些追随者，但随着时间的推移，各个渠道在全部客源市场中的份额将逐渐转向那些最能满足消费者不断变化的需求的渠道。例如，当前旅游市场显现出形式多样化、散客逐年增加、海外游客自订房比例增加、来华商务客增多等趋势，这些变化都可能影响到营销渠道的选择。因此，营销环境在不断变化，酒店必须不断改进营销渠道。

3. 渠道协调

为避免渠道冲突的发生或尽可能减小冲突带来的损害，旅游企业应协调渠道成员的销售目标及行动，发挥营销渠道的合力效应，并根据具体情况采取相应的对策。

（1）共同目标法。共同目标法即旅游企业要让所有中间商意识到营销渠道系统是一个不可分割的整体，所有渠道成员有一个共同的目标——实现渠道的最大利润，这一目标由各中间商的分销目标组成，任何中间商的消极销售或低水平销售都会影响共同目标的实现。

（2）责、权、利法。渠道成员间的良好合作关系归根结底要靠利益来维系，若某中间商得到的利益与其所承担的责任不相符，其他生产商或中间商就会不满。因此，旅游营销渠道各成员必须共同协商，制定科学的责、权、利方案并以合同的形式确定下来，以约束和协调所有成员的行为。

（3）信息沟通法。由于追求的目标不一致，旅游企业和中间商之间经常因为观点不一而产生冲突，如延期付款或在产品价格上互不相让等。因此，旅游企业必须建立准确、畅通的信息渠道，如成立专门的信息机构，以协调各渠道成员的不同观点和建议，并及时向渠道成员传达有关市场信息，实现步调一致、信息共享。

（4）互相渗透法。互相渗透法是指通过加强渠道成员间的相互合作，提高彼此间的依赖程度，通过增进相互之间的理解来减少渠道冲突。这种方法有助于渠道成员互相认同，并形成共同的价值观念和行为准则。加强人员流通、共同开展促销活动等是较常见的手段。

（5）协商、调整或仲裁解决。为避免渠道冲突的升级恶化，可以通过建立协商机制、调整相关利益的分配或者申请仲裁等形式来缓解冲突。

4. 渠道合作

传统意义的渠道合作往往被理解为是同一营销渠道之间的合作。旅游生产者、旅游批发商、旅游零售商所组成的分工渠道在共同利益基础上，彼此相互依托、补充并充分发挥各自优势，其结果是所带来的利益常会大于各自单独去做所带来的利益之和。

从旅游市场营销现实看，渠道之间横向合作和纵向合作的趋势越来越明显，如几家大旅行社联合推出旅游超市、联合销售同一包价旅游线路如包机、旅游专列等，而旅游零售商也踊跃代理。酒店营销渠道合作主要是指同一渠道内纵向成员之间的相互补充、相互合作。例如，一些实力雄厚的国际酒店集团就拥有这种渠道内纵向成员之间合作的优势，特别是集团内部在全球范围内联网，更加促使了营销渠道畅通。从横向看，各种渠道间的相互补充亦可看作是一种合作关系。

【知识拓展】

高星级酒店与奢侈品品牌的融合

上海刚开业的宝格丽酒店作为中国第二家奢侈品跨界酒店，最近火遍了上海滩。上海宝格丽酒店位于高48层宝格丽大楼的顶部8层里（余下则是同属品牌的宝格丽公寓），拥有82间客房及套房，其中包括19间酒店甄选套房，房间面积均逾60m^2。同时，所有房间均使用意大利品牌家具。其中，宝格丽套房面积约400m^2，设置私人电梯直达宝格丽大楼顶层，可与隔壁套房合并为一套570m^2的三卧套房。一楼大堂有宝格丽巧克力店和珠宝店。47层是西餐厅和露台酒吧，视野非常好。另外，酒店的装修品质严守极高标准，家具和硬装石材几乎都是意大利品牌。

旅游营销渠道之间的冲突、竞争与合作不以人们意志为转移，旅游产品生产者需要正确应对各自渠道冲突，善于化解矛盾，利用渠道竞争为本企业获取理想的利益；在互利互惠的基础上不断提高渠道合作层次，建立经济、高效的营销渠道网络。

第三节 旅游营销渠道的发展趋势

一、旅游中间商的发展趋势

（一）渠道类型多样化

近几年，除了传统形式的旅游代理商、批发商和零售商外，航空公司、旅游超市、旅游网络预订系统等形式的中间商及其联盟也迅速发展起来。可以预见，旅游营销渠道体系将呈现出多种经营形式、多种流通渠道、多种经济成分并存和渠道环节减少的"三多一少"的格局。

（二）经营范围多角化

为了扩大总体销售收入，一个旅游中间商往往经营多家旅游生产者提供的旅游产品，有些中间商还从事与旅游相关的业务，如代办交通票据、提供出国咨询等，以实现规模经济效应。

（三）服务功能多样化

现代旅游中间商与消费者的关系不再是单纯的旅游产品的买卖关系，其职能已扩大到储存、托运、咨询、信息等诸多领域。通过为顾客提供多方位的服务，旅游中间商不仅能增加综合收入，还可以树立良好的整体形象，从而更好地发挥旅游产品销售代理人的职能。

（四）业务处理现代化

随着科技的进步，大量高新技术成果被广泛地运用于中间商的经营活动中，如开展网上促销、签订电子合同、实现网上预订及支付等，这极大地拓宽了旅游中间商的销售范围和业务能力，成为中间商参与竞争的重要手段。

二、旅游营销渠道的联合发展

传统的旅游营销渠道是一个成员关系较松弛的组织体系，生产商、批发商、零售商合作较少，且常常为了自身利益而互不相让，导致整个渠道的利益受损。在现代营销渠道中，渠道成员为了提高经济、社会效益，往往能从整体看问题，并采取一定形式的联合，共同致力于整个渠道效益的提高。

（一）纵向联合

旅游营销渠道的纵向联合是指以一定的方式将所有渠道成员联合在一起，统一目标、协调行动，它实现了一定程度的一体化经营，有利于增强旅游企业对渠道的控制，减少渠道成员为追求各自利益而引起的冲突。旅游营销渠道的纵向联合主要有三种形式：公司式联合、管理式联合、契约式联合。

（二）横向联合

旅游营销渠道的横向联合是指渠道中同一层次的两家或两家以上的旅游企业联合起来，

通过资金、技术及营销设施等方面的合作，共同开拓市场，实现优势互补。航空公司和旅游批发商联盟相互吸引客源，便是一种典型的横向联合形式。

（三）集团联合

集团联合是指以企业集团的形式，将营销渠道成员结合成具有生产、销售、信息、服务等多种功能的经济联合体。这种经济联合体一般具有较大规模，且往往可以跨行业、跨部门，功能齐全、竞争力强，属于高级形式的营销渠道联合。

三、新型旅游营销渠道的构建

随着旅游市场营销的发展，新型营销渠道不断涌现，作用也日益凸显。以下是三种新型渠道：直复营销渠道、特许经营渠道和网络营销渠道。

（一）直复营销渠道

直复营销渠道近年来越来越受营销学者和旅游企业经营者的重视。直复营销渠道的使用让旅游企业和旅游者之间可以更有效地进行双向信息交流，使各种媒体成为销售场所，并具有信息反馈功能。常见的直复营销渠道方式有电话营销渠道、直接邮购营销渠道、电视营销渠道等。

1. 电话营销渠道

电话营销渠道是最广为使用的双向直接沟通渠道，通过电话营销可以节省登门销售的出差成本和其他开支。目前，旅游企业和旅游企业之间的很多产品的销售工作都通过电话来完成，如酒店的餐饮部、客房部对游客的销售、旅行社对旅行社的线路销售、酒店对旅行社的客房销售等。

2. 直接邮购营销渠道

直接邮购营销渠道是指旅游企业把旅游产品和服务的目录直接邮寄给目标游客，目标游客再根据产品目录选购旅游产品和服务。由于大多数旅游产品具有生产和消费同步的特点，因此直接邮购营销渠道在销售旅游产品时较少使用，通常在销售实物形态的旅游产品时才使用。

3. 电视营销渠道

电视营销渠道有两种常见形态：一种是时间比较短的直接回复广告，通常是免费电话号码；另一种形态是通过电视购物频道来进行，整个购物频道24小时播出商品销售节目（其中有一部分是旅游产品销售节目），这种专门的购物频道在我国比较少见。由于许多旅游产品和服务容易被模仿，因此我国旅游企业使用电视营销渠道分销旅游产品的情况极少，但是也有一些旅游企业已经通过这个渠道取得了成效。

（二）特许经营渠道

现代特许经营起源于1851年的美国，直到20世纪初，特许经营才变得较为普遍。现在很多旅游企业也开始使用特许经营渠道进一步分销自己的产品和服务，以达到扩大市场的目的。

1. 特许经营渠道的特点

旅游企业在使用特许经营渠道的时候，转让的是一套标准化的产品和服务以及某种管理技能。使用特许经营渠道的旅游企业一般具有较大的规模、较好的品牌形象、较独特的产品和较先进的管理技能，如假日酒店集团、万豪酒店集团和香格里拉酒店集团等。

2. 特许经营渠道的两种主要类型

旅游企业常用的特许经营渠道主要有产品及商标型、经营模式型两种。

（1）产品及商标型。在这种形式中，特许人通常是一个旅游生产商，同意授权受许人对特许产品或商标进行商业开发。特许人可能提供广告、培训、管理咨询方面的帮助，但受许人仍作为独立的经销商经营业务。这种模式也被称为传统特许经营渠道模式。

（2）经营模式型。经营模式型特许经营渠道又被称为第二代特许经营渠道。在这种形式中，特许人与受许人之间的关系更为密切，受许人不仅被授权使用特许人的商号，而且要接受全套经营方式，包括经营场所、产品或服务的质量控制、人员培训、广告、财务系统及生产产品所需的原材料供应等。这种经营渠道常见于餐厅、酒店等。

（三）网络营销渠道

随着信息时代的到来，网络营销渠道成为热门，各企业通过互联网把自己的旅游产品和服务销售到全球各地，例如旅行社线路的网络销售、酒店产品的网络销售等。

1. 网络营销渠道的优越性

网络营销渠道让旅游企业可以不再像使用传统营销渠道那样"一手交钱、一手交货"地面对面交易，旅游者可以通过各种电子商务媒介和经营者进行非面对面的直接交流。

（1）旅游产品交易可以超越时空限制。现在，旅游企业可以借助网络营销渠道，将市场范围扩至全球，小企业可以"变大"。同样，对于旅游者而言，购买产品不再受地理空间的限制，可通过电子商务实现异地购买。

【学习拓展】

餐厅的网络销售

华人杨先生在美国一个人口密集的城镇开了一家中餐厅，开业一个月以来餐厅生意一直很冷清，这让杨先生伤透了脑筋。他进行市场调查后发现，当地人并不是对中餐不感兴趣，而是因为大部分人不了解中餐，还有一部分人不喜欢在外就餐，而喜欢在家里用餐。据此，杨先生瞄准了网络销售渠道，让顾客在家里可以通过互联网登录他的餐厅网站，了解餐厅所提供的菜肴，并介绍一些菜肴的制作方法和相关的餐饮文化，顾客可以根据需要在网上点菜、付费，最多半个小时，餐厅员工便可将菜肴送到顾客家。此举推出后很受大家的欢迎，还因此带动了餐厅堂食的消费。餐厅生意由冷转旺，网络营销渠道功不可没。

分析：在传统的面对面的交易过程中，旅游者、旅游企业的交易时间受到了限制。借助网络营销渠道，企业和旅游者一天24小时、一年365天都可以完成交易。

（2）可降低交易成本。网络营销渠道使交易、销售渠道缩短了，费用也就可以节约下来。旅游者可以借助数字支付完成旅游产品的购买过程，从而减少了以前为购买旅游产品所花费的时间成本。

2. 构建网络营销渠道所需的条件

要想充分发挥网络营销渠道的作用，还需要政府和企业共同努力，一起构建网络时代的新型营销渠道。

（1）构建规范网络营销的法律体系是根本保障。为了充分保障旅游企业和旅游者的利益，首先要构建规范的网络营销法律体系。政府和相关部门要尽快从旅游经济安全的角度建立具有中国特色的、适用于电子商务的法律,使旅游企业的网络渠道营销工作和旅游者的网络购买行为有法可依、有规可循。

(2) 增强人文关怀意识是网络营销成功的关键条件。为了体现网络营销的人文关怀,旅游企业应制定出体现个性、服务个性、满足个性、实施个性的人文营销策略来促进网络营销渠道的构建。

1) 人文化、"量体裁衣"式的旅游产品设计。旅游企业可以利用网络营销渠道和旅游者形成"一对一"的营销关系,这样有助于为每一位旅游者解决个别问题,甚至可以根据旅游者的要求"量身定制"其所需要的旅游产品。

2) 情感服务和个人沟通。旅游企业要从细微处关心旅游者,想旅游者之所想,提供温馨的情感服务,以弥补旅游者在这种虚拟的人际关系中可能感受到的"人情淡漠"。

【思考题】

1. 如何决定旅游企业营销渠道的长度、宽度与数量?
2. 选择营销渠道的原则是什么?
3. 团队渠道与散客渠道在利用上有什么区别?
4. 如何理解渠道各成员之间的竞争和合作关系?
5. 旅游企业如何调整营销渠道?
6. 在网络时代,旅游营销渠道的发展优势有哪些?

【案例分析】

万豪酒店集团与饿了么的渠道合作

2020年5月15日,万豪酒店集团宣布旗下130余家酒店已全面上线饿了么,在全国49座城市同步开启高端餐饮外卖服务。

据悉,部分万豪酒店已先期上线饿了么。数据显示,其餐饮外卖消费者中超8成来自CBD白领,广州万豪的樱花虾炒黄埔蛋套餐、武汉万豪的纯肉手工大包等也成为最受欢迎的特色餐品。此次上线的餐品包含了早餐、下午茶、西餐轻点和中餐正餐等各种类型,上线前,万豪和饿了么一起,精准分析各地消费需求,对所有上线餐品的搭配、价格和配送等环节又做了新一轮专属优化。

"我们相信,升级是推动复苏的最好方法。"饿了么相关业务负责人介绍,"接下来我们和万豪酒店集团将在阿里生态会员运营、服务内容开拓等方向上进一步探索,与休闲、旅行等更多场景全面打通,一起打造高端酒店业数字化升级的样板。"

[案例思考]

高星级酒店与外卖快递的渠道合作如何实现更大的双赢?

第十章 旅游产品促销策略

【学习目标】
 理解旅游产品促销组合的含义及构成。
 了解旅游产品广告、旅游产品人员推销、旅游公共关系的相关内容。
 理解影响旅游产品促销的因素。

【学习重点】
 旅游产品促销组合的概念及作用。
 影响旅游产品促销的各类因素。
 旅游产品广告策略、旅游产品人员推销策略、旅游公共关系的策划。

【学习难点】
 旅游产品促销组合的实践应用。

第一节 旅游产品促销组合

一、旅游产品促销组合的构成

(一) 促销的概念

促销是指企业通过人员推销或非人员推销的方式，向目标顾客传递商品或劳务的存在及其性能、特征等信息，帮助消费者认识商品或劳务所带给购买者的利益，从而引起消费者的兴趣，激发消费者的购买欲望及购买行为的活动。促销本质上是一种通知、说服和沟通活动。企业为了促进销售，把信息传递的一般原理运用于促销活动中，使企业与中间商和消费者之间建立起稳定有效的信息联系。

(二) 旅游产品促销组合的概念

所谓旅游产品促销组合，是一种组织促销活动的策略思路，主张旅游企业运用广告、人员推销、营业推广、公共关系四种基本促销方式组合成一个策略系统，使企业的全部促销活动互相配合、协调一致，最大限度地发挥整体效果，从而顺利实现企业目标。

促销组合体现了现代市场营销理论的核心思想。促销组合是一种系统化的整体策略，四种基本促销方式则构成了这一整体策略的四个子系统，每个子系统都包括了一些可变因素，即具体的促销手段或工具,某种因素的改变意味着组合关系的变化,也就意味着一个新的促销策略。

(三) 促销方式

要想有效地与购买者沟通信息,必须通过一定的促销方式进行。促销作为一种沟通活动,其采取的方式一般来说包括两大类:一类是单向传递,即一方发出消息,另一方接受信息,如商业广告、橱窗陈列等,称之为非人员推销。此种方式又被称为拉式策略,一般适用于单位价值低、市场需求量大、流通环节多、消费者对产品非常熟悉、市场比较成熟的产品。另一类是双向沟通,即买卖双方互相交流信息,如推销人员通过上门推销、现场推销等方式将产品直接介绍给消费者,同时消费者也将自己的需要与意见反映给推销人员,人们把这种方式称为人员推销,或推式策略。

具体又可以分为人员推销、广告、公共关系和营业推广四种方式(见表10-1)。除人员推销外,其他三种方式属于非人员促销。加强对促销方式研究,对企业制定促销策略,实现企业目标十分重要。这里仅对四种常见方式做简单的比较介绍。

表10-1　各种促销方式优缺点对比

促销方式	优　点	缺　点
人员推销	直接沟通,反馈及时,可当面促成交易	占用人员多,费用高,接触面窄
广告	传播面广,形象生动,节省人力	只针对一般消费者,难以立即成交
公共关系	影响面广,信任度高,可提高企业知名度	花费较大,效果难以控制
营业推广	吸引力大,激发购买欲望,可促成消费者及时冲动购买行动	接触面窄,有局限性,有时会降低商品价格

1. 人员推销

人员推销就是企业利用推销人员推销产品。一种是派出推销人员与消费者或用户直接面谈交易,另一种是企业设立销售门市部由营业员向购买者推销产品。这种方式具有直接、准确与双向沟通的特点。

2. 广告

广告是指企业通过大众传播媒体向消费者传递信息的宣传方式。采用广告宣传可以使广大消费者对企业及其产品和服务有所认识并产生好感。其特点是可以在推销人员到达之前或不能到达的地方宣传企业产品,传递信息。

3. 公共关系

公共关系是指企业为了向公众展示企业的经营方针和经营策略符合公众利益,也为有计划地加强与公众联系、建立和谐关系、树立企业信誉而举行的一系列活动。公共关系的核心是交流信息、促进相互了解,宣传企业,提高企业的知名度和社会声誉,为企业创造良好的外部环境,推动企业不断向前发展。

4. 营业推广

营业推广是指人员推销、广告以外的用以增进消费者购买和交易效果的那些促销活动,例如商品陈列、商品展示会、赠送、免费试用等方式。其特点是用真实的方式有效吸引消费者,并刺激他们的购买欲望,能够起到短期内促进销售的显著效果。

【学习拓展】

买一赠一与第二杯半价

奶茶店经常推出：同价商品买一杯赠一杯或者第二杯半价的活动，你认为哪个对于消费者更划算呢？有的消费者会认为折扣是一样的，其实不然，买一赠一，实际折扣为五折；第二杯半价，实际折扣为七五折。因此，买一赠一更划算。

二、旅游产品促销的意义

对于其他产品而言，旅游产品一旦形成就具有不可取代性、生产和消费的同时性等特征，而且旅游产品需求弹性也较大，因此，促销在旅游企业的营销策略中占有十分重要的地位。在激烈的市场竞争环境中，旅游企业要想生存和发展，就应该选择适当而有效的促销策略。

（一）旅游产品促销的主要作用

旅游产品促销对于旅游产品生产者或供给者有着十分重要的意义。

1. 提供旅游信息，促进旅游企业与旅游者的沟通

旅游企业以促销的方式向潜在消费者传递在何时、何地和何种条件下，提供何种旅游产品等信息，旅游者通过这些信息，了解和熟悉旅游企业和产品，对旅游产品发生兴趣，产生旅游欲望和需求，最终形成旅游动机和购买行为。

2. 突出旅游产品的特点，强化竞争优势

相互竞争的同类旅游产品的差别不是太明显，不易被旅游者所察觉。如在欧美旅游市场上，我国和东南亚各国的旅游产品都被视为东方文化。旅游产品促销通过对同类旅游产品某些差别信息的强化传递，对不同产品或服务的特色起到聚焦、扩大和突出的作用，从而使旅游者对旅游产品的效用有更多的了解，选择适合自己的产品并形成对该旅游产品的购买偏好。

3. 树立良好的形象，确立和巩固市场地位

生动而有说服力的旅游产品促销活动有利于塑造友好、热情的形象。服务周到的良好的旅游形象，为旅游产品赢得更多的潜在旅游者。一旦出现有碍旅游目的地或旅游企业发展的市场因素时，也可以利用促销活动改变人们的消极印象，重塑对企业有利的社会形象，对恢复、稳定甚至扩大市场份额有积极作用。

4. 刺激旅游需求，引导旅游消费

旅游产品的需求弹性较大，波动幅度也较大，形式多样，生动活泼的旅游产品促销可以唤起人们的潜在旅游需求，甚至创造和引导对特定旅游产品的消费需求。例如，江苏无锡的旅游产品最早在日本的影响并不大，缺乏拳头产品。后来，无锡市旅游局邀请当时著名的日本演员中野良子前来度假旅行，并制作成电视片在日本放映，结果无锡在日本名声大振，不少日本游客慕名而来。

（二）影响旅游产品促销的因素

优化旅游产品促销组合要根据旅游企业的促销目标、产品特点、产品生命周期、市场性质、促销策略等因素，将几种促销方式有机结合、综合运用。旅游企业在组合促销方式时应考虑以下因素。

1. 促销的总目标

促销的总目标是通过向消费者宣传、诱导和提示，促进消费者产生购买动机，影响消费

者的购买行为，实现产品由生产领域向消费领域的转移。不同的旅游企业在同一市场、同一旅游企业在不同时期及不同市场环境下，所进行的特定促销活动，都有其具体的促销目标。促销目标是影响促销组合决策的首要因素，促销目标不同，促销组合必然有差异。若旅行社的促销目标是在短期内加快信息传递，所采用的促销组合方案则应侧重广告，并配合营业推广；若旅行社的促销目标是树立品牌形象，培育顾客忠诚度，则促销组合方案应侧重广告和公共关系，辅以人员推销。

2. 产品特点

不同性质的产品，用户具有不同的购买行为和购买习惯，需要采用不同的促销组合策略。例如，生活消费品和工业生产资料因其自身性质的不同，采取的组合方式就不同。消费品因为消费者数量众多，可以较多地使用广告和营业推广；而生产资料多为专门用户，则更适合采用人员推销方式。

3. 产品生命周期

旅游产品在不同的生命周期，促销的重点和促销目标不同，促销组合的方式也有区别。在投入期，企业的促销目标是让消费者认识和了解产品，需要进行广泛的宣传以提高产品的知名度，因此广告与营业推广效果最好；在成长期，企业的营销目标是进一步激发消费者的兴趣，使其对产品产生偏爱，因此广告和营业推广仍需加强；在成熟期，企业营销目标是留住老主顾，开发新客户，提高市场占有率，这时大多数人已了解了产品，如果没什么新特点，就应当削弱广告，同时增加营业推广，开发新客户；进入衰退期，企业营销目标是促成持续的信任并刺激购买，因此应继续以营业推广的方式促进销售。

4. 市场性质

不同的地理位置、市场类型和顾客群决定了不同的市场性质，也决定了不同旅游产品的促销组合策略。一般来说，小规模的本地市场应以人员推销为主，若是广泛的全国市场或国际市场，则应以广告宣传为主。

5. 促销费用

促销费用或多或少地直接影响对促销方式的选择。一般说来，广告宣传的费用较高，人员推销次之，营业推广花费较少，公共关系费用最少，他们的促销效果也不一样。

6. 其他营销因素

影响促销组合选择的因素是复杂的，除以上五种因素外，企业的资源、渠道策略、销售人员素质、整体发展战略、社会和竞争环境等也不同程度地影响着促销组合的决策。

总之，企业在制定促销组合策略时，应审时度势，综合考虑促销目标、产品特性、财力、市场竞争及状况，在可能的情况下评估必要的促销费用，然后综合分析、比较各种促销手段的成本与效果，以尽可能低的促销费用取得尽可能好的促销效果。

第二节　旅游产品广告

一、旅游产品广告的特征

（一）广告的含义及作用

广告是为了某种特定的需要，通过一定形式的媒体，公开而广泛地向公众传递信息的宣传手段。广告有广义和狭义之分，广义广告包括商业广告和非商业广告。非商业广告是指不以盈利为目的的广告，又称效应广告，如党政宣言、政府行政部门、社会事业单位乃至个人的各种公告、启事、声明等，主要目的是推广；狭义广告仅指商业广告，是指以盈利为目的的广告，通常是商品生产者、经营者和消费者之间沟通信息的重要手段，也可能是企业占领市场、推销产品、提供劳务的重要形式，主要目的是扩大经济效益。美国广告协会对广告的定义是：广告是付费的大众传播，其最终目的为传递情报，改变人们对广告商品之态度，诱发其行动而使广告主获得利益。

综上所述，市场营销学主要探讨的是狭义的广告，可以定义为：广告是广告主以付费的方式，通过公众媒体对其商品或劳务进行宣传，借以向消费者有计划地传递信息，影响人们对广告的商品或劳务的态度，进而诱发其行动，使广告主得到利益的活动。

（二）广告的功能

广告作为传播信息的一种基本形式和重要手段，具有多方面的功能。

1. *传递信息，促进销售*

通过广告，企业可以把有关产品的信息传递给客户，引起客户的注意与兴趣，激发其购买行为。因此，广告的信息传递能迅速沟通供求关系，促进产品的销售。

2. *介绍商品，引导消费*

消费者行为虽然具有复杂性和多样性的特点，但也具有共同性和可引导性。通过广告宣传，企业可以向客户介绍商品，并诱导顾客需求，影响消费者心理，刺激其购买行为，促进尝试性购买，开发新顾客，从而促进商品销售，提高市场占有率。

3. *树立企业形象，提高企业知名度*

广告宣传了产品形象和企业形象，扩大了企业和品牌的知名度，成为企业开发市场、巩固市场、扩大市场的重要手段，从而成为企业打造核心竞争力不可或缺的方式。

（三）广告的种类

从不同的角度出发，按照不同的标准，广告有很多的分类。广告按照使用的媒体和形式主要分为以下几类。

1. *印刷品广告*

印刷品广告包括报纸、杂志、图书、宣传单等各种印刷品，其中最为典型的是报纸和杂志两大媒体。

2. *视听广告*

视听广告即通过广播、电视、电影、电台、手机等媒体传播的广告，其中电视和广播最为典型。

3. *户外广告*

户外广告即在街道、广场、机场、车站、码头等公共场所设置的路牌、霓虹灯、电子显示牌、橱窗、灯箱、气球、墙壁等上刊登的广告。

4. *张贴广告*

张贴广告即在影剧院、文化馆、展览馆、酒店、游乐场、商场等场所内外设置、张贴的各种印刷品广告。

5. *交通工具广告*

交通工具广告主要是指利用交通工具作为媒介所做的广告，包括车内广告和车外广告，如利用车、船、飞机等交通工具设置、绘制和张贴广告。

6. 包装广告

包装广告即企业利用包装商品的纸、盒子、袋子、罐子等外包装，通过加印自己生产或经营的主要商品等方式进行宣传。

7. 实物广告

实物广告即以商品自身为媒介的广告。商人或持所售商品，或将经营的商品悬挂于店铺门前，或陈列于顾客易见之处以招揽生意。现代的橱窗广告、商品陈列、持样品推销、寄送样品、试吃试用等，都是以实物为广告媒介。

以上介绍的是一些主要的广告类型，这些不同类型的广告不是完全分割的，而是互相之间有融合的地方。随着广告业和网络技术的发展，将会出现形式各样的广告。

(四) 旅游产品广告的特征

广告在旅游产品营销过程中起着非常重要的作用。在众多的促销方式中，广告具有极其显著的特点，主要有以下几点。

1. 媒体众多

旅游企业投放广告可以选择各种不同的媒体，不同的媒体有不同的优势和特点。

2. 传播面广

旅游产品广告是一种高度公开的信息沟通方式，其信息覆盖面广。旅游企业借助于广告媒体，在短期内就可以让产品的信息得到最广泛的传播。

3. 感染力强

广告媒体在利用声音、色彩、影像等艺术和技术手段方面有独特的优势，因而有更强的表现力和吸引力，好的旅游产品广告使消费者在欣赏中不知不觉地就接受了广告信息。

4. 效果具有滞后性

广告的效果并不是立竿见影的，往往要在一个较长的时间内才能充分体现出来。因而一般情况下，它不能促使消费者立即产生购买旅游产品的行为。

【学习拓展】

优秀的广告语

优秀的广告语是什么样子的？

首先，优秀的广告语要切合品牌或城市所要传播的定位。例如：辽宁省省会城市沈阳的定位为："一朝发祥地，两代帝王都"。这样短短的一句话，把"努尔哈赤、皇太极建都沈阳"的历史表述了出来，将城市地标"沈阳故宫"也表达了出来。

其次，广告语必须有冲击力、感染力。好的广告语能够打动消费者，让人在情感上产生共鸣，从而认同它、接受它，甚至主动传播它！比如，《三亚千古情》的"一生必看的演出"。

最后，好的广告语应该是易于传播的。它表现在易读、易记、有内涵等几个方面。好的广告语能让你回味良久。例如，四川省乐山市的旅游广告语："乐山，乐水，乐在其中。"子曰："知（zhì）者乐（yào）水，仁者乐（yào）山；知（zhì）者动，仁者静；知者乐（yào），仁者寿。"——《论语·雍也》。乐山市的广告语既简短好记，又很有内涵。

香格里拉酒店集团的广告语一向十分讲究。如杭州香格里拉饭店的广告是："有的旅行社推出包价旅游团，我们则包价推出杭州。"它的另一则广告称"杭州香格里拉将大多数人追求的静谧和很少的酒店可以提供的膳宿标准融为一体"。

二、旅游产品广告方案的设计

旅游产品广告方案的设计我们可以参考 5M，即制定广告方案所需决定的五项主要内容：任务（Mission）、资金（Money）、信息（Message）、媒体（Media）、衡量（Measurement）。

（一）任务——确立广告目标（Mission）

广告目标是指企业广告所要达到的目的，有告知性广告、说服性广告、提示性广告。例如，福特公司把它的汽车定位为"静悄悄的福特"，整个广告活动围绕"静悄悄"做文章，突出福特汽车的安静舒适、不受噪声干扰的特点。一般来说，广告目标可分为三种类型：通知型、说服型、提醒型。通知型广告主要用于一种新产品的入市阶段，目的在于树立品牌，推出新产品。说服型广告的目的是培养消费者对某种品牌的需求，从而在同类商品中选择它。提醒型广告在产品进入旺销后十分重要，目的是增强消费者对该种产品的记忆和连续购买。旅游企业在设计广告时也应确定广告的目标。

（二）资金——确定广告预算（Money）

广告预算是企业界投入广告活动的资金费用使用计划，它包括广告计划期限内从事广告活动所需的经费总额、使用范围和使用方法，企业可运用量力而行法、销售百分比法、竞争对抗法等来确定广告费用支出。

（三）信息——广告信息决策（Message）

广告信息决策即收集、确定广告要表达和传递的信息。信息发送者对广告对象的策划是解决把"什么"向"谁"传达的问题。这是旅游产品广告活动中极为重要的问题。没有对象，就是无的放矢。但一个广告不可能打动所有的人，而应当找准具有共同消费需求的消费者群。

（四）媒体——确定广告媒体决策（Media）

广告媒体有很多，企业在选择时要考虑目标顾客的接受习惯、产品的特点等诸多因素。媒体选择不一定是收费越高越好，要考虑商品和媒体的特性。针对旅游产品广告区域的地方性和目标客户，选择不同的广告媒体。

（五）衡量——广告效果评价（Measurement）

旅游产品广告效果是指旅游产品广告活动目的的实现程度，是旅游产品广告信息在传播过程中所引起的直接或间接变化的总和，它包括旅游产品广告的经济效益、心理效益和社会效益。

广告不仅是一种营销手段，也是一种艺术，好的广告能给人以美的享受，能美化市容、美化环境。同时，广告内容设计得当，有利于树立消费者的道德观、人生观及良好的社会风尚。

三、广告投放

（一）广告传播的 5W 模式

广告信息传播是一个信息动态流动的过程。传播模式作为一种结构化的研究方法，可以简化并再现传播过程，揭示传播要素及其关系；可以帮助解释传播现象；可以启发人们深入探究未知事物，并能预测传播发展的方向与结果。基于对传播模式的重视，多年来，很多研究者提出了上百种传播模式，其中最经典的是拉斯韦尔的"5W 模式"。

1948 年，拉斯韦尔在《社会传播的结构与功能》一文中，提出了五种传播要素：谁（Who），通过什么渠道（in Which Channel），向谁说（to Whom），说了什么（Say What），有什么效果（with What Effect）。并按照此结构顺序将五大传播要素进行排列，后人称之为"拉斯韦尔模式"。该模式起源于亚里士多德的演讲传播模式，它指明了传播的基本要素，厘清了传播的基本过程，为传播学研究界定了基本领域，后人在该模式的基础上提出了上百种传播模式。

（二）打造广告精准投放的 6R 模式

1. 适切的受众（Right Whom）

广告要做到精准传播，首先要找到适切的受众。在大众传播时代，广告主的目标消费者与媒体的受众、广告的受众，三者往往不会完全重合，这就导致广告费用的浪费。在大数据时代，通过分析目标消费者在消费过程中留下的海量消费数据，如在线下酒店、大超市、连锁超市或线上网购时留下的购物品牌、品类、数量、金额、时间、位置等消费数据，就可以精确计算出目标消费者的消费习惯以及媒体、广告的喜好，进而进行精准定位。

2. 合适的传播者（Right Who）

合适的传播者，即信息源直接影响广告传播的劝服效果。受众对广告的理解往往会随广告代言人的可信度而变化，并由此形成特定的广告态度和品牌态度。

3. 适当的传播时间（Right Time）

传统广告往往以年度、季度、月份或星期作为传播周期，因此很难控制广告传播的最佳时机。在新一代信息网络技术条件下，广告的传播周期完全可以做到以分、秒为单位。广告投放的时机稍纵即逝。利用大数据挖掘技术，广告主可即时优化广告投放时机，通过自动购买媒体时间或版面，跨媒体、跨形式地实现自动传播。

4. 适宜的传播内容（Right Content）

最有效的广告是最不像广告的广告。广告信息除了传统的商业属性赋予的商务信息外，可以是公益的，资讯式的，也可以是用户生成的内容。广告内容和形式根据产品特征、受众心理和行为习惯和传播平台的属性进行精确匹配计算。

5. 合适的传播渠道（Right Channel）

日常生活中，人们的媒体接触往往本身就是跨媒体、全媒体的。但在分析时，往往会被分为读者、听众、观众、网民等不同的身份。这些身份之间存在片断化、交叉化和重复化特征，常常被切割，因此广告主难以得到受众真实的媒体接触全貌。据此片面资料进行的广告媒体组合，不但会浪费资源，还会产生不同媒体版本广告之间的冲突。通过大数据挖掘，广告主可以得到消费者接触媒体的连续数据，通过这些数据可从整体上洞察消费者连续性的整体媒体行为模式。基于消费者媒体接触的整体数据，可以同时掌握消费者与不同媒体形式广告接触的具体情形，不同传播渠道彼此合作，协同传播提升整体广告效益。

6. 适度的传播效果（Right Effect）

适度的广告可在合理的广告预算下帮助广告主提高产品或服务的认知度、美誉度和忠诚度。但过度的广告传播不但会浪费大量的广告费用，还会引起人们的反感，过犹不及。

综上所述，以消费者为中心，利用大数据挖掘消费者的消费习惯、习惯性媒体和生活习惯，由此制定精准的广告传播策略。

第三节　旅游产品人员推销

一、旅游产品人员推销概况

人员推销是一种最古老的营销方式，传统的沿街叫卖、上门推销等都属于人员推销，也是人与人之间的营销传播工具，销售关系的建立很大一部分依赖于销售人员与客户之间的互动式交流。虽然随着市场经济的不断深入及信息时代的来临，广告营销、网络营销等新型营销方式层出不穷，但是人员推销依然在企业营销中起着很大的作用。

（一）旅游产品人员推销的含义

旅游产品人员推销是指由旅游企业派出推销人员直接与顾客接触，传递旅游产品信息，以促成购买行为的活动，是旅游产品促销活动的重要组成部分。旅游产品人员推销是最古老的一种传统促销方式，同时也是现代旅游企业中最常用、最直接、最有效的一种促销方式。

在国际旅游方面，我国旅游企业产品的对外销售主要是与境外旅游中间商接洽和商谈预订业务，如派人参加国际旅游博览会或展览会、派人到旅游客源国进行巡回推销活动，除主要与旅游中间商打交道外，还能与一部分潜在的旅游者进行接触。

（二）旅游产品人员推销的设计及特点

1. 人员推销的设计可以采取的三种形式

（1）可以建立自己的销售队伍，使用本企业的推销人员来推销产品。在西方国家，企业自己的推销队伍的成员叫作推销员、销售代表、业务经理、销售工程师。这种推销人员又分为两类，一类是内部推销人员，他们一般在办公室内用电话等来联系和洽谈业务，并接待可能成为购买者的人来访；另一类是外勤推销人员，他们上门拜访客户。

（2）企业可以使用专业合同推销人员。例如旅游业的代理商、销售代理商等，按照其代销额付给佣金，西方国家的大公司甚至会雇用国内外退休的高级官员当推销员。

（3）企业可以雇用兼职的售点推销员，在各种零售营业场合，用各种方式促销，按销售额比例提取佣金，方式如产品操作演示、现场模特、咨询介绍等。大学生兼职时多从事此项工作。

2. 人员推销的特点

（1）沟通的双向性。双向信息沟通是人员推销区别于其他促销手段的重要标志。在推销过程中，销售人员一方面把企业信息及时、准确地传递给目标顾客；另一方面还承担了情报搜集任务，把市场信息、客户的要求意见和建议反馈给企业，为企业调整营销方针和政策提供依据。

（2）销售的针对性。推销人员在每次推销之前，可以选择有较大购买潜力的客户，并且对客户进行事先调查，拟定具体的推销方案和推销策略，从而有针对性地进行推销，提高推销的成功率。

（3）方式的灵活性。与顾客的直接沟通是人员推销的主要特征。由于是双方直接接触，相互间的态度、气氛、情感等都能被捕捉和把握，有利于销售人员根据顾客的动机和特点调整推销陈述和推销方法，以适应其情绪、心理的变化，帮助顾客明确需求，为其解除各种疑虑，引导购买欲望。

（4）销售的有效性。人员推销的一个特点是提供产品实证。销售人员通过展示产品、解答质疑，指导产品使用方法，使目标顾客能当面接触产品，从而确信产品的性能和特点，易于引发购买行为。

然而，人员推销也存在一些不足之处：一是费用支出较大，由于人员推销直接接触的顾客有限、销售面窄、开支较多，增大了产品销售成本；二是对推销人员要求较高，人员推销的成效直接取决于推销人员素质的高低，尤其随着科技的发展，新产品层出不穷，对推销人员的要求也越来越高。

（三）实施旅游产品人员推销的步骤

1. 识别潜在客户

推销过程的第一步是找出有潜在购买力的客户。寻找客户的方法有很多，既可以向现有客户了解，也可以参加社交活动，查阅工商名录发掘潜在客户，还可以利用朋友介绍或通过与社会团体协作等方式间接寻找。找到潜在客户后，再通过查看他们的经济实力、特殊需求、地理位置及发展前景，找出适合发展业务的潜在客户。

2. 推销准备

在接洽一个潜在客户之前，推销人员必须做好准备工作。准备工作做得越充分，推销人员在推销过程中的信心就越足，越能够胸有成竹地去接近不同的目标顾客，为成功的推销奠定基础。推销准备工作的主要内容就是收集、整理、分析目标顾客的有关资料进行推销预测，主要包括顾客资料的准备和推销工具的准备两个方面。

3. 约见客户

在做好推销准备工作之后，推销人员就要按计划约见客户。约见客户是指推销人员事先征得客户同意接见的行为过程。在通常情况下，推销人员往往先与客户约好，然后登门拜访，与客户洽谈有关事宜。约见客户是整个推销活动的一个重要环节，它既是推销准备工作的延续，又是正式接近客户的开始。

4. 推销洽谈

推销洽谈是指推销人员运用各种方法、方式和手段，向顾客传递推销信息并进行双向沟通，旨在说服顾客购买的过程。推销洽谈的目的在于沟通推销信息、诱发顾客的购买动机、激发顾客的购买欲望。在整个推销过程中，洽谈是最重要的环节，能否达成交易往往取决于推销人员在洽谈中的表现。为了达到洽谈目的，推销人员必须善于倾听和提问，灵活运用洽谈的策略和技巧。

5. 应付异议

在进行推销洽谈的过程中，客户几乎都会对推销人员的建议产生抵触和疑问，并把自己的看法、反对意见讲出来，这就是推销洽谈中常说的顾客异议。有异议表明顾客对产品感兴趣，意味着有成交的希望。推销人员通过对顾客异议的分析可以了解对方的心理，知道其为何不买，从而对症下药。对顾客异议的满意答复，有助于交易的成功。

6. 推销成交

在推销活动中，促成交易是推销人员所追求的目标。从寻找顾客到接近顾客、推销洽谈、应付异议，推销活动便进入了收获阶段。为了使顾客做出有利于卖方的最后决定，使推销工作得以圆满成功，卖方决不能坐等事态的演变，而应该采取积极的推销策略与措施，敦促顾客做出抉择，促成交易的成功实现。

7. 售后工作

双方达成交易并不意味着推销过程的终止，企业还应跟踪顾客对产品的使用情况，提供售后服务。售后工作，首先是检查交易手续的完成情况，了解交易条款的履行情况。销售人员还应同顾客保持联系，了解顾客满意度，对顾客建议、意见或退换货要求等及时处理。其次应建立顾客档案，以备今后查阅、使用。最后推销人员对重点客户要深入分析，总结客户特征及销售经验和技巧。售后工作能加深顾客对企业和产品的依赖，促使顾客重复购买，同时也可获得各种反馈信息，为企业决策提供依据，为建立长期的合作奠定基础。

二、旅游产品人员推销的过程

人员推销不仅应立足于售出企业产品，为企业创造直接的经济利益，还要致力于传播企业文化与顾客建立长期的合作关系。在客户眼中，推销人员就是企业的代表，故顾客对推销人员的满意程度与企业发展息息相关。

(一) 推销活动前

1. 进行顾客细分，发现潜在客户

一个成功的企业在开展具体的营销活动前应制定详细的营销战略。通过规划营销，营销者与企业各部门相互协作，形成一个有效的价值链。借助于企业财会、采购、运营以及信息系统等提供的信息，营销者可以在细分市场上进一步对顾客进行细分，研究不同消费者的特征及影响因素，结合自身的调查及人际关系有针对性地发现具有价值的潜在客户。

2. 制定推销策略，确定推销形式

在确定了潜在客户之后，就需要制定详细的推销策略。推销员针对不同类型客户应制定不同的推销策略，如针对漠不关心型顾客，推销员应重在抓住客户的兴趣进行全面解说；而针对寻求答案型顾客，推销员又应注意分析产品利弊提供合理答复。继而确定合适的推销形式，包括直接推销、网络抑或电话推销的形式，形式不同，侧重点也不同。

3. 行前着装准备，美化首轮印象

良好的形象在面对面的人员推销中影响巨大，人员推销一般是推销员和顾客的首次见面，所以首轮印象在推销过程中尤为重要。曾有人称，人们对一个人的首轮印象遵循"73855"原则，即只有7%源于说话内容，有38%源于自我表现，而55%来外表。人的首轮印象常取决于初次见面的前7秒钟，要在短暂的时间内提升客户对推销人员的好感，那么推销人员应特别注重自身的衣着服饰、言谈举止等。

(二) 推销活动中

1. 注重言辞细节，树立企业形象

在推销过程中，推销员应注意自己的言辞，例如见面称呼，陈述产品时的语音、语调、语气等。不同类型的顾客，其文化素质及理解能力都不同，推销员应做到语言通俗易懂且简明扼要。此外，推销员不仅要着眼于推销产品，还要致力于树立企业形象推销价值观念，通过心理暗示逐步使客户思考并转变自己的思维方式，接受新的价值观念。

2. 听取顾客疑问，耐心进行解答

在推销产品时，顾客往往会因为经济利益而小心谨慎，并提出一些问题反复确认。在这种情况下，推销员应耐心倾听，合理解答。特别是自示型和寻求答案型顾客，因为他们在购买过程中比较理性，所以推销员在分析产品的优势时不要刻意回避产品的不足。通过同行业比较以及实用性考察，顾客往往会被这种真诚的推销员打动。

3. 平和推销心态，避免强行推销

推销员进行推销时应该保持一个平和的心态，既不能消极低沉也不能过分激动。特别是面对防卫型顾客，激动的言辞常会在无形中施加一种强制购买的压力，严重的甚至会演变成强行推销，这是不合适的。避免强行推销要注意以下几点。第一，既不要只推销最贵的商品，也不能冷淡小笔生意；第二，要把顾客利益放在首位；第三，推销时，要晓之以理、动之以情，富有诱导力；第四，勇于承认自己产品和服务的缺点，倾听顾客意见；第五，推销观点必须明了，不能自相矛盾，同时遵守诺言，建立信用。

4. 平衡双方利益，提供适当建议

推销员作为企业与顾客之间的桥梁，具有双向促进的作用。在现实社会中，买卖双方存在着固有矛盾，如何促使双方利益达到平衡是一个成功推销员需要深思的。很多推销员只注重推销任务的完成，而不考虑顾客的实际需求，因此常向顾客推销一些不实用的产品，这对于企业的长期发展十分不利。在推销过程中，推销员不妨结合客户的实际需求有针对性地分析利弊，提供适当的建议。此种策略无论对于漠不关心型、软心肠型、自示型，还是防卫型以及寻求答案型的顾客，都是适用的，并能取得很好的效果。

（三）推销活动后

人员推销的终点并不在于成功地卖出产品，完善的售后服务也是推销人员应重视的。在使用中，产品会出现或多或少的问题，而销售员的跟踪服务无疑会使双方联系进一步加强。通过问题反馈，推销员不仅能够分析产品的不足，为产品改良提供依据，还能增加客户好感，吸引更多的潜在客户。

三、旅游产品人员推销的基本要求

（一）推销人员应具备的素质

在当前市场经济条件下，竞争越来越激烈，为了获得企业的竞争优势，必须有一支素质和能力卓越的推销团队，团队成员应具备以下素质。

1. 爱岗敬业、遵纪守法

推销人员应该致力于推销事业，热爱自己的工作，有很强烈的事业心和责任感，富有挑战精神，努力工作，竭诚为客户服务，有必胜的信念和决心，把满足客户的需求作为自己的工作准则。推销人员同时还应具有强烈的事业心、坚韧的工作态度，强烈的法制观念，自觉遵纪守法，一切依法办事。

2. 一定的职业素养

掌握与推销工作相关知识，包括市场营销学、消费心理学、经济学、企业管理、公共关系、商业谈判和市场调研与预测等。了解公司的知识，主要包括：企业的性质、历史、公司在同行中的地位、企业政策、企业的规章制度、企业生产规模和生产能力、推销策略和价格政策等。了解公司产品，如产品的质量、市场定位、价格以及能满足顾客的属性等。了解客户定位，推销人员必须知晓客户的需求和发展趋势，明确购买决策者和影响者、实施者。了解同行业竞争对手，推销人员要经常调查和分析竞争对手。调查和分析竞争对手的产品特点、竞争对手的推销策略和相关的生产规模、产品价格、服务模式和结算方式等。

3. 良好的性格及心理素质

推销人员应具有外向性格，活泼开朗，反应敏捷，善于沟通，能适应不同的生活环境；能积极赢得客户的好感和信任，从而提高工作效率，获得推销成功。推销人员还应具有坚强意志。推销工作是一项独立的工作，遇到问题必须自己应对，做出决策，这就要求推销人员必须善于独立发现问题，独立分析问题，独立解决问题，在紧急情况下能冷静和果断地处理问题。

（二）推销人员应具备的能力

1. 敏锐的洞察力

推销人员在工作过程中的创新，取决于推销人员对新生事物的敏感度，要求推销人员必须具备非凡的洞察能力。这是推销人员了解客户心理、准确判断客户特征的必要前提。具有敏锐的洞察能力，能看到客户的真正意图，是成功推销的必要条件。

2. 准确的判断力

在商务谈判过程中，顾客受到各种渠道信息的干扰和环境因素的影响。推销人员应该掌握对方的心理变化的能力，以应对各种情况；准确理解客户的需求和购买欲望、爱好、职业习惯；他们的产品能够帮助客户解决什么问题，推销人员必须清楚；满意地回答客户的问题。

3. 适当的说服力

推销是公平和合理的说服。成功的说服依赖三个因素：首先，推销人员相信自己的产品；其次，推销人员必须相信自己所在的企业；最后，推销人员必须相信自己。只有在此基础上，才能说服客户产生购买热情。

4. 良好的沟通能力

推销人员的社会能力在企业的发展中有着特殊的作用，同时也是衡量其是否适合市场推销工作的标志之一。因为推销人员是一个企业的"外交官"，是一名社会活动家，这就需要其有能力与各种各样的人沟通，善于交朋友，能够稳定老客户，吸引新客户，为企业的产品开拓广阔的市场。

5. 合理的情绪掌控力

推销人员在工作中要与各种矛盾、冲突打交道，要处理各种突发事件和纠纷，在遭受批评、拒绝、冷眼时，要控制情绪，要遇乱不慌，遇危不惊，有理有节，沉着应付，不情绪化，充分发挥灵活机动的应变能力。

（三）推销人员的管理

旅游产品人员推销的管理归根到底是对推销人员的管理和控制。为了使旅游产品人员推销工作能够顺利开展，需要对推销人员制定合理的报酬制度，制定旅游企业推销人员的招聘标准，加强对推销人员的培训和激励，对推销人员进行相应的绩效评估。建立合理的报酬制度，有助于激发旅游销售人员的积极性和工作热情，促进其积极地开展业务。旅游推销人员的素质是推销能否成功的重要因素，也是旅游企业形象的体现。因此，旅游企业在招聘推销人员时要制定严格的招聘标准。

旅游推销人员业绩的好坏，直接影响到整个企业的销售收入。为了提高推销人员的业绩，除了给予相应的报酬以外，还应该制定推销定额，加强对推销人员的激励管理。同时，加强对推销人员的管理，进行业绩评估。这是旅游推销人员管理的重要环节，也是核算推销成本的重要因素。对推销人员的评估应该体现公开、公正、公平的原则。

第四节 旅游公共关系

一、公共关系的含义及特点

（一）公共关系的含义

公共关系是指某一组织为改善与社会公众的关系，促进公众对组织的认识、理解及支持，达到树立良好组织形象、促进商品销售的目的而开展的系列促销活动。公共关系是企业与其周围的各种内部、外部公众之间的关系。它是一种关系状态，任何一个企业或个人都处于某种公共关系状态之中。它又是一种活动，当一个工商企业或个人有意识地、自觉地采取措施去改善自己的公共关系状态时，就是在从事公共关系活动。作为促销组合的一部分，公共关系的含义是指以下管理职能：评估社会公众的态度，确认与公众利益相符合的个人或组织的政策与程序，拟定并执行各种行动方案，以争取社会公众的理解与接受。

（二）公共关系的特点

公共关系是生产力发展与社会组织分化的产物，在客观环境的各个领域发挥着社会"保健"作用，并影响着人类社会的政治、经济和人文环境，具有多面性、互利性、程度化、目的性、时代性、连贯性、逆转性等特点。

1. 多面性

多面性是指公共关系建立不是个人、社会组织或团体的单边行为，它总会牵涉两个或多个有关联的第三者，是相互影响、相互作用的特性联系。不过，各个关联间相互影响、相互作用的程度不同。

2. 互利性

任何个人、社会组织或团体之间发生的连带关系总是会存在双方的利益，公共关系依靠沟通、交流、协作等手段创造的和谐、互惠的氛围，能对社会活动中各主体利益产生调和作用，这不仅能让公共关系主体受益，还能让客体（公众）受益。

3. 程度化

公共关系随主体与客体相互间情感、利益的紧密程度不同，呈现出疏松、普通、至交、亲密四种状态。若信息传播到位、沟通融洽、利益一致，则公共关系的紧密程度就高；反之，其紧密程度就低。

4. 目的性

社会是靠利益结成关联的有机整体，建立公共关系必然会直接或间接地带有某种目的性（或是情感需求，或是利益需求），反映的是某种价值取向。只有目的明确，公共关系选择的客体才有针对性，采用的沟通、交流、传播、协作等手段才能直接、有效，并使公共关系的建立和维护具有价值和意义。

5. 时代性

社会随时代进步，公共关系以时代为背景并融入社会的大环境之中。不同时期、不同经济发展水平、不同人文特点，都会产生不同的公共关系理论、方法和形式。只有适应了时代的公共关系才能满足社会发展的需要。

6. 连贯性

公共关系的建立和发展是一项长期、系统、烦琐的工程。根据公共关系目的，关系主体需要经过深入调研、周密策划，有效选择有共同利益的客体建立公共关系。同时，需要根据关系双方的利益变化，依靠传播、沟通、协调等手段对公共关系进行维护和促进，以使公共关系持续发展。

7. 逆转性

逆转性是针对公共关系主体与客体的位置而言。因价值需求，公共关系的一方会主动搭建关系桥梁，主动搭建关系桥梁的一方属于公共关系主体，接纳公共关系的一方属于公共关系客体。但随着价值需求程度的转变，一旦客体对公共关系的依赖性增强，便会积极与主体进行角色互换，如主动沟通、交流等。当客体的主动性超越主体时，客体自然就转变成了主体。

(三) 旅游企业公关人员应具备的基本技能

公共关系活动是一种专业性和实践性很强的职业活动，它要求公关人员必须具备良好的道德品性、优雅的个人气度、较高的文化修养，而且还必须具备较强的能力，包括组织能力、社交能力、宣传能力、创新能力，以及专业技能等。

1. 组织能力

在大多数情况下，公关活动都是复合型、综合性的，它要求公关人员能对纷繁复杂的各种关系做出判断，制订计划，拟订活动方式，并做好人、财、物的分派调度。这些都要求公关人员具备较强的组织和实施能力。

2. 社交能力

公关人员面对的是各式各样的公众、客户，其职责就是通过开展公关活动为企业与公众、客户、政府部门创造一个"人和"的环境。毋庸置疑，开展社交活动、具备社交能力，是一名公关人员应备的最起码的技能。公关人员在五光十色、复杂多样的人际海洋中要不断扩展自己的社交层面，锤炼自己的社交技能。

3. 宣传能力

企业公共关系工作的宗旨之一是要确立起公众对本企业产品和服务的正确观念，打消一些客户的疑虑，坚定购买本公司产品的消费者的信心，这就要求公关人员应具备较强的宣传能力和表达能力。

4. 创新能力

创立和维护公共关系不能因循守旧，而要开拓创新、另辟蹊径。在这方面，独具一格、别出心裁的做法往往可以获得预想不到的效果，甚至能找出各种"公关宣传"的方式。

5. 专业技能

公关人员不仅要有综合性的知识结构和多方面的才能，还应具备开展公关活动的专业技能，要能在社交场合与日常生活中加以应用。

二、旅游公共关系策划

(一) 收集市场信息

信息是公共关系活动开展的基础。有些信息对旅游企业有用，有些与旅游企业业务无关,这需要旅游企业公共关系部门收集、整理和分析,为企业进行科学决策提供依据和参考,这是旅游企业生存、发展和壮大的必要条件之一。因此,收集和掌握各种与旅游企业有关的信息,是旅游公共关系策划的重要内容之一。

根据公共关系在旅游企业中的工作性质和角色,收集的信息类型主要包括四种:旅游企业形象信息、旅游企业产品信息、旅游市场信息和社会环境信息。

1. 旅游企业形象信息

旅游企业形象信息是公众对旅游企业在运行过程中所显示的行为特征和精神面貌的反映,可以划分为旅游企业外观形象和内在气质两类。

旅游企业外观形象,是指旅游企业所在的地理环境、建筑布局风格、绿化景观、装饰工艺、设施水平等给公众留下的感官形象。这种感官形象在很大程度上影响了公众对该旅游企业的档次、规格,甚至产品、服务的评判。

旅游企业内在气质,是指旅游企业内部以服务质量和管理风格为主要内容的特征,包括服务质量、管理水平、组织信誉、组织文化、经营作风以及员工队伍的精神面貌、诚信程度、办事效率等。公众对这些形象要素的评判构成了对旅游企业形象的基本态度和总体评价。

2. 旅游企业产品信息

产品是旅游企业运行的最重要部分,也是旅游企业与消费者之间发生联系的最根本原因。产品形象与组织的生存发展息息相关,产品信息是旅游企业调整经营方针和预测市场的依据。产品信息主要包括公众对旅游产品的质量、服务、价格和用途等主要指标的反映,以及对产品优点和缺点的反映和建议。

3. 旅游市场信息

旅游市场信息包括旅游市场需求与供给信息、价格信息、竞争对手信息、价格信息、消费公众心理与消费习惯信息、消费趋势变化信息等。旅游市场信息是旅游企业预测旅游市场变化、掌握市场主动权、及时修正经营方针的重要依据。

4. 社会环境信息

社会环境信息是指与旅游企业生存发展有关的各种国际、国内环境变化信息,可分为国内环境信息与国际环境信息。国内环境信息包括国家方针政策及政治动态、经济政策及经济运行趋势、立法信息、金融信息、文化科技情报、舆论热点、时尚潮流、民俗民情、自然灾害及社区环境动态信息;国际环境信息包括世界总体形势、经济形势、区域局势、重要客源国及对象国的对华政策、经济状况、政局及立法变化情况等。

(二) 提供决策建议

在组织决策时,公共关系部门要向组织决策层和相关管理部门提供其所收集的各种信息情报,提出建议,供决策者参考选择,作为决策依据。

1. 站在公众立场发现决策问题,帮助修正决策

决策需要平衡协调多方面利益与矛盾,而立场不同的人会有不同的利益需求,决策过程如果不受一定的约束,就容易产生只顾自身利益而忽视公众利益的片面性倾向。决策者要保证决策的科学合理,需要从多方面来检验决策内容。处在不同地位的人会从不同的立场审视决策内容的合理性,寻找决策的问题。公共关系参与决策就是要代表公众从组织内部对组织及其决策行为进行约束,站在公众立场上考虑问题、发现问题,要求本组织决策者必须考虑

公众利益，使公众利益进入决策视野，在决策方案中反映公众的利益和需求，从而帮助修正决策，避免本组织决策中出现只顾自身利益的情况。

2. 确立公共关系目标

组织决策都会有组织总目标，公共关系工作也有自身的目标，这个目标应该服务、服从于总目标，与总目标和其他职能部门的工作相协调，有利于保障组织目标的顺利实现。公共关系参与决策就是要将组织形象建设纳入组织目标体系，并明确组织形象建设的基本要求与措施，从而形成与总目标方向一致的公共关系具体工作目标，并在整体决策中充分体现公共关系的重要意义。

3. 帮助旅游企业拟定决策方案

决策方案包括设计方案和选择方案。在选择方案环节，考虑公共关系要素有助于方案的设计能够满足公众要求，有利于组织对总体利益的全方位把握。

4. 帮助旅游企业实施决策方案

组织决策方案的实施，一方面需要组织内部统一思想认识，理解决策方案；另一方面也需要在外部公众中营造良好的实施环境，争取公众的支持。公共关系可以在决策实施过程中充分发挥宣传、传播与沟通职能，促进内外公众对相关决策的理解与认可，协调内部各职能部门的实施行为，并及时回收反馈信息，帮助决策者及时调整实施行为。

（三）建立信誉，塑造组织形象

信誉是组织在公众中享有的信用和名誉，是影响组织发展的重要因素。在激烈的市场竞争中，信誉是旅游企业的生命和形象的基础，没有良好的组织信誉，绝对谈不上良好的组织形象。良好的组织形象能赢得公众的信任、支持和信赖，稳定销售渠道，吸引人才，增强内部员工的凝聚力。通过科学的、有计划的、有步骤的公共关系活动，树立良好的组织信誉。塑造最佳的组织形象是旅游公共关系所追求的最终目标，也是旅游公共关系战略的核心内容。

旅游是服务性行业，旅游企业向顾客出售的产品就是服务，服务性和全员性是旅游公共关系的显著特点。评判旅游企业在公众中形象的好坏，首先就是看其能否向顾客提供真正使顾客在物质和心理需要方面都能满意的服务产品，建立起公众对旅游企业的好感和信任。增强全体旅游从业人员的公关意识，实施全员公共关系管理，在服务中传播、在服务中塑造形象，自觉维护和改善组织形象，应该成为旅游公共关系人员的共识。一次优质的服务可以产生好的印象和口碑，长期对所有人提供优质、有特色的服务就能建立起组织良好的信誉，创造一个优质而有个性特色的品牌，形成组织良好而有特色的形象。世界上众多优秀旅游企业的良好形象都是在优良的服务和优质的产品特色基础上建立起来的。

（四）传播沟通，扩大组织影响

公共关系传播沟通是指组织向其公众提供它将要实施或正在实施的政策、行为方面的信息，同时又接受来自公众方面的信息反馈的过程。传播沟通是旅游公共关系的实质所在，是旅游公共关系的主要职能和关键环节。公共关系的工作内容就是以塑造组织形象为目标的组织传播沟通行为，这种行为一方面是科学地利用各种传播渠道、传播方式向公众提供组织机构的信息，介绍旅游目的地的特色与魅力以及旅行社、酒店与旅游交通的服务产品特色等，使公众了解旅游组织和旅游地，建立对组织的好感和信赖，塑造旅游组织形象，扩大旅游组织的影响力；另一方面要不断听取公众的意见和建议，向组织提供公众的意见要求，使组织了解公众需求，调整和改善组织行为，提高旅游服务质量，创造旅游业良好的社会发展环境，完善组织形象。

在高度竞争的旅游市场，同样优良的产品和旅游服务，谁宣传得好，宣传得成功，谁就出名，就有声誉，就能赢得效益。无论旅游目的地还是旅游企业组织，要想获得公众的信赖和支持，都应以充足的信息服务为前提，信息服务越全面、越及时，市场环境对其越有利。旅游公共关系正是以其传播沟通职能，就旅游企业组织或旅游目的地的形象信息进行主动输出、传播，向目标公众提供充足的信息服务，树立良好的旅游产品或服务形象，从而改善旅游市场环境和提高经济效益。

（五）协调关系，创造"人和"环境

协调是指在传播沟通的基础上，旅游组织与公众进行交往、处理矛盾、调节关系以达到组织与公众互惠互利、和谐发展的行为。组织的公众关系包括内部关系、外部关系、横向关系、纵向关系等。协调好旅游组织与公众之间的关系，争取公众对旅游组织的理解和支持，使双方关系处于一种和谐的状态，营造一个"人和"的组织发展环境，是旅游公共关系的另一项重要职能。

1. 建立畅通的传播沟通渠道

畅通的信息沟通渠道是协调好内外关系的基础。沟通不畅是产生误会、摩擦和对立的主要原因，缺乏有效的传播沟通手段，就无法与公众建立良好的关系。旅游组织要充分利用大众传媒、自控媒体、网站以及热线电话、座谈会、微博、论坛等传播沟通渠道，加强与公众的沟通与交流，了解公众意见及需求，传达组织信息，促进组织与公众的相互了解与信任，做到"付出的努力让社会知道，面临的困难望公众理解"，有效改变公众态度，从而为组织的长远发展创造有利条件。

2. 加强社会交往，广结人缘

内外关系的协调和维系，单靠一般意义的媒体传播是不够的，还必须依靠各种直接的社会交往活动，为组织广结人缘、广交朋友，建立广泛而稳固的关系。这种社会交往是组织生存发展的需要，也是组织获得信息、交流信息、联络感情、增加了解、开拓业务的重要社会活动。社会交往是特别适合旅游业的一种富有人情味的沟通方式，交往的具体形式多种多样，如举办公众联谊会、组织参观游览等，只要运用得当，就都有助于增强组织与公众之间的友好关系，赢得公众的理解与支持。

3. 增进人文关怀和情感沟通

情感性是旅游公共关系的一个重要特点，对于旅游组织内部员工、重点公众以及在危机事件中受到伤害的公众，只有通过人文关怀和情感沟通才能有效地协调关系。就内部员工而言，对他们的人文关怀、人格尊重和情感交流是增强员工归属感、认同感和凝聚力的重要方式，能够有效激发员工的积极性和创造性，提高工作效率和服务质量。对于受伤害的公众，人文关怀和情感沟通可以抚慰受害者的心灵，稳定受害者的情绪，是寻求谅解、消除误会和矛盾的有效办法。对于涉及旅游组织发展的重点公众，要通过情感联络与交流，建立富有感情基础的朋友关系，为旅游组织发展赢得有力的支持。

（六）教育引导，提高全员素质

教育引导是旅游组织针对内外公众培育公共关系理念、启发公共关系认识、引导旅游消费行为的过程。旅游组织在工作中的良好形象和声誉不是自发产生和形成的，而是公共关系

人员、领导者和全体员工长期共同努力，特别是公共关系人员对公众坚持长期教育引导的结果。

1. 培养员工的公共关系意识

意识决定行为。旅游组织要教育引导全体员工正确认识公共关系的重要意义，重点培养公共关系意识，包括形象意识、公众意识、传播意识、服务意识等，使每位员工自觉运用公共关系思想观念来指导自己的日常言行，将公共关系与旅游服务相结合，积极主动地宣传本组织的政策、目标、成就，收集公众的意见、建议并及时反馈给组织，自觉成为一名公共关系人员。

2. 培养员工的向心力和凝聚力

通过教育引导和公共关系交流沟通，培养旅游组织全体员工的归属感、向心力和凝聚力，真正激发他们的主人翁精神，使每位员工真正从内心感受到自己是组织的主人，端正服务态度，提高服务质量。

3. 旅游公共关系实务培训

为适应实际公共关系工作的需要，提高服务质量，旅游组织要扎实开展公共关系实务技能培训，使员工掌握将公共关系运用于旅游服务的实际本领和技能，使每位员工既是服务人员又是公共关系人员。

4. 旅游消费教育

旅游消费教育主要是教育引导旅游消费者接受政府部门的旅游消费政策，提高消费者的主体素质，引导旅游消费者增强安全意识、旅游资源与环境保护意识，倡议健康理性消费，维护消费者权益，帮助旅游消费者认识并理解旅游新产品，引导旅游消费新趋势。

【思考题】

1. 如何理解旅游产品促销组合的概念及旅游产品促销的作用？
2. 请为《三亚千古情》制定旅游产品广告营销方案。
3. 根据当下的实际情况，谈一谈旅游企业人员推销时面临的挑战。
4. 如果你是旅游企业的人力资源主管，会如何选用公共关系人员？

【案例分析】

"十一"黄金周的旅游特价与营销举措

2020年国庆、中秋双节叠加，业内预计，"十一"期间，游客的旅游需求将集中释放，国内游市场将迎来今年第一个旅游高峰。"十一"黄金周临近，各大旅游平台的搜索、预订数据显示，国庆期间航空、酒店、景区等预订数据均呈递增态势。热门线路的火车票、机票"一票难求"，热门旅游目的地及城市近郊的酒店、民宿等也出现"一房难求"现象。此外，为了促进旅游消费，全国多省市已陆续推出景区门票减免优惠措施，此举对于提升游客的旅游意愿、提振景区人气将起到积极作用。

9月中旬以来，各大旅游平台纷纷推出巨额补贴计划，例如，携程启动"旅游会员日"大促活动、飞猪启动"百亿补贴"计划、同程旅行推出10亿补贴计划等。据携程大数据显示，该平台9月会员日的旅游订单均价超过6300元，较去年同期的国内游订单均价上升70%。

为提升黄金周期间游客的出游体验，多地也推出特色活动，加大营销力度。湖北荆州古城历史文化旅游景区将开展"海上生明月，天涯共此时"古城画舫赏月活动，游客可乘画舫游护城河赏月、观看荆州古城光影秀；四川日前公布"安逸走四川、高铁游天府"系列线路，包括川北小环线三日游、高铁西南大环线六日游、高铁西北大环线八日游等，并将在雅安举行"万人赏月诵中秋"集中展演活动；浙江乌镇推出"乌镇雅集游园会"，重现传统雅集，带人们感受传统游园会的魅力。

资料来源：根据人民网文章整理。

[案例思考]

请同学们思考，针对2020年"十一黄金周"这种情况，旅游业促销还能有哪些创新举措？

第十一章 旅游目的地营销

【学习目标】
　　理解并掌握旅游目的地及目的地营销的含义。
　　了解目的地营销组织的职责。
　　理解旅游目的地营销的理论模型。
【学习重点】
　　旅游目的地营销管理的过程。
　　旅游目的地的类型、核心要素、核心概念。
　　旅游目的地的市场分析和营销策略。
【学习难点】
　　旅游目的地的形象塑造和测量。
　　旅游目的地营销的理论模型。

第一节　旅游目的地营销概述

旅游目的地是旅游这一审美活动的重要组成部分，是旅游活动的重要载体。

一、旅游目的地的概念

（一）旅游目的地的定义

1. 国际定义

国际上对旅游目的地营销的系统研究起始于20世纪70年代。一些学者和研究机构从不同角度对旅游目的地的属性和规律进行了系统研究，形成了若干种各具特色的定义方式。有代表性的定义有如下两种。

世界旅游环境中心（1992）认为，旅游目的地是指：乡村、度假中心、海滨或山岳休假地、小镇、城市或乡村公园，人们在其特定的区域内实施特别的管理政策和运作规则，以影响游客的活动及其对环境造成的冲击[1]。

---

[1] 密德尔敦. 旅游营销学. 向萍，译. 北京：中国旅游出版社，2001。

英国学者迪米特里奥斯·布哈利（Dimitrios Buhalis）的定义是：旅游目的地是一个明确的、特定地理区域，这一区域被旅游者公认为一个完整的实体，有统一的旅游业规划管理和营销方面的政策和法律框架，由统一的目的地管理机构进行管理。

2. 我国的定义

我国学者对旅游目的地的系统关注起始于20世纪90年代中后期，但当时大多并非是针对旅游目的地的专门研究，而是作为对相关问题研究的延伸领域出现的，因而定义的数量和质量都有一定的局限性。保继刚等人（1996）给出旅游目的地的定义是：一定空间上的旅游资源与旅游专用设施、旅游基础设施以及相关的其他条件有机地集合起来，就成为旅游者停留和活动的目的地，即旅游地。

崔凤军（2002）的定义是：具有统一的和整体的形象的旅游吸引物体系的开放系统。张辉（2002）把旅游目的地定义为：拥有特定性质旅游资源，具备了一定的旅游吸引力，能够吸引一定规模数量的旅游者进行旅游活动的特定区域。张辉提出旅游地必须具备三个条件：一是要拥有一定数量的，可以满足旅游者某些旅游活动所需的旅游资源；二是要拥有各种相适应的旅游设施；三是该地区具有一定的旅游需求流量。魏小安和厉新建（2003）指出，旅游目的地最简单的定义就是能够满足旅游者终极目的的地点或主要活动地点。从效用的角度看，旅游目的地是能够使旅游产生动机，并追求动机实现的各类空间要素的总和。魏小安和厉新建认为，旅游目的地要素一般包括三个层次的内容：首先是吸引要素，即各类旅游吸引物是吸引旅游者从客源地到目的地的直接的基本吸引力，以此为基础形成的旅游景区（点）是"第一产品"；其次是服务要素，即各类旅游服务的综合，旅游地的其他设施及服务作为"第二产品"，将会影响旅游者的整个旅游经历，与旅游吸引物共同构成旅游地的整体吸引力的来源；最后是环境要素，环境要素既构成了吸引要素的组成部分，同时又是服务要素的组成部分，形成了一个旅游目的地的发展条件，这其中的供水系统、供电系统、排污系统、道路系统等公用设施，医院、银行、治安管理等机构，以及当地居民的友好态度等将构成"附加产品"，并与旅游吸引物等共同构成目的地的整体吸引力。

从深层次分析，由于旅游业所处的发展阶段和制度背景不同，对旅游目的地的定义方式和关注重点也各有不同。从总体上看，国外定义比较注重对旅游目的地与客源市场的对应性和可管理性的分析；而我国定义则着重强调旅游目的地是一种地理空间集合关系。综合上述观点，本书将旅游目的地的概念表述为：能够对一定规模旅游者形成旅游吸引力，并能满足其特定旅游目的的各种旅游设施和服务体系的空间集合。

（二）旅游目的地的基本属性

旅游目的地的基本属性主要体现在它的构成要素上。剖析旅游目的地的构成要素对正确把握旅游目的地的本质含义具有十分重要的意义。

Cunn（坎恩，1976）认为，能够真正成为旅游目的地的地区应具备以下条件：拥有一定距离范围的客源市场；具有发展的潜力和条件；对潜在的市场具有合理的可进入性；其社会经济基础具备能够支持旅游业发展的最低限度水平；有一定规模并包含多个社区等。

Cooper（库珀，1998）把旅游目的地的构成要素归纳为"4A"：吸引物（Attractions）；康乐设施（Amenities），如住宿设施、餐饮业、娱乐设施、零售业和其他服务设施；进入设施（Access），如交通网络和基础设施；附属设施（Ancillary Services），如地方医疗组织。

我们认为，构成旅游目的地的核心要素主要应包括五项。

(1) 有独特的旅游吸引物。这种吸引物必须是对应特定的旅游目标市场和客源群，在旅游市场上具有与众不同的独立特性，并具有一定的市场优势。

(2) 有足够的市场空间和市场规模支持。旅游目的地一方面必须要有足够的市场开发价值和相应的市场发展空间，足以支持旅游业的规模开发和经营；也就是说，旅游目的地不仅要有足量的地理空间，同时还要有适当的市场空间（规模）；另一方面是所能选择的目标旅游市场必须可进入性强，市场体系完备，能方便旅游供需主体的自主和平等进入，即该市场应运行规范，适合旅游市场机制发挥主导作用。

(3) 能提供系统、完备的旅游设施和旅游服务。旅游目的地要具有一定的旅游产业基础和服务能力，有系统完备的旅游服务和接待设施；同时，这种产业体系要具有开放性特征，能够构建成有效联结客源地与目的地的产业链，并支持旅游企业的规模化运行。

(4) 要有目的地当地居民的认同、参与并提供各种支持保障。强调居民参与对改进国内旅游业现行发展模式显得尤其重要。当前，我国一些地方在旅游开发中，过分夸大旅游业的经济功能（价值），存在着忽视甚至歧视当地居民利益的倾向。一些地方不仅忽视居民作为独特旅游吸引物的市场价值，甚至把他们的正当利益视作开发的障碍。事实上，一旦没有当地居民的生活作为依托，许多旅游目的地由于缺乏内在活力，往往就会变成一座没有生命力的死城，其旅游资源的市场价值也会大打折扣。不仅如此，当地居民还构成了旅游业开发的人力资源基础，因为旅游业是一种劳动密集型产业，需要大量的社会用工支持。一旦离开当地居民的支持和参与，当地旅游业将失去可持续发展的社会和文化基础。

(5) 具有一定的可管理性。旅游目的地的地理空间范围通常是由旅游目的地的资源禀赋、潜在的旅游客源市场规模和目的地旅游产业的发展体制和运行模式共同决定的。因而从地域空间角度分析，其空间格局既可能小于既定的行政区域，也可能大于该行政区域；一旦旅游目的地的范围大于既定的行政区域，该旅游目的地就存在着一个如何重新组织、管理和控制的问题。在旅游目的地范围小于行政区域的情况下，人们虽然可以通过既有的行政资源对旅游业加以管理，但是容易忽视旅游目的地运行的市场特性，导致出现旅游发展行政化的弊端。总之，为规范旅游业的运行模式和维护旅游者利益，旅游目的地内部必须形成内在的一体化的组织管理机构，并保证内部市场行为明确、统一和协调一致。对于跨越行政区域的旅游目的地，其管理机构和管理模式可以具有一定的弹性或自主性，但也必须能够保证行使统一管理职权，作为旅游目的地协调发展的组织保证。

（三）旅游目的地的类型

从世界范围看，随着旅游需求水平的不断提高和旅游消费方式的变化，旅游目的地的数量和种类日趋丰富，因此可以有多种不同的分类方法。

1. 按旅游活动的目的不同，可以划分为观光旅游目的地、度假旅游目的地和专项旅游目的地三种类型

观光旅游目的地是指那些资源性质和特点适合于开展观光旅游活动的特定区域，按属性不同又主要包括自然观光地、城市观光地、名胜观光地三种类别。观光旅游目的地是一种传统性旅游目的地，但目前仍在世界旅游活动中占有重要地位。观光旅游目的地一般围绕独特的自然景观和风景名胜来组织旅游活动，现代观光旅游又增加了许多带有"活动"色彩的旅游消费形式，如节庆旅游、体育旅游、会议旅游、民族风情旅游等。一些具有特殊资源的城市区域，由于其集自然、政治经济和社会文化环境为一体，旅游资源内容丰富，旅游活动

空间范围比较大，对旅游者具有越来越大的吸引力，也成为观光旅游目的地的重要载体。

度假旅游目的地是那些旅游资源性质和特点能够满足旅游者度假、休闲和休养需要的旅游地，主要有海滨度假地、山地温泉度假地、乡村旅游度假地三种类型。度假旅游目的地是随着人们度假旅游活动而兴起的，同观光旅游目的地相比较，度假旅游目的地的旅游活动项目少、活动空间小，且具有较显著的季节性特征。

专项旅游目的地是指那些为特殊旅游需求（如探险、游学、购物和专项研究等）提供产品服务的旅游地。如我国香港地区一向以"购物天堂"著称，吸引了周边许多国家和地区的旅游者专门到香港购物消费，形成了以"购物"为诉求主体的旅游目的地。

2. 按旅游目的地构成形态不同，可以划分为板块性目的地和点线性目的地

板块性旅游目的地是旅游吸引物相对集中在某一个特定区域内，所有的旅游活动都是以该区域的服务设施和旅游服务体系为依托，并以这个核心区域为中心向周边辐射进行旅游消费活动。板块性旅游目的地通常以一个主要的旅游城市为中心，并依托现代化交通建立起来的。度假旅游目的地和专项旅游目的地一般都属于板块性旅游目的地。

点线性旅游目的地是旅游吸引物分散于一个较大的地理空间区域内，在不同的空间点上，各个吸引物之间的吸引力相对均衡，没有明显的中心吸引点。点线性旅游目的地是通过一定的交通方式和组织将这些空间点上的吸引物以旅游线路的形式结合在一起，旅游者在某一空间、某个点停留的时间较少。交通方式与组织体系是点线性旅游目的地形成的主要条件。许多观光旅游项目是围绕旅游线路组织旅游活动的，属于点线状旅游目的地的范畴。

3. 按空间范围大小可以分为国家旅游目的地、区域性旅游目的地、城市旅游目的地和景区旅游目的地等四种类型

旅游目的地可以是一种具有某种功能与性质的旅游胜地，也可以是一个特定的城市，还可以是一个特定的国家。但无论旅游目的地的范围有多大，一个地区要想成为旅游目的地，都必须具有相同属性的旅游吸引物。

国家旅游目的地是按照国际旅游市场的空间格局来划分的，属于国际性旅游目的地的范畴。在一些旅游资源特色鲜明且相对集中的国家，尤其是一些对旅游业依赖性较强的小国，往往把发展旅游业作为基本国策，形成了以旅游业为主体的国家社会经济结构，如地处印度洋东北部的马尔代夫，就是一个典型的国家旅游目的地。

区域性旅游目的地一般有两种分类方法：第一种是从国际旅游市场角度划分的，它可能包含多个资源和属性相同的旅游目的地国家，如加勒比海区域旅游目的地包括加勒比海沿岸的古巴、牙买加、多米尼加等多个国家旅游目的地；第二种分类是从一个国家空间范围内部来划分的，对于一些世界上著名的大国而言，其独特的历史进程和特定的地理气候环境可能在该国范围内孕育出多种不同的旅游资源特征，形成多个各具特色的区域性旅游目的地。以我国为例，我国东部沿海地区和西部内陆地区的旅游资源特征完全不同；同样，北方的四季分明和南方四季常绿的差异也非常突出，由此形成了许多特性不同的区域性旅游目的地。

城市旅游目的地是从一个特定的旅游区域空间范围来划分的，随着现代旅游业的发展，城市在旅游经营活动中承担着越来越重要的任务。城市不仅是重要的旅游吸引物，也是旅游资源最丰富的地区，同时还承担了旅游交通、住宿、娱乐和服务等支持体系的功能，成为现代旅游经济活动的中枢。一个区域性旅游目的地一般由多个城市旅游目的地组成。

景区型旅游目的地是旅游目的地的最小单位，但不等于说所有的旅游景区都能构成旅游目的地。一般来说，只有那些具备对一定规模的旅游客源市场具有专门吸引力，同时又能为旅游者提供系统完备的旅游服务的大型或者特大型旅游景区，才符合旅游目的地的特征，如建在美国、法国和日本的迪士尼乐园，才具有旅游目的地的属性。对于大多数独立经营和以有特色的旅游资源为主、面积不大的旅游景区，还是应该从旅游企业的属性和角度加以认识和管理。

4. 按开发时间和发育程度可以划分为成熟旅游目的地和新兴旅游目的地

旅游目的地的成熟程度是由该区域旅游业所处的开发阶段和竞争程度不同所决定的。早期世界旅游客源市场主要集中在欧美地区，围绕着满足欧美游客的需要形成了集中在加勒比海、地中海沿岸等区域的一批世界著名的旅游目的地，这些区域属于成熟旅游目的地，至今每年仍能吸引大量的欧美游客前去观光度假。随着世界旅游市场规模不断扩大以及旅游交通和服务技术的改进，加之一些新兴旅游客源市场（如日本、韩国等）的出现，仅靠一些传统旅游目的地已经无法承载日益增长的国际旅游消费需求，围绕满足这些新的旅游需求和提升传统市场需求，又形成了一批新兴的国际旅游目的地，如中国、新加坡、泰国、马尔代夫等地。按照世界旅游组织的预测，今后随着国际旅游消费趋势的调整，世界旅游格局将逐步向亚太地区倾斜，亚太地区将出现越来越多世界级的新兴旅游目的地。

5. 按关系紧密程度可以划分为紧凑型目的地和松散型目的地

不同旅游目的地或同一旅游目的地内部各景区之间的业务连接程度是不一致的，由此决定了旅游目的地之间存在着不同的市场关系。一般情况下，空间位置相近、具有同等吸引力且能满足互补性目的的旅游目的地或景区之间，容易通过产品纽带形成互相依赖的紧凑型目的地关系。如山东的济南、泰安和曲阜，三地通过"山、水、圣人"文化旅游产品连接为紧凑型目的地关系。此外，产品关联相对弱一些的旅游目的地或景区之间则可以通过市场联盟形成相对松散的市场关系，共同实现旅游市场的开发目标。

(四) 旅游目的地的共同特点

尽管目的地是多种多样的，但大多数具有综合性、文化性、异地性、不可储存性、多用性的特点。

1. 综合性

旅游目的地由吸引物、住宿设施、餐饮设施、娱乐设施、零售店和其他服务设施、进入通道、辅助性服务等部分组成，涉及面较广。

2. 文化性

旅游目的地一般有丰富的文化资源。旅游者选择目的地时，必须考虑一个目的地的文化吸引力及是否值得花费时间和金钱去访问。

3. 异地性

旅游产品的消费必须到生产地才能进行，即旅游者必须亲身离开惯常环境而来到旅游目的地体验旅游产品。

4. 不可储存性

旅游目的地的产品与其他服务产品一样具有不可储存性。如果旅游目的地没有被售出使用，其价值就会流失。

5. 多用性

旅游目的地的多用性是指当地企业服务不同的对象，既服务于旅游者，也向当地居民提供服务。

（五）旅游目的地的空间运行规律

1979年，澳大利亚学者N.利珀（N. Leiper）首次采用系统概念对旅游活动进行定义。N. 利珀认为，旅游是旅游者不以获利为目的的旅行和在目的地暂时停留活动所形成的系统。该系统是由旅游者、旅游客源地、旅游交通、旅游目的地和旅游业共五个具有空间和功能联系的要素所组成的开放系统；这一系统又受那些对旅游活动产生相互影响的自然、文化、社会、经济、政治和技术等因素所构成的外部环境的影响。

N. 利珀特别强调，旅游系统是一种动态开放系统，旅游客源地、旅游目的地和旅游交通是旅游系统的空间组成要素，旅游者和旅游业则是旅游系统的功能组成要素。五个要素通过空间和功能方面的相互作用联结为统一的整体。我们认为，N. 利珀的观点对于正确认识旅游目的地的本质内涵和把握旅游目的地的市场运行规律非常重要，对指导当前旅游目的地的管理和营销活动也有着十分重要的意义。

首先，对于现代旅游业而言，一定要重视旅游目的地市场的时空性特征。旅游目的地与旅游客源地之间、旅游目的地与旅游目的地之间存在着规律性的市场关系。旅游市场系统首先是一种大的旅游空间系统，旅游营销要研究大空间系统内的旅游要素之间的市场关系。也就是说，旅游目的地开发并不是纯粹的主观行为，而是旅游目的地与特定客源市场之间的一种市场博弈活动，开发效果要依靠或依赖于所在旅游系统内部各相关要素之间的利益博弈和相互支持。因此，研究跨越时空的旅游要素的关联方式和作用机理成为推广和管理旅游目的地活动的突出特点，即旅游目的地营销首先要从划分和构建高质量的目的地市场系统入手。

其次，旅游目的地的市场吸引力和竞争优势始终都是有针对性和前提条件的，只能产生于一个特定的和相对独立的目的地系统之中，现实中并不存在具有一般意义的旅游市场吸引力（即要研究和关注市场吸引力的对称或对应关系）。由此，要保证旅游目的地的营销效果，必须找准目的地与特定目标客源市场的对应关系，并使之在特定空间系统内有效发挥作用。然而，现实当中许多针对旅游目的地营销活动的研究都过分注重对目的地或客源地市场内部关系做一般性分析，而忽视了对不同旅游市场系统内部对应性和整体互动关系的关注。

再次，旅游目的地市场与旅游客源地市场存在着相互影响、同步开发的特性。因此，只有把主体性目标旅游市场的市场特征和演变趋势纳入目的地旅游市场开发的研究领域，才能更好地把握旅游目的地产品的市场优势，从而使营销战略和策略的设计更加到位。

总之，旅游目的地市场系统具有时空约束性、主体对应性、系统同步性的特征。重视从空间系统角度认识旅游目的地与特定客源市场的对应关系，对于把握旅游目的地营销规律具有十分重要的意义。同时，按照旅游空间运行规律配置各种旅游要素，也是消除当前旅游目的地营销行为中诸多不足的重要条件。

【知识拓展】

旅游目的地运行动力系统

从历史角度分析，旅游目的地是一个动态成长和发展的过程。国外学者劳斯（Laws）

在《旅游目的地管理》（*Tourist Destination Management: Issues, Analysis and Policies*）一书中提供了一个具有一般意义的旅游目的地动力系统模型（见图11-1），并分析了旅游目的地从形成到发展、再到调整的运行规律，从而揭示了影响旅游目的地成长和发展的主要因素及其内在关系。

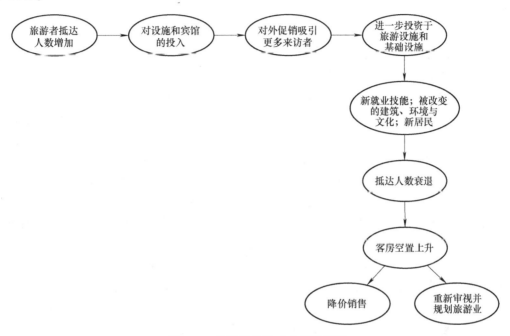

图11-1　旅游目的地动力系统模型

按照旅游目的地动力系统规律的要求，旅游市场营销就要科学地认识和充分地适应旅游目的地的这种变化规律。从技术上分析，就是既要善于抓住市场时机，又要设法延长旅游产品的生命周期，提升旅游目的地的竞争力和持续发展能力。

（六）旅游目的地核心概念

经过多年的系统研究，国际上已经初步形成了较为系统的旅游目的地理论体系。要准确把握旅游目的地的规律特征，必须先从理解旅游目的地的核心概念入手。这些核心概念主要包括旅游吸引物、旅游流、旅游区位、旅游目的地承载力和旅游目的地生命周期等。

1. 旅游吸引物

所谓旅游吸引物，是指一切能吸引旅游者的旅游资源及条件。旅游吸引物主要包括自然吸引物、人文吸引物和特殊吸引物等。旅游吸引物是旅游业发展的前提，旅游活动只有围绕它才能展开。从旅游吸引物的市场和产业价值角度分析，它既是一个地区能否进行旅游开发的先决条件和旅游者选择目的地的决定性因素，也是旅游产品的基本要素；此外，从某种程度上说，旅游吸引物市场吸引力的大小和潜质，也决定着该旅游目的地发展的时空规模。

用旅游吸引物替代传统的"旅游资源或旅游产品中心观"，对发展我国的旅游业有着非常重要的现实意义。在我国旅游业发展过程中，以往一直存在着夸大旅游资源地位和影响力的做法。个别地方将拥有的旅游资源禀赋作为开发旅游业的先决条件，并且形成了"旅游资源级次越高、旅游开发水平越高"的怪论。对于旅游产业和市场而言，旅游资源只是相当于产品的原材料；旅游者选择和最终消费的并非是资源，而是经过加工并具有市场吸引力的旅游产品；如果不能获得旅游市场的青睐，尤其是不能形成规模化的产业市场优势，那么再好的旅游资源也难以转化为旅游产品，也就不具备支持旅游目的地产业运行的物质条件。因此，旅游目的地开发应该是建立在旅游吸引物而非旅游资源的基础之上的；即旅游资源只是旅游产业化的一种外在条件，只有旅游吸引物才能真正构成现代旅游业和旅游市场的基础和源泉。

2. 旅游流

旅游活动本质上是一种借助空间移动来实现的人类消费现象。表现在旅游经济活动中，就是旅游者的空间移动，即旅游者从常驻地流向旅游目的地，又从旅游目的地返回常驻地的消费过程。旅游者流动简称旅游流，具体是指在一个区域由于旅游需求的近似性特征而引发的旅游者集体性空间位移现象。衡量旅游者空间位移规律的主要指标有旅游者流向和流量两类。

旅游者流向是旅游者根据自己的旅游动机与经济能力对旅游目的地所做的选择。由于旅游资源与旅游客源之间存在着多种关联状态，因此只有当需求指向与旅游目的地产品特征相吻合时，才能发生实际的旅游者位移。旅游者流量是指旅游流在一定时间内达到的规模，它决定了旅游者对旅游目的地基础设施、旅游设施和对社区经济、文化和环境施加影响的强度和潜力。当旅游目的地的接待能力接近现有技术及管理水平承载能力的极限时，如果再盲目扩大旅游接待量，不仅不能提高旅游目的地的经济效益、促进旅游业发展，还可能破坏旅游目的地的旅游资源，降低环境质量，造成旅游业的业绩滑坡甚至行业衰退。

旅游者流向与流量之间是相互依存、互为条件的关系。只有一定的流量才能构成流向，也只有旅游者朝一定的方向汇集才能形成流量。旅游者流量一般以一定时期内到达旅游目的地的人次表示。旅游者人次是指一定时期内到某一旅游目的地国家或地区的旅游者人数与平均旅游次数的乘积。旅游者人次与旅游者人数不同，因为同一旅游者在一定时期内可能去同一旅游目的地两次或以上。因此，用人次表示的旅游者流量相较于用人数表示的旅游者流量，具有不同的市场含义。

旅游者在一定时期内有规律的流向和流量就形成了旅游市场的客流规律。由于旅游是一种需求主导的产业，因此旅游客流的规模和指向对于旅游目的地旅游经济的发展有着决定性的作用和影响。旅游者流动是旅游市场规律的作用基础，旅游者的流量特征决定了旅游市场的规模和开发潜力；旅游流向特征可以检测旅游目的地的吸引力水平，进而评估营销活动的成果；旅游流的时间变化为旅游企业开发产品、组织供给能力提供了可靠依据。因此，对旅游客流规律和特征的研究应该成为旅游市场和营销分析的重要内容。

3. 旅游区位

旅游活动是一种以地域空间位移为前提的社会经济活动，旅游客源地与旅游目的地之间的区位、距离以及相互关系，成为制约旅游者的消费选择，进而影响旅游目的地产业水平的重要因素。因此，我们在研究旅游目的地营销规律时，一定要关注旅游区位特征对旅游市场及各种营销活动的影响。

从市场角度分析旅游区位现象，旅游目的地区位就是指某一旅游目的地所拥有的特定的市场空间关系。具体表现为该旅游目的地在特定旅游市场体系中由其空间地理坐标所决定的旅游市场利益关系。

从市场角度衡量旅游目的地的区位优势有两种维度：一种是市场的空间范围维度，另一种是特定旅游目的地对该市场的吸引力维度。从物理属性上分析，两者都可以归结为市场与旅游目的地的距离问题。这里所说的距离又可以划分为空间距离、经济距离和文化距离等；距离大小既取决于空间地理距离，也可能取决于由旅游者心理感知所产生的感知距离。

我国学者吴必虎（1996）曾提出按照空间距离分析旅游市场吸引力的观点。他认为，随着旅游目的地与客源地距离的增加，旅游目的地的吸引力逐渐减弱，反映了空间距离对旅游营销活动存在着客观作用。但是，这种说法并不能完全解释当前大量欧洲旅游者正逐步放弃离他们更近且更为熟悉的地中海沿岸而选择到南亚和远东地区休闲度假的旅游现象。事实上，旅游消费是一种复杂的社会经济现象，旅游者选择何种类型的旅游目的地，不仅取决于与旅游目的地的空间距离，还与该目的地市场吸引力的大小、旅行成本和收益水平有关；而市场吸引力的大小既取决于旅游目的地的资源品位，同时也受旅游目的地市场促销能力和水平的影响。张辉（2002）认为，旅游目的地市场范围的大小取决于三个因素，即旅游目的地的市场吸引力大小、旅游者的旅行成本高低和旅游目的地宣传促销费用多少和效果好坏[⊖]。

4. 旅游目的地承载力

旅游目的地承载力一般通过对旅游地容量的分析体现出来。世界旅游组织认为，旅游地容量是指一个地区在提供使旅游者满意的接待并对资源产生很小影响的条件下所能进行旅游活动的规模，或者说是"一个旅游目的地在不至于导致当地环境质量和来访游客旅游经历的质量出现不可接受的下降这一前提下，所能吸纳外来游客的最大能力"。旅游目的地容量决定了目的地区域内旅游业的潜在规模。我国学者谢彦君（1999）将旅游地容量划分为生态容量、心理容量、社会容量和经济容量四种形式[⊜]。

5. 旅游目的地生命周期

加拿大地理学家巴特勒（1980）提出了旅游地生命周期理论（Tourism Area Life Cycle，简称 TALC）。他认为，一个地方的旅游开发不可能永远处于同一个水平，而是随着时间变化不断演变。他用一条近似 S 形曲线的变化，说明不同发展阶段旅游目的地的发展状态。在图 11-2 中，旅游地的发展阶段可以分为介入期、探索期、发展期、稳定期、滞长期和衰落期（或复兴期）等 6 个不同时期。

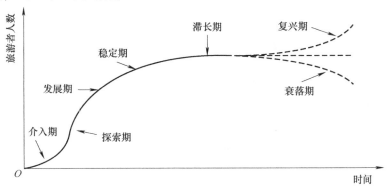

图 11-2 巴特勒的旅游地生命周期曲线

⊖ 张辉. 旅游经济论. 北京：旅游教育出版社，2002。
⊜ 谢彦君. 基础旅游学. 北京：中国旅游出版社，1999。

（1）介入期。这是旅游目的地发展的初期阶段，这一阶段的特点是游客数量少，游客增长率呈不规则变化，大多数游客属于专业考察人员或探险旅游者等。

（2）探索期。这是旅游市场逐步形成的阶段，其特点是游客数量持续增加，形成一定的市场规模，游客增长率稳步上升，并拉动旅游目的地旅游设施的建设和发展。

（3）发展期。这是旅游市场的快速成长阶段，其特点是旅游市场持续扩展，游客量保持稳定增长，旅游地旅游设施不断完善，服务质量提高，旅游地形象和知名度逐步提升。

（4）稳定期。这是旅游地逐步进入成熟阶段，其特点是游客数量增幅有所下降，游客总量仍保持较大规模，旅游地旅游产业对当地社会经济影响已十分显著；从客源结构上看，远距离游客仍在增加，但中短距离游客数量开始减少，旅游设施出现饱和。

（5）滞长期。这是旅游地完全进入成熟阶段，其特点是游客数量达到最大值，旅游地环境容量达到最大限度，旅游设施出现过剩，并引发不良竞争行为，旅游市场开始出现萎缩。

（6）衰落期。这是指旅游地游客数量开始下滑，旅游市场出现过度竞争，旅游设施开始老化，旅游业出现衰落现象；这一时期如果有新的产品开发成功，旅游地有可能出现复苏并进入新的发展周期，否则该旅游地很可能被新崛起的旅游地取代。

罗明义（2001）提出用游客增长率方法判定旅游地生命周期的做法[⊖]。他提出的划分标准为：旅游地开发初期，游客增长率呈不规则变化时为介入阶段；增长率稳定增长（增幅在5%左右）为探索阶段；增幅为5%~10%且持续不断增长，则进入发展阶段。如果旅游地接待游客量经过高速增长后，增长率处于10%~15%，且增幅逐年下降但仍维持在5%~10%之间，可视为进入稳定阶段；如果增长率持续维持在0~5%之间，增幅不断出现波动，则进入滞长阶段；如果增长率出现负数并维持较长时间，则旅游地的生命周期进入衰落阶段。

旅游地生命周期理论为我们认识旅游目的地的发展和变化规律提供了一种简捷有效的研究方法。通过分析旅游目的地所处的发展阶段，可以了解其市场规律并及时采取相应的营销策略。

二、旅游目的地营销的概念

（一）旅游目的地营销的含义

旅游目的地营销是在特定空间区域层次上进行的一种崭新的旅游营销方式。在这种方式下，区域旅游组织将代表本区域内所有的旅游企业和旅游产品，作为统一营销主体并以相同的旅游目的地形象参与旅游市场的激烈竞争。因此从技术层面上分析，旅游目的地营销就是指区域性旅游组织通过区分、确定本区域旅游产品的目标市场，建立本地产品与这些市场间的关联系统，并保持或增加目的地产品所占市场份额的活动。

旅游目的地营销概念的基本特点包括三点。

（1）旅游目的地的营销主体是区域性或跨区域性旅游组织，而不是一般性旅游企业。旅游目的地营销有别于单独的企业或部门的营销活动，它是以区域性旅游组织（或政府旅游主管部门）为主体，在区域层面上进行的一种新营销方式。

[⊖] 罗明义. 旅游经济分析——理论·方法·案例. 昆明：云南大学出版社，2001.

(2) 旅游目的地营销的客体是旅游客源市场。旅游需求的性质决定了旅游市场是一个开放的系统，具有时间和空间相对分离的特点；从需求特征上看，又具备时间和空间相对集中的规律。目的地通过产品开发和形象营造，应努力拓展市场范围，建立市场关联，提高自身的市场竞争力。同时，区域旅游组织应代表和维护旅游者的利益，争取树立良好的市场形象。

(3) 旅游目的地的主要营销媒介是目的地旅游形象。旅游目的地营销应该是一个利益和目标一致但内部又进行分工的工作体系，旅游目的地组织的任务一方面是塑造本区域独特的旅游形象，另一方面还要协调好本区域旅游企业和旅游产品的营销活动，因为一个良好的目的地形象也有赖于优势旅游产品的支撑和烘托。由于一般情况下，单一旅游企业没有能力营造区域旅游形象，因此，旅游目的地的首要功能应放在对目的地整体形象的营造和成功营销上。

(二) 旅游目的地营销与旅游企业营销的异同

要准确理解旅游目的地营销的内涵，必须从原理上把握其本质，也就是要从理论上搞清旅游目的地营销与旅游企业营销之间的区别与联系。

首先，旅游目的地营销与旅游企业营销存在着密切的业务联系。旅游目的地营销采用的一般理论方法与旅游企业营销是一致的，旅游目的地营销活动与旅游企业也有很多的业务交叉，因此不能简单地把两者对立或割裂开来。

其次，两者之间也存在着很大的差异。这些差异足以影响彼此的营销目的、手段和运行方式。这些差异主要表现在以下五个方面。

(1) 营销主体不同。旅游目的地的营销主体是专门的目的地或区域旅游组织，而企业营销活动的实施主体则是该企业或企业专设的营销部门。

(2) 营销目的不同。一般意义上，旅游目的地组织是非营利性机构，其首要目标不在于自身的经营利润，而是通过树立良好形象来帮助宣传和促销本区域旅游企业的产品，提升本区域的市场竞争力，因此旅游目的地的营销目标超越了个体经济利益，主要立足于提升本地区的旅游竞争力和美誉度；而旅游企业作为一个以盈利为目的的经济组织，营销是其实现经营目标（即利润最大化）的主要手段，换言之，旅游企业营销的首要目的就是趋利。

(3) 营销对象不同。旅游目的地组织的身份和职能决定了其营销对象不能与企业宣传促销其旅游产品一致，只能是旅游目的地整体形象。

(4) 营销手段不同。旅游企业以产品为中心，综合运用各种可控制要素；比较而言，旅游目的地组织的营销手段则相对单一，主要通过各种活动和信息服务，达到既宣传形象又为旅游企业营销搭台的目的。

(5) 营销流程不同。旅游目的地的营销目标一般是由旅游组织根据旅游目的地的总体发展战略预先设好的，旅游组织要根据总体战略要求规划各种营销活动，并通过科学的营销计划来实现其预期目标，因此旅游目的地营销流程一般从确定营销目标开始；反观旅游企业的营销流程，由于旅游企业营销目标的生成主要依赖于外部市场环境的变化和企业的资源能力，必须建立在可靠的市场分析之上，由此决定了旅游企业的营销流程应该从旅游市场分析入手，然后才能据实确定不同的营销目标。

总之，旅游目的地与旅游企业营销之间是相互依存又分工合作的关系。或者说，两者之间既不可或缺又不可相互代替，并通过市场分工形成特定的分工合作关系，共同推动目的地旅游业的健康持续发展。通过辨析两者之间的关系，系统展示和说明有独特规律的旅游目的地营销运行模式，为旅游目的地营销工作提供必要的理论指导。

三、研究旅游目的地营销的意义

旅游目的地营销是由旅游业自身发展中的诸多特性所决定的，系统研究旅游目的地营销的规律和特性，对于探索具有地方特色的旅游营销模式和不断提升旅游目的地营销质量有着重要意义。

首先，有利于更好地发挥旅游业对目的地社会经济的贡献。旅游业在许多地方越来越成为现代社会经济生活中不可或缺的组成部分。在旅游业发达的地区，旅游业对当地的社会经济生活发挥着广泛而深刻的影响作用。随着旅游业的发展，旅游业对旅游目的地的双重影响也表现得越来越突出。旅游业对目的地的积极影响包括就业机会增多、经济收入增加、经济基础多样化、税收来源丰富化、文化交流和经济交流扩大、信息渠道增多、知名度提高、产业结构优化等；但旅游业同时也给目的地带来了许多问题，如旅游季节性劳动力闲置问题、旅游环境污染问题、对当地消费市场的冲击等问题。可见，旅游业对一个目的地的影响是一把"双刃剑"。如何做到兴利除弊，并不断提升旅游业发展质量，对所有旅游目的地都是一个十分重要的问题。通过加强对旅游市场的研究和树立营销观念，旅游目的地可以科学规划本地区旅游业的社会经济定位、发展体制和运行模式，并根据本地区旅游资源的禀赋和市场规律规范其旅游营销活动，通过树立良好的旅游业形象和旅游目的地市场形象，有效规避各种不利因素对旅游目的地的影响，推动目的地旅游业健康、持续发展。

其次，有利于旅游者的消费选择。旅游者在选择旅游目的地时，通常会受到各种因素的影响，给旅游决策造成困难，主要表现为对市场上的各种旅游信息进行区别与甄选的困难。随着旅游业的发展，旅游市场上充斥着繁杂的信息，旅游者可能更多地会受到各种旅游企业信息的影响，难以做出科学的决策；同时对于旅游目的地而言，如果没有系统一致和独具特色的旅游形象，也会影响其竞争能力，不利于其旅游产品的总体销售。此外，一些旅游企业的营销信息可能与旅游目的地的总体信息存在矛盾，使旅游者无所适从。在这种情况下，针对旅游者的感知特点和消费需求，应该考虑把旅游目的地作为一个整体系统来营销，并重点为旅游者提供旅游企业之外的信息服务。

最后，符合旅游营销活动复杂性的要求。旅游消费活动是一种综合性行为，一名旅游者在目的地购买的旅游产品可能同时包括食、住、行、游、购、娱等多种要素，围绕满足旅游者的这六种要素需求，旅游目的地形成了一个完备的服务体系和旅游产业链。一般情况下，这个旅游产业链由跨越不同行业的各类旅游企业组成，旅游目的地的整体产品是由若干个不同旅游企业的单项产品汇聚而成的。在旅游目的地的产品服务过程中，如何处理旅游目的地整体形象与旅游企业个体经营目标之间的矛盾，是摆在旅游目的地营销组织面前的一项重要任务。如果放任旅游企业宣传，很可能使旅游者无所适从，甚至造成内耗，进而危害旅游目的地的总体利益。为此，通过对旅游目的地营销活动进行总体规划，可以整合目的地内部旅游企业的市场分工关系，共同提升旅游目的地的特色形象，提高旅游目的地的整体市场竞争力，既方便旅游者，又使旅游企业共同受益。

四、旅游目的地管理组织及职责

(一) 旅游目的地管理组织

旅游目的地管理组织行使旅游目的地市场营销、管理与规划的权力，采取必要的措施达到旅游目的地市场营销的战略目标，促进旅游目的地长期繁荣。通过最大限度地让旅游者满意，创造当地企业利润及旅游乘数效应最大化，优化旅游结构；促进旅游经济利益与其社会文化与环境影响之间协调发展，以确保目的地旅游业赖以生存的资源与环境能够可持续利用。

不同级次的旅游组织分别对应各自管辖范围内的目的地营销活动。旅游目的地营销一般由区域性旅游组织承担；在一些采取行政主导型旅游发展模式的地区（或国家），可能由政府旅游行政管理机构承担旅游目的地营销组织的职责。

与旅游企业营销过程中，一切以企业利益为中心的组织形式不同，在旅游目的地营销活动中，旅游目的地组织处在营销活动的核心地位。上述营销主体中的其他成分均要围绕该组织开展营销活动。目的地旅游组织的营销方式也不是累加各种参与主体的营销力量，而是采用整合的方式，按照统一营销战略的要求，对各种营销资源进行统筹安排。因此，研究旅游目的地的营销管理活动，核心是要理解和把握旅游目的地组织的营销规律。

(二) 旅游目的地管理组织的职责

旅游目的地管理组织有的属于政府机构，有的属于非政府机构，无论其属于何种性质，均要承担如下的相应责任。

(1) 研究当前和正在形成的市场，识别最具潜力的细分市场。

(2) 对目的地旅游规划以及发展的总体性质和方向提供指导，树立和保护旅游目的地形象。

(3) 促进旅游业与其他经济部门之间的联系，增强政府和公众对旅游的经济重要性和社会重要性的认识和理解。

(4) 开发有关旅游供应商、渠道等方面的信息，向消费者、媒体提供全面、具体的旅游目的地信息。

(5) 为旅游供应商提供促销的机会，以便有效地处理和消费者的关系，降低经营成本。

(6) 考察游客满意度，建议不断开发、改进产品，以满足市场的需求。

五、旅游目的地营销管理过程

(一) 分析旅游市场机会

分析旅游市场机会是旅游营销人员的首要任务，也是旅游营销管理过程的基础环节。它要求旅游组织从各种环境机会中找到有利于自身发展的市场机会，并对这些市场机会的特征和发展趋势进行调研和科学预测，作为制定营销战略和策略的依据。

1. 市场营销机会分析

旅游营销组织主要从环境机会分析和市场机会分析两方面开展市场营销机会分析工作。

(1) 环境机会是指由旅游目的地所处的旅游市场环境变化所提供的外部机会，主要是分析各种环境因素的变化可能引起的需求及其变化。由于环境因素总是在变化的，因此环境机会也是经常存在的。

（2）市场机会是指与某个特定旅游目的地的内部条件相适应的环境机会。环境机会虽然是经常存在的，但并不是说环境机会等同于所有目的地的机会。判断环境机会是否适合于具体的旅游目的地，还必须对目的地的内部条件进行专门分析。如果旅游目的地已经具备了利用某种环境机会的条件，并且具有较强的竞争能力，那么这种环境机会就变成了目的地的特殊机会，旅游企业就要及时抓住机会以得到更好的发展。

2. 旅游市场调研与预测

市场调研和预测是为了更加具体地了解旅游市场的特征和演变规律，从中更好地把握该市场机会对旅游目的地的实际价值，以便从中找出具体营销对象，并为下一步制定营销战略创造条件。

（二）制定营销战略

旅游目的地营销战略主要包括目标市场营销战略、定位战略、旅游营销组合战略、品牌战略和合作营销战略。

1. 目标市场营销战略

目标市场营销战略主要包括市场细分和选择目标市场两个环节。市场细分是指将特定旅游客源市场按照旅游需求的差异性划分成为一系列具有不同特征的细分市场的过程。在对旅游市场进行细分以后，旅游目的地需要根据自身资源优势和经营特点，从不同的细分市场中选择适合自己的对象，最终选定的细分市场就成为旅游目的地的目标市场。旅游目的地应根据总体发展战略的要求，确定不同的目标市场选择战略。

2. 定位战略

选定目标市场并不意味着旅游营销工作的结束，旅游目的地还要根据旅游市场竞争要求，对自身的旅游形象和旅游产品在目标市场上如何占据优势位置做出决策，即进行市场定位，以便有效突出旅游目的地的产品特色和竞争优势。

3. 旅游营销组合战略

旅游营销组合是指旅游目的地为实现预期经营目标所采用的各种可控制营销变量的集合。一般来说，营销组合战略要保证旅游目的地营销活动的整体协调、相互配合，形成较强合力；此外，还应根据市场环境的变化，对营销战略组合进行积极调整，变不可控因素为可控因素，主动适应市场营销环境的变化。旅游目的地的营销组合战略是通过具体的营销组合策略加以展现的。

4. 品牌战略

实施品牌化发展是旅游目的地应对市场竞争的有效手段。旅游目的地品牌战略主要包括品牌化战略、品牌形象定位战略和品牌发展战略等。

5. 合作营销战略

合作营销是指两个或两个以上的旅游目的地为了实现优势互补，共同加强市场开拓、渗透与竞争的能力，通过联合方式共同开发和利用市场的行为。旅游目的地合作营销的本质是实现对目的地内外部资源的有机整合。旅游目的地合作营销包括纵向合作营销、横向合作营销和全方位合作营销三种战略方式。

（三）规划营销方案

旅游目的地营销战略确定之后，要通过具体的战术措施的设计，为旅游目的地营销的相关组织提供营销活动的行动指南。这些战术措施主要包括四点。

(1) 旅游目的地形象设计与营销。包括确定对旅游目的地形象媒体的选择思路，选定旅游目的地形象的设计方法和营销策略。

(2) 制定旅游目的地促销方案。旅游目的地的促销手段主要包括广告、公共关系、营业推广、人员推销和旅游宣传品等项目。

(3) 设计旅游解说系统。旅游解说系统是指旅游目的地为旅游者提供的一种综合性信息服务。旅游解说系统包括自导型解说和向导型解说两种类型，主要针对旅游者异地消费和生活的不可知性，为旅游者进入旅游目的地之后全方位感受目的地和旅游便利提供条件，并引导使其更深层次地融入目的地社会。

(4) 加强信息通信技术在旅游目的地营销中的应用。世界旅游组织目前正在向更多的国家和地区推广旅游目的地营销系统，以推进信息技术在旅游目的地营销中的应用，并以此提高营销运作效率，保持旅游信息的最佳质量和完整性。掌握旅游目的地营销系统的运行机理和一些国家的成功经验，有助于我们更科学、更全面地推进国内旅游目的地营销系统建设。

（四）实施和控制旅游目的地营销活动

旅游目的地的营销活动是由专门的旅游营销组织承担的。要保证目的地营销的实际效果，必须从建立规范有序的旅游营销机构和运行模式入手。此外，为使营销战略得以贯彻落实，营销组织还需制定营销计划，作为旅游目的地日常营销行为的行动指南。营销计划不仅要包括对旅游目的地总体战略目标和营销目标的分解，还要包括部署具体的规划营销策略。为从物质上保证旅游目的地各项营销活动的顺利进行，旅游营销组织要编制科学的营销预算，并通过营销审计等方式控制营销进程。在旅游目的地遭遇不可预期的意外事件影响时，应实施危机营销管理，整合各种营销资源，及时处理市场矛盾，以保证营销目标的顺利实现。

【学习拓展】

推动旅游目的地升级发展　三亚设立旅游推广局

为了全方位拓展三亚旅游客源市场，提升三亚国际旅游目的地的知名度，实现高效服务海南国际旅游消费中心建设的目标，为全国旅游体制改革创新探索经验，2020年4月2日，经海南省人大常委会批准，同意三亚市人大常委会通过的关于设立三亚市旅游推广局的决定，并自公布之日起施行。据悉，三亚市旅游推广局是由三亚市人民政府依法设立的法定机构，承担政府的部分公共服务职能，经授权代表政府在法定职责范围内开展工作。三亚市旅游推广局实行企业化管理、市场化运作，不以盈利为目的，不列入行政机构序列，不从事法定职责外事务。三亚市旅游推广局围绕构建国际化、市场化、专业化的运营机制，负责制定三亚旅游推广规划和计划，在全球范围内开展三亚旅游的宣传与推广，统筹管理三亚旅游（境外）推广中心事务，联合旅游企业进行共同营销，承担对外旅游交流与合作等工作。同时，探索建立决策权、执行权、监督权相互衔接、有效制衡的法人治理结构，实行理事会决策、局长执行的管理机制。理事会代表出资人履行管理责任，决定职位、人事、薪资和年度工作目标任务等重大事项。三亚市旅游推广局将按照公平、公正、竞争、择优原则聘用人员，采用相对独立、灵活的人事管理制度，建立与绩效目标相适应的薪酬管理制度，形成员工薪酬与绩效考核相挂钩的激励机制；并建立严格的财务管理、审计监督机制，保证会计资料合法、真实、准确、完整；同时建立信息披露制度，依法公开重大事项、财务预决算、年报等情况，接受政府的财务审计和监督。

第二节　旅游目的地市场分析

一、旅游目的地市场分析的内容

有效的旅游目的地营销首先要进行旅游目的地市场分析。该市场分析一般包括以下六个步骤。

（一）营销环境分析

营销是一种长期的行为，需要不断地规划和更新。营销环境分析有助于了解现在所处的环境和未来发展的方向。营销环境分为如下三个层次：第一层是可控制的内部环境（旅游目的地营销系统）；第二层是会被影响但不能被控制的营销环境；第三层是既不受影响也不可控制的营销环境。

（二）市场潜力分析

当进行市场潜力分析时，旅游目的地必须预测主要竞争者的容量和整个市场的需求。对一个新开发的景区来说，市场潜力主要就是指潜在游客市场容量和需求。

（三）主要竞争者分析

旅游目的地的主要竞争者包括同类型的旅游度假胜地等，通常从相似的旅游吸引物、配套设施、价格等方面进行分析。

（四）区位分析

评价和选择一个区位的标准随着旅游目的地的类型不同而不同，一般来说包括三个部分：市场相关、区位相关和其他。市场相关的因素是指那些会影响游客使用该旅游目的地服务的方便性因素，区位相关的标准涉及区位的各种物理特征，其他标准还包括法律因素和地价等。

（五）服务分析

服务分析包括新的旅游目的地为了满足潜在游客需求应该提供哪些服务，在其他行业更多地把这项分析称为产品分析。

（六）营销定位和计划分析

新的旅游目的地将要依赖的市场小环境或营销定位是什么？该目的地将如何获得这个位置？这是市场分析的最后两个问题。这个分析步骤同样以调研结果和市场分析者的判断为基础。

二、旅游目的地市场细分战略

（一）目的地市场细分的优点

细分目的地市场能更有效地使用营销费用，更了解挑选出的游客群的需求和愿望，更有效地定位，更准确地选择促销媒体和方式。

（二）细分市场的基础

一个有效的市场战略能够准确确定目标市场在哪里，并设法到达这些市场。目标市场是整个潜在市场的一个细分市场,是旅游产品最容易销售出去的地区。目标市场的细分基础可以分为以下七个类别:地理细分,人口特征细分,旅游动机细分,行为细分,产品细分,分销细分,心理细分。

(三) 价值与生活方式细分系统

"价值与生活方式"细分系统概念是由美国的斯坦福国际研究院(SRI International)研究并提出来的,在宾夕法尼亚州商业部门的一份报告中,该细分系统概念首次被作为一个旅游市场研究工具。该系统的四大类别为:需求驱动群体、外向型群体、内向型群体、外向型与内向型相结合的群体。该系统的九种生活方式为:生存者生活方式、维持者生活方式、归属者生活方式、竞争者生活方式、成就者生活方式、自我为中心的生活方式、经验主义生活方式、交际广泛的生活方式、混合型生活方式。后来,SRI International 提出了一个新的系统,新系统是按国际流行的价值观念与生活方式计划设置的,是一个对消费者进行细分和对消费者行为进行预测的消费心态系统。

第三节　旅游目的地营销战略

一、旅游目的地品牌营销

(一) 旅游目的地品牌特性分析

在日常生活中,人们很容易把旅游目的地品牌与旅游企业品牌等同起来看待,甚至把旅游企业品牌的营销规律简单照搬到旅游目的地的品牌运作之中。然而,由于上述两者本质属性的不同,常常会出现顾此失彼甚至本末倒置的结果。因此,旅游目的地在选择和制定品牌营销战略时,一项重要的工作就是要从理论和方法上澄清旅游目的地品牌与同一目的地范围之内各种旅游企业品牌之间的区别与联系,科学规划两者之间的分工协作关系。

旅游目的地品牌与旅游企业品牌之间的区别,主要源于两者本质属性的不同。旅游目的地品牌就其经济和社会属性来看,它所代表或反映的是目的地整个旅游产业的公共利益,因而具有公共产品的性质。也就是说,旅游目的地品牌具有消费上的共享性和非排他性,即任何人都可以免费享用目的地品牌,并且任何人的消费都不会影响其他人的消费。这种特性一方面导致了目的地范围内任何一家旅游企业都可以采用"搭便车"的方式,免费享用目的地整体品牌形象所创造的客源和各种市场利益;另一方面,若有单个企业自愿为树立目的地整体品牌形象进行投入,该投资不仅很难获得具体回报,而且也很难阻止其他企业从中获利。在这种情况下,大多数旅游企业不会自觉参与目的地的品牌塑造活动,而是等待目的地组织或其他企业培育区域品牌。与目的地的情况相反,旅游企业品牌营销则不存在利益不对称的问题。企业品牌是一种典型的"私有产品",旅游企业既是唯一的投资开发主体,也是明确的受益主体,品牌内部的利益关系非常明晰。因此,在市场激烈竞争的情况下,企业完全可以自主决定是否采取品牌化决策。

旅游企业对目的地营销活动不积极、不主动,实际上源于旅游目的地营销作为公共产品的特殊规律;或者说,这些企业的类似行为只能说明它们对旅游市场规律的认识能力和趋利能力的提高。因此,依靠行政命令和强制手段要求旅游企业参与旅游目的地品牌建设的思路是难以奏效的。旅游目的地营销部门必须在尊重公共产品规律的基础上,通过行政与市场相结合的途径寻求科学规范的办法。

旅游目的地在培育品牌的过程中，两个最主要的矛盾就是如何合理规划和规范目的地品牌的运作机制和投入机制问题。

在旅游目的地品牌的投入机制上，要明确目的地组织（政府部门）在品牌营销中的主体地位，并建立规范化的经费生成机制，确保经费来源稳定。除了争取政府固定的促销预算支持之外，国际通行的用于品牌建设的经费来源主要有两种：一种是征收旅游税，另一种是建立旅游发展基金。国内许多旅游发达省区市在 20 世纪 90 年代先后建立了旅游发展基金。开征旅游税和建立旅游发展基金可以为政府提供稳定的经费来源，从而实现以旅游回馈旅游的目的。

在品牌的运作机制上，也要强化旅游目的地组织的主体地位。应设立专门机构，采用市场化而非行政化手段做好区域品牌的开发工作。目的地组织可以以开发区域旅游产品为纽带，在强化和塑造目的地品牌特色的同时，整合相关旅游企业的优势产品资源，调动旅游企业参与目的地品牌营销的积极性，为目的地品牌营销创造良好的市场氛围。

(二) 旅游目的地品牌营销战略

1. 品牌化战略

品牌化战略是旅游目的地在进行品牌决策时所要考虑的第一个决策，即是否要选择使用品牌策略，为自己设计包括特定品牌名称、标识和主题口号等在内的一系列品牌化决策。由于旅游目的地品牌一般表现为目的地自身品牌和所属旅游产品品牌两个方面，因此，旅游目的地品牌化战略应从旅游目的地和旅游产品两个层面加以分析。

(1) 旅游目的地品牌化决策。以往，许多资源型旅游目的地不了解品牌的市场价值，往往只重视旅游产品设计和市场促销。他们通常会把旅游资源直接推向市场销售，或把旅游企业的产品品牌简单等同于旅游目的地品牌，不注意对旅游目的地独特市场形象的塑造和维护，导致这些旅游目的地很难受到主流旅游经销商的青睐，一旦遇到激烈的市场竞争，这些旅游目的地就会受品牌竞争能力的制约，无法保护自身利益。因此，旅游目的地选择品牌化运作思路是旅游市场竞争的客观要求。

(2) 旅游产品品牌化决策。我们首先要明确，旅游目的地产品与旅游企业产品是两个不同层次的概念。有时，一些强势旅游企业的旅游产品可能会与旅游目的地产品具有一致性（如上海迪士尼乐园）；但在多数情况下，旅游目的地产品是建立在对旅游企业产品加总的基础之上，不过这种加总并不是简单的数量堆积，而是根据市场竞争的需要，按照主题一致性原则、采用品牌化方式所进行的市场再开发的结果。因此，旅游目的地产品品牌化是要从目的地统一市场角度研究对其标志性旅游产品进行的市场再开发策略问题。显然，对于不实行品牌化的旅游产品而言，这些产品被市场接受的程度明显低于品牌化产品，或使其市场主导权旁落在与其合作的旅游经营商的手中，无法独立面对旅游市场的竞争和挑战。因此，多数情况下，目的地旅游产品必须采用品牌化的运作思路。

但是，旅游目的地也并非对其所有产品都要实行品牌化战略。因为品牌化是要付出包括品牌设计费、加工制作费、宣传推广费和法律保护费等在内的一定代价，这些因素无疑会增加旅游产品的经营成本，一旦确立的产品品牌不为旅游市场或旅游者欢迎，就要承受更大的市场风险。相反，旅游目的地将一些在一定时期内不具有独立市场竞争优势的产品纳入主流旅游经销商的强势品牌序列之中，通过借助旅游经销商的市场影响，一样可以达到扩大销售的目的。因此，只有在使用品牌能够给旅游目的地和旅游者带来明显利益的情况下，旅游目的地才有必要为该产品选择使用品牌化营销策略。

2. 品牌形象定位战略

品牌形象定位是固化和强化旅游目的地品牌的一项非常有效的手段，在旅游目的地营销过程中处于重要地位。正确的形象定位不仅有助于塑造目的地的独特形象，而且有利于目的地组织营销总体战略的制定，同时也方便了旅游者的消费选择。因此，旅游目的地形象定位是旅游地品牌化营销的基础与核心。我国学者李蕾蕾（1999）总结了旅游目的地形象定位的几种基本方法：领先定位法、比附定位法、逆向定位法、空隙定位法、重新定位法。

3. 品牌发展战略

品牌发展战略是旅游目的地从适应市场变革角度研究其所属各种旅游产品的品牌组合策略。任何一个旅游目的地在建立品牌之初，就应当制定明确的品牌发展战略。可供选择的策略主要包括产品线扩展策略、品牌扩展策略、多品牌策略和新品牌策略等。

二、旅游目的地合作营销

(一) 合作营销的含义

一般认为，合作营销理论最早起源于美国学者艾德勒（Adlei）1966年发表在《哈佛商业评论》上的《共生营销》（*Symbiotic Marketing*）一文中对共生营销理论的阐述。按照艾德勒的解释，合作营销是指"两个或更多个相互独立的商业组织在资源或项目上的合作，达到增强竞争能力的目的"。它是协同理论在营销中的具体应用。1996年，由美国哈佛大学教授布兰登勃格（A. M. Brandenburger）和耶鲁大学教授内勒巴夫（B. J. Nalebuff）推出的"合作竞争"理论，又从竞争战略角度丰富并提升了合作营销理论。近几年来，合作营销理论被应用到旅游业中，用于指导旅游目的地和旅游企业的市场竞争与发展。旅游目的地合作营销的本质特点是要实现对目的地内外部市场资源的有机整合。

与传统营销模式相比，合作营销最大的优势就在于强调旅游目的地要寻求与合作方的优势资源互补，协调各方的营销活动，从而获取协同效益。这是一种新的市场竞争与发展观念，有利于旅游目的地各方建立长期稳定的合作关系，是旅游目的地在日益激烈的市场竞争条件下，通过彼此合作，共同获取市场竞争优势的有效战略选择。合作营销的主要特点表现在：

(1) 以利益合作代替盲目市场竞争。传统营销注重的是以排他性竞争为导向的发展观念。但事实上，旅游目的地之间不仅存在竞争，还存在多种共同利益以及合作的可能性。合作营销正是以创造合作利益为导向观念，通过与旅游经销商、供应商甚至竞争者合作来更好地满足旅游市场和旅游者消费需求。旅游目的地之间的关系是既有合作又有竞争，参与双方（或各方）以彼此市场核心能力的差异性或互补性为基础，共同创造、建设共生的伙伴关系。这种互补性使得双方的合作可以产生"$1+1>2$"的协同效应，从而实现合作双方的"双赢"。

(2) 合作各方保持各自实体上的独立性。合作营销过程中的合作并不是要求合作各方在目的地整体层面的简单合并或业务叠加，而是只针对目的地之间的某些共同利益或市场职能（如新产品开发、产品品牌形象塑造、市场宣传促销等）的临时性跨组织合作，合作各方仍保持各自实体上的独立性。

(3) 合作营销范围具有自主性和随机性。旅游目的地之间可以根据实际市场需要自主选择合作伙伴和合作方式。旅游目的地之间主要基于对共同市场利益的追求来决定是否合作，不受第三方的左右；一旦市场机会发生变化，或者合作条件不再具备，合作关系可以随时中止。

除此之外，旅游目的地合作营销的优势还表现在：有利于降低各自的营销成本，有利于巩固已有的市场地位，有利于开辟新市场，有利于减少无益竞争和减少投资成本、降低投资风险等。

(二) 合作营销策略

一般情况下，旅游目的地合作营销有三种策略方式可供选择。

1. 纵向合作营销策略

纵向合作营销是旅游目的地按照旅游产业链的运行规律，将与目的地业务密切相关的旅游经销商、旅游批发商和零售商联合成一个统一体，鼓励其对目的地旅游产品进行优先销售的营销方式。实质上是旅游目的地向上游或下游整合自己的市场价值链。合作各方利用旅游产业链上下游之间的业务承接关系，相互保证客源和提供产品，共同致力于市场的开发和拓展，建立起稳固的市场协作关系。成员之间通过改善分销渠道、减少中间环节、实施内部价格互惠等措施，真正实现平等互利、共同受益、风险共担。纵向合作营销的方式主要包括渠道整合、精品线路合作营销和共同建设品牌等。

2. 横向合作营销策略

横向合作营销是指由两个或两个以上的旅游目的地进行平等的市场合作，通过统一规划和投入，有效整合市场资源，共同开发新的市场机会的营销方式。横向合作营销既可以在本区域范围内组织，也可以跨区域组织。合作方往往要具备诸如地理位置相近、旅游资源相近或互补、有共同的客源市场或互为客源市场等条件。合作方式包括了旅游目的地与客源地之间合作、旅游目的地之间的合作以及互为旅游目的地、互为旅游客源地合作等多种类型。主要的横向合作营销有建立共同市场和共同开发新产品两种形式。

3. 全方位合作营销策略

旅游目的地之间若存在有高度相关的市场利益关系，可以考虑采取全方位合作营销的策略方式。全方位合作营销是指旅游目的地之间在纵向和横向两方面同时进行营销合作，通过建立虚拟组织、战略联盟等方式加强与相关企业及供应商、中间商、顾客的合作，以达到最佳的优势整合。

第四节 旅游目的地形象

一、旅游目的地形象概述

(一) 旅游目的地形象的含义

旅游地形象一般认为是旅游者和潜在旅游者对旅游地的总体认识和评价，是旅游地在旅游者、潜在旅游者头脑中的总体印象。旅游地形象研究的任务就是要挖掘旅游地的核心资源，找准当地的资源特色，提炼出能充分展示地方自然特性和历史文化底蕴的形象理念；通过开发特色产品，突出特色，在旅游者心目中形成鲜明、独特的印象。

(二) 旅游目的地形象的作用

在现代旅游业的发展中，旅游形象设计正在发挥着越来越重要的作用。旅游目的地形象的作用体现在如下三个方面：①使地方旅游决策部门和公众对地方性有较深的理解，使决策者在众多的旅游资源中识别出最核心的部分，在此基础上把握未来旅游产品开发和市场开拓的方向；使地方公众了解本地开发旅游的潜力和前景，增强旅游意识，积极参与地方旅游的开发和建设。②为旅游者的出游决策提供信息支持。③为旅游企业，特别是旅游经销商和旅游零售商提供产品组织及销售方面的技术支持。

二、旅游目的地形象设计

(一) 旅游目的地形象设计的原则

旅游目的地形象设计一般遵循整体性原则和差异性原则。形象设计的目的是使产品更加易于识别。差异性原则即指在旅游地形象设计中突出地方特性，以与其他同类产品相区别。整体性原则要求旅游目的地整体应树立起统一的形象，避免出现多个印象的混乱。

(二) 树立旅游目的地形象

目的地形象具有有形和无形两重特性，无形要素是指事物本质特性的抽象概括，而有形要素则是指事物内在特征在外部的传达与表现。由于形象具有二重性，决定了区域形象的多重属性，如客观性、可塑性、两面性、识别性、系统性。目的地形象的客体是区域，而主体有两个：一个是赋予区域以形象的主体，如旅游区开发者和管理者；另一个是对区域形象进行评价的主体，如旅游者。树立旅游目的地形象的基本程序，一般分为前期的基础性研究和后期的显示性研究。前期工作包括地方性研究、受众调查和分析、形象替代性分析等；而显示性研究主要讨论和创建旅游目的地形象的具体表达，如理念、传播口号、视觉符号等。

三、旅游目的地形象测量

旅游目的地形象是由感知、认知和情感的成分所组成的。从认知角度看，旅游目的地形象是对旅游目的地的客观属性的认识，那么其感知测量也相应地根据旅游目的地所拥有的资源和吸引物方面的一些属性来进行。测量旅游目的地形象的方法主要包括以下三种。

(一) 内容分析法

内容分析法就是对于明显的传播内容，做客观而系统的量化并加以描述的研究方法。内容分析法的特征表现在明显、客观、系统、量化等四个方面。

(二) 自由提取法

自由提取法与谈话形式比较相似，要求回答者给出与特定旅游地相关的属性。这种方法的好处在于可以使答复者进行比较描述，而不是根据研究者预先确定的形象属性进行回答，得出的结果相对更具有针对性。

(三) 图片提取法

图片提取法是对开放式访谈的一种简单变更，属于定性的研究方法，它运用开放式问题要求被调查者根据图片给出旅游目的地形象方面的一些属性特征。在此方法中使用的图片可以来自于被调查者，也可以来自于研究者。研究者可以根据图片来扩展其问题，同时被调查者也可以运用图片来为其对旅游目的地形象的认识提供一个独特的视角。

第五节 旅游目的地营销模型

"IP"理论将目的地营销调研和旅游目的地形象塑造纳入旅游目的地营销的范畴,并在对原有4P模型进行修正和完善的基础上,增加另外的4P因子,共同构成旅游目的地营销"3I+8P模型"的完整体系。其中,3I包括:旅游目的地调研(Investigation)、形象(Image)和观念(Idea)。调研是目的地营销的基础工作,包括了旅游资源调查与评价、市场研究和竞争者研究;形象包括形象的测量、定位、塑造和传播,测量是形象定位的基础研究,通过形象的测量来定位景区的形象,是目的地营销的重要工作;观念是无形的,要通过产品展示、形象定位、战略实施等具有表象的实体展现出来,观念虽无具体形态,但在整个目的地营销体系中有着关键作用。

一、旅游目的地调研与形象策划

(一)旅游目的地调研

成功的目的地调研可以提升目的地营销开展的可行性和准确性,极大地减少目的地营销的风险成本。一般来说,目的地调研包含以下两个方面。

1. 旅游资源调研

旅游资源调研的目的在于挖掘旅游目的地各类旅游资源的潜力,并给予有效、可靠、简练、恰当的评价,为目的地形象塑造和营销开展提供依据。旅游资源调研包括旅游资源的分类和评价。

2. 旅游市场调研

旅游市场调研的目的在于准确细分市场,定位目标服务群体。

(二)旅游目的地形象策划

旅游目的地形象是旅游地对客源市场产生吸引力的关键,是旅游地的象征,是促使旅游者前往旅游地的诱发动因。所以,旅游目的地形象策划是目的地营销策划的核心。旅游目的地的形象策划主要有以下四个支撑要素。

1. 旅游资源的本我特质及其释放

旅游资源的本我特质是指旅游资源自身所具备的价值和品质、特色,由此决定了旅游资源自身的级别。这是旅游目的地形象策划的基础,是旅游产品开发的前提。

2. 旅游者的感知意象

旅游者形成旅游目的地意象要经过下列过程:①积聚关于旅游地的形象,从而形成一个感官形象;②随着信息的不断获取,修改最初形象,从而形成一个诱发形象;③决定前往旅游目的地;④游览旅游目的地;⑤返回家中;⑥在旅游经历的基础上,修改旅游目的地形象。

3. 旅游地的空间竞争

旅游者的行为规律决定了旅游者不可能将一个区域内的所有旅游地作为自己的旅游目的地,因而客观上形成了同一区域内旅游地之间的空间竞争。旅游者的认知规律决定了旅游地之间的空间竞争首先表现为旅游地之间的形象竞争,其次才是产品竞争。旅游地的形象竞争通常表现为两种状态:形象叠加和形象遮蔽。

4. 旅游市场定位

旅游市场定位决定了旅游地产品特色的定位，产品特色定位在某种程度上影响甚至改变了旅游地形象定位。旅游地产品是旅游地形象的物质载体，通过对旅游地产品的打造，树立起了旅游地形象。

二、IP 模型中的"P"

（一）传统的 4P

1. 产品

目的地营销理论模型中所指的产品区别于传统服务营销中的产品概念，专指旅游目的地为游客在旅游过程中的消费所提供的服务，但同样具有无形性、不可储藏性、生产消费同步性等特征。

2. 渠道

渠道就是指目的地组织向游客直接销售或通过旅游中间商销售旅游目的地的服务与设施的各种方式。

3. 促销

促销是指以一种告知和说服的方式为游客提供有关目的地的信息和知识，是营销的传播部分。

4. 价格

价格作为目的地营销组合的关键部分，是指目的地向游客提供的服务与设施的货币价值。它不仅是获取利润的直接决定因素，而且是强有力的促销手段。

（二）新增的 4P

1. 有形展示

有形展示（Physical Evidence）是指服务提供者与游客进行交流的场所以及有利于服务交流的可识别商品，有以下几种类型。

（1）外部设施：包括外部设计、标志、停车场地、景色、周围环境等。

（2）内部设施：包括内部设计、设施、标志、布局、空气质量/温度等。

（3）其他有形物：包括名片、文具、收费单、报告、员工着装、制服、手册、网页等。

2. 人

人（People）是旅游服务营销中的主要因素，目的地营销就是对人的营销。人作为服务的提供者和享受者，在旅游服务业中起着举足轻重的作用。目的地组织中的员工服务可以深刻影响游客的体验，进而直接影响旅游活动的成败。

目的地服务营销涉及两组人群——客人（即旅游者）和主人（即旅游服务业组织中的所有员工）。处理好主客关系是目的地服务营销的关键之一，主要涉及以下几个部分：①员工的选择、管理与培养：合格员工的招聘，资格证培训、岗前培训、服务技能培训，为提供优质服务开发员工，提供必要的支持系统；②游客管理：游客行为的控制，冲突事件的处理，游客安全管理；③服务质量控制体系的建立：实施服务过程控制，实施统计过程控制（各种服务数据的收集与统计、完善的服务补救措施）；④关系营销：建立、维持或者加强与游客之间的长期关系。

3. 项目的设计

项目的设计（Programming）是指开展一些特别的活动或者计划，从中使旅客增加他们的消费，增强旅游目的地服务吸引力的设计。项目的设计一般包含以下步骤：主题活动、节事活动的选择，市场运作机制的建立，效果评估。其中，主题活动对于塑造旅游目的地的形象、增强促销效果有着重要的作用。

4. 能力管理

能力管理（Power Management）是指旅游目的地的旅游接待设施在处理游客需求及实际流量随时间波动的能力及措施，包括需求管理、容量管理、排队管理。

【思考题】

1. 旅游目的地营销和旅游企业营销有何区别？
2. 结合实际，说明海南国际旅游消费中心的品牌如何塑造。
3. 旅游目的地营销管理的过程包括哪些内容？
4. 旅游目的地合作营销战略包括哪些具体方式？

【案例分析】

旅游"网红城市"炼成后如何"长红"

重庆，113.6亿次；西安，89.1亿次；成都，88.8亿次……一些城市在某短视频平台公布的2018年城市形象短视频播放数据中排名靠前。数据发布后，引发了人们对城市形象传播的思考。究竟旅游城市成为"网红"有何奥秘？这些城市成为"网红"之后，发展如何"长红"？

突破套路，"网红城市"崛起。近两年来，一些城市接连在网络掀起眼球效应，粉丝纷至沓来，游客扎堆涌入。重庆有轻轨穿楼和8D魔幻立交，西安有摔碗酒，成都有美食……以重庆为例，穿楼而过的李子坝轻轨、被网友喻为魔幻场景的洪崖洞、空中巴士长江索道……这些"网红"景观每天吸引着大量外地游客排队"打卡"，感受"8D魔幻城"的视觉震撼和神奇曼妙。

城里的人与城外的人常常有互补的观察视角，许多重庆本地人不会想到，那些生活中稀松平常的山边建筑、过江索道，甚至是不便行车、行走的地势，竟会成为外地人眼中的亮丽风景。山城的趣味被一次次重新发现。其实不只是重庆，西安、成都等"网红"城市的变身之路也是如此，日常饮食被"吃货"们隔空垂涎，寻常巷陌中的一个街拍点就能迎来如潮的闪光灯，城市里最具个性的那个部分被互联网不断放大并传播。

城市形象的提升带来的最直接的效应就是文旅产业的发展。在社交媒体平台上，重庆独特的地形地貌造就了一批"网红景点"，每年吸引大批外地游客前来"打卡"。统计显示，2019年"五一"期间，重庆实现旅游总收入200亿元，同比增长33.5%。

顺应"网红热"，一些中西部城市政府开始有意识地突破传统的城市营销"套路"。2019年3月起，重庆启动了为期半年的区县"晒文化•晒风景"大型文旅推介活动，借助社交媒体，展示重庆"山水之城"的"颜值"与"气质"。展示宜业宜居的发展环境，吸引人才落户生根，是这些"网红城市"的不二法门。

网红效应是一把"双刃剑"。目前，我国已建成了超过600座城市，城市间的竞争日趋白热化，"网红城市"就是在这种大背景下，利用互联网来经营城市形象的一种新思路。其本质是注意力经济——谁吸引到更多的公众注意力与关注度，谁就能获得更多的人口、资金、技术、信息等关键性发展资源，从而在激烈的城市竞争中获得领先优势。

从实际效果来看，网红效应为"网红城市"带来了很多正收益，如游客量激增、投资置业量增加、城市关注度与品牌美誉度提升等，同时也带来了诸多不容忽视的问题与挑战，表现在：

一是设施层面。网红效应说到底就是"眼球经济"，具有明显的短期化特点，可能造成"网红城市"客流接待量不稳定，短期内量级大升大降，从而导致公共服务设施与接待设施的配套规模难以把握。

二是社区层面。网红效应带来大量人口瞬间涌入，有限的城市服务设施使用紧张。同时，新增消费人口（包括旅游、置业、投资等人群）还会造成餐饮、商品零售、酒店、交通、住房等的价格上涨，导致当地居民的日常生活刚性成本上升等。

三是生态层面。网红效应表现出非常显著的"集中打卡"现象，蜂拥而入的人群高度集中在十分有限的网红地段内，瞬时流量往往超出了最大生态承载量，可能对当地的自然生态环境与人文遗迹造成破坏。

四是管理层面。网红效应吸引大量人口进入城市后，其流动性强，不确定性强，管理难度大，对所在地公安、消防、工商、城管、卫生、应急部门等的日常管理工作形成了巨大压力，若管理不到位，则会影响当地的口碑与形象。

要解决这些问题与挑战，城市的精细化管理与智能化建设必不可少。专家建议，应当充分利用人工智能、大数据、云计算、物联网、5G等技术，全面推进智慧城市的建设，有针对性地解决网红效应带来的问题。

事实上，注意力经济的可持续性是很难保证的，如果徒有形式，可能只是昙花一现。正因如此，越来越多的"网红城市"管理者意识到，比成为网红更重要的是如何保持"长红"。在信息技术变革、经济社会变革的交织影响下，一个城市要想延展好自己的优势、传播好自己的特色，主动作为、积极创新是不二法门。另外，塑造和推广城市形象，不应仅仅着眼于推动文旅产业的发展，背后其实是产业、文化、生态协同高质量发展的大文章。"网红城市"作为见证城市创新形象传播的生动案例，只是一个开始，而不是终点。

[案例思考]

旅游目的地如何通过营销活动成为"网红"目的地？又如何才能保持"长红"？

第十二章

旅游营销创新

【学习目标】
  理解旅游跨界营销的发展、兴起的原因。
  熟悉旅游跨界营销面临的问题及优化方法。
  了解旅游新媒体营销的种类及运用。

【学习重点】
  旅游跨界营销的意义及原则。
  旅游跨界营销的运营及设计。
  当下旅游企业新媒体营销类型。

【学习难点】
  技术驱动下的旅游市场营销。

第一节 旅游跨界营销

一、旅游跨界营销概述

(一) 旅游跨界营销的产生背景及原因

  随着市场竞争日益激烈,行业与行业的相互渗透和融会,已经很难清楚地界定一个企业或者一个品牌的"属性"。正因如此,跨界(Crossover)现在已经成为国际潮流,从传统到现代,从东方到西方,跨界已代表一种新锐的生活态度和审美方式的融合。旅行社跨界的例子近年来屡见不鲜,很多成功的案例都让我们看到了跨界对旅行社产业发展的刺激和经济收益提高的帮助。因为跨界的创新性和多元性,使得旅行社发展拥有无限可能。

  跨界营销需要界定的互补关系,不再是基于产品功能上的互补关系,而是基于用户体验的互补关系,在营销思维模式上实现了由产品中心向用户中心的转移,真正确保了用户为中心的营销理念。越来越多的著名品牌开始借助跨界营销,寻求强强联合的品牌协同效应。

  跨界的深层次原因在于,当一个文化符号还无法诠释一种生活方式或者再现一种综合消费体验时,就需要几种文化符号联合起来进行诠释和再现,而这些文化符号的载体,就是不同的品牌。基于这样的背景,其兴起原因可归纳为以下几点(见图12-1)。

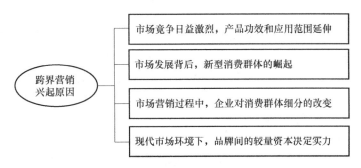

图 12-1 跨界营销兴起的原因

(二) 跨界营销的意义

1. 共享资源

传统的市场营销环境下，企业依靠自身实力建立品牌影响，存在着投入资金大、收效时间长、品牌影响力不足等问题，资源的封闭不利于企业的发展。跨界营销的优势在于打破传统的营销思维模式，寻求非业内的合作伙伴，实现客户资源、渠道资源、传播资源、销售平台、品牌号召力等的共享。

2. 提升品牌影响力

跨界营销适应了消费社会中消费者不断发展的需求，能够有效地提升品牌影响力，增强对潜在客户的吸引力。通过不同行业原本毫不相干的元素之间相互渗透、相互融汇，让品牌形象更为立体，也有利于合作双方的品牌得到目标消费者的一致认可，从而在品牌竞争中更显优势。

3. 使营销传播模式更加有效

跨界营销覆盖面广，是一个相对成本较低、效应较好、品牌推广较高效、传播较广泛的营销模式。企业只需相对较低的成本就可以实现比单独营销更好的目标，且可以产生超过传统营销模式，如广告、公关、销售促进的效果。

4. 降低了费用支出

跨界营销企业是在整合原有资源的基础上合作，降低了合作双方的营销投入，且产生的费用可以双方共担，投入产出比较高。

(三) 跨界营销的原则

跨界营销是一种趋势，但在操作层面需考虑自身的品牌效应、产品服务、消费群体、资源配比等因素，因此，跨界营销需要遵循一定的原则。

1. 资源匹配原则

资源匹配原则指的是两个不同品牌的企业在进行跨界营销时，在品牌、实力、营销思路和能力、企业战略、消费群体、市场地位等方面应该有的共性和对等性。只有具备这种共性和对等性，双方在实现优质用户资源共享后，往往才能够达到双赢的效果。需要注意的是，在跨界营销合作的过程中，要实现参与双方或者多方的收益，必须有一定的技巧，而且要保证一些基本前提：品牌、渠道或者理念等彼此互补；合作品牌之间"门当户对"；各方能够在较长时期内实现利益的最大化或互补效应；具有相互匹配的商品特征、价值观和目标市场；参与者必须拥有强大的执行力。这些前提都是实现双赢效应的保障。

2. 品牌效应叠加原则

品牌效应叠加是指两个品牌在优劣势上进行相互补充，将各自已经确立的市场人气和品牌内涵互相转移到对方品牌身上或者传播效应互相累加，从而丰富品牌的内涵和提升品牌整体影响力。不管商品开发还是品牌联盟，必须要达成两者之间的有效互补，而且不是简单的功能互补，而是基于体验的互补。因为从简单卖东西到出售一种生活方式，或者引导一种时尚潮流，后者更容易吸引消费者。

3. 消费群体一致性原则

消费群体一致性原则是指每个品牌都有一定的消费群体，每个品牌都在准确地定位目标消费群体的特征。作为跨界营销的实施品牌或合作企业，由于所处行业的不同、品牌的不同、产品的不同，要想使跨界营销得以实施，就必须具备一致或者重复的消费群体。

4. 主体非竞争性原则

主体非竞争性原则是指参与跨界营销的企业或品牌应是互惠互利、互相造势增长的共生关系，而不是此消彼长的竞争关系。非竞争性战略联盟可以有效地避免合作双方之间的相互竞争与内耗。在此基础上，参与双方才能真正为对方考虑，资源共享，以实现资源的效用最大化。而跨界的核心竞争力不止表现在资源交换与共享方面，还在于发展隐藏在资源内的隐性传媒功用。

5. 非产品功能互补原则

非产品功能互补原则指进行跨界合作的企业，在产品属性上两者要具备相对独立性，不因跨界合作而失去自身独特的个性。同时，跨界营销不是商品功能上的优劣互补、此消彼长，而是通过合作，各自的优势更加凸显，更容易吸引消费者，提高各自的影响力和知名度，实现渠道互补、品牌互补、知名度互补等。

6. 品牌理念一致性原则

一个商品的品牌能够体现消费者的审美观念和个人品位，其所表现出来的文化内涵也反映着消费者的价值观念。品牌理念的一致性指的是进行跨界营销的双方有着相同或相近的价值理念，面向的目标受众具有一致性。只有品牌理念保持一致性，才能在跨界营销的实施过程中产生由A品牌联想到B品牌的作用，实现两个品牌的相互关联或者在两个品牌之间画上等号，从而提高商品的销量。

7. 顾客体验原则

在市场营销领域，营销理论已由4P理论转向4C理论。从中可以看出，消费者在市场竞争中的地位日益凸显，市场由以企业为中心转向以消费者为中心，消费者的需求决定着市场的发展方向。因此，企业需要为消费者提供个性化、定制化的服务，提升消费者体验，满足消费者的需求。而提升消费者体验要围绕目标消费群体的情感、思维、知觉及行为等方面展开。

二、旅游跨界营销的运营及设计

（一）旅游跨界营销的运营

对于参与其中的各方来说，完美的跨界合作绝对是获益良多。既然如此，应如何去做才能实现成功的跨界合作呢？企业跨界营销能否成功，最重要的就是能否找到一个合适的跨界合作伙伴。在寻找跨界营销合作对象时，企业必须将双赢作为合作的前提。在现实操作中，并非所有的品牌都适合进行跨界营销。因此，可以采用以下方法去寻找合作对象。

1. 消费习惯法

消费习惯法是从自身品牌的功能、用途出发，按照消费者的消费习惯来寻找合作对象。

2. 服务嫁接法

服务嫁接法是根据企业的经营特点或者服务特点，将不同的产品、服务或经营模式进行嫁接。

3. 受众关联法

受众关联法主要用于有上游或下游消耗品的品牌，即根据品牌本身的上游或下游消耗品使用情况来寻找合作品牌。

4. 认知一致法

认知一致法是指本来毫不相关的两种或几种事物，鉴于它们的消费者在某些方面具有产品印象的雷同性，通过某种方式进行跨界，产生有效的影响力。

除上述方法外，旅游跨界营销的目的是为了实现两家合作企业互补，达到"1 + 1 > 2"的效果，从而为消费者创造更多的价值，提供更完美的服务体验，有效地吸引客户。因此，企业实行跨界营销战略时，还需要找到不同品牌的契合点，然后才能在此基础上确立双方想要达成的共同目标。

(二) 旅游跨界营销的设计

目前，我们可以从以下几方面对旅游的跨界营销进行开发设计和研究优化。

1. 行业跨界

以行业跨界理论为基础，依据受众需求、行业资源与能力研究行业跨界的技术路线，以旅游与医疗跨界、旅游与教育跨界、旅游与美食跨界、旅游与体育跨界、旅游与娱乐跨界六种路径为例，研究得出行业跨界的多种功能形式。

2. 地域跨界

依据地域的资源能力和竞争格局对地域跨界的两个方向：邻近地域和非邻近地域的跨界进行研究，分析得出在两邻近地域的跨界要资源共享、功能互补、游线串联，非邻近地域的跨界可以是生活方式的体验，也可以是文化的融合和碰撞。

3. 文化跨界

依据受众的生活方式和心理需求以及资源和能力对不同层次的、不同时代的、不同地域的文化的跨界进行研究得出，不同层次的文化包括大众文化、中层文化、精英文化之间有多种路径可选择，不同地域的文化之间也可以进行跨界，不同时代的文化主要是通过现代的方式对传统文化的传承。经过以上研究发现，旅游的跨界功能开发设计是有必要性、可能性和价值性的。一方面，经济的发展、消费者需求的变化、竞争格局的改变为旅游的跨界功能开发设计提供了必要性；另一方面，可配置资源的丰富性为旅游的跨界功能开发设计提供了可能性，但是也要有准确的受众，配置合适的资源，并且要考虑市场环境。同时，旅游的跨界功能不仅可以满足消费者的个性化需求，更加贴近消费者的生活，同时可以拓宽旅游业发展的范围，使旅游业获得长远发展，对于旅游相关企业来讲，跨界可以帮助企业跳出传统思想，打开经营思路，获取更大的利益，最终带动整个社会的综合发展。

【学习拓展】

启动线上线下模式营销更容易成功

2014年4月，为了方便酒店宾客的叫车出行，国内某品牌连锁酒店管理集团开始尝试与滴滴打车合作。该酒店集团在其官方APP端开通了打车平台入口。"十一黄金周"期间，滴滴打车与酒店集团再度进行合作。对此，酒店相关负责人指出，双方通过合作进一步提升了酒店宾客的出行体验。与此同时，滴滴打车与酒店联合派发了"百万红包××买单"，酒店宾客只要输入手机号就可以获得金额不等的打车券。另外，双方还一同发起了"粉爱行动"系列活动，关爱女性公益，轰动一时。目前，"粉爱行动"已有多家企业共同参与，旨在解决女性出行难题，保障女性出行安全。

该酒店集团与滴滴打车的合作就属于跨界营销。虽然两个集团属于两个完全不同的服务行业，但是它们却能从消费者之间特有的联系出发，把原本毫不相关的元素相互渗透、扩大，从而形成一种全新的服务，以赢得消费者的好感。

第二节 旅游新媒体营销

一、旅游新媒体营销概述

（一）对新媒体的认识

新媒体的迅猛发展让不少企业看到了其中蕴藏的营销机会。过去的传统媒体投放大户，也纷纷开始调整其营销预算分配，转战新媒体，或进行新媒体与传统媒体的整合投放。以万豪集团为例，2017年8月7日，万豪国际集团（以下简称万豪国际）与阿里巴巴集团控股有限公司（以下简称阿里巴巴）宣布成立合资公司，未来将由该合资公司管理万豪国际在飞猪平台上的万豪国际集团旗舰店，降低业主的酒店分销成本。万豪旗下的酒店不仅通过官方网站进行营销，还与阿里巴巴达成战略合作协议，进行从传统营销到线上营销的跨界合作。

1. 新媒体的概念

"新媒体"一词最早见于1967年美国哥伦比亚广播公司技术研究所所长P. 戈尔德马克的一份商业计划。之后，在1969年，美国传播政策总统特别委员会主席E. 罗斯托在向尼克松总统提交的报告书中也多次使用了"New Media"一词。由此，新媒体一词开始在美国流行并很快传播至全世界。

《新媒体百科全书》的主编斯蒂夫·琼斯认为："新媒体是一个相对的概念，相对于图书，报纸是新媒体；相对于广播，电视是新媒体；新是相对于旧而言的。新媒体是一个时间概念，在一定的时间段内，新媒体应该有一个稳定的内涵。新媒体同时又是一个发展的概念，科学技术的发展不会终结，人类的需求不会终结，新媒体也不会停留在任何一个现存的平台上。"可见，新媒体的内涵会随着传媒技术的进步而有所发展，要准确地界定新媒体，就必须以历史、技术和社会为基础综合理解。

2. 新媒体的特征

简单来说，当在传统媒体前加上"数字"时，它们就成了"新媒体"，如数字电视、数字广播、数字报纸、数字杂志等。随着新媒体的发展，特别是近年来手机网络的兴起，人们花在网络和手机上的时间越来越多，因此，新媒体的传播有着与传统媒体传播不同的新特征。

（1）数字化。新媒体最大的特点就是依托信息技术，即数字化的传播方式，信息技术的发展使得互联网的存储空间不断扩大。尼古拉·尼葛洛庞帝（Nicholas Negroponte）在《数字化生存》一书中提出："现代信息技术的突飞猛进必然改变人类的工作、学习和娱乐方式，即人类的生存方式。"新媒体通过编码将传统的文字数字化，大量的文字、图片、影像等被编辑成一个个超链接，这些超链接构成整体网络环境。

（2）交互性。提到新媒体，人们立刻想到的就是其交互性。传统媒体是单向传播，而新媒体则打破原有的传播方式成为双向传播，受众不再仅仅是受众，同时也是信息的传播者。以微信的传播模式为例，使用者在朋友圈里扮演着受众的角色，接收来自不同朋友的信息分享，而同时也在朋友圈里将自己的想法和信息分享给朋友，在这种双向交流的过程中，传播者和受众的角色变得模糊。这种交互性是基于数字化的特性发展起来的，使用者能根据自己的个性化需求进行信息筛选，获得所需信息，然后将信息加工后进行再传播。

（3）即时性。基于数字化，新媒体具有更强的即时性，这是传统媒体所无法比拟的。新媒体的信息接收和传播都是在非常短的时间内完成的，甚至是实时的视频直播，这大幅提高了媒体的传播效率。

（4）个性化。以互联网为基础，新媒体实现了个性化的需求。新媒体可以根据不同用户的不同使用习惯、偏好和特点向用户提供满足其各种个性化需求的服务。

（二）当下旅游新媒体营销类型

随着信息化网络时代的迅速发展，传统的营销模式逐渐完善，但也达到了瓶颈期。一大批自媒体平台兴起，改变了人们的休闲娱乐方式，将媒体娱乐与销售推广进一步完美结合成了当代营销模式改革的关键点，多渠道、零门槛、反馈及时、互动性强的自媒体营销改变着现代社会的信息传播方式，任何网络用户都可以成为品牌产品的推广者，但同时也可以是消费者或受众。自媒体自出现以来，无论国内还是国外都有不少专家进行研究，也出现了许多不同的观点和见解。旅游新媒体营销，是相对于传统意义上的营销提出的，主要是指基于网络信息技术，利用新媒体作为营销载体而开展的营销活动，其主要营销类型有短视频营销、直播营销、社群营销。

1. 短视频营销

短视频作为新兴的视频类型，因具有制作门槛低、时长有限、可美化编辑等特征，赢得了用户在碎片化时段的高度关注，成为旅游目的地、旅游企业利用平台发布旅游信息的主要营销渠道。

2019年春天，重庆、西安等一批旅游城市突然成了炙手可热的"网红"城市，旅游收入与游客量显著增长。举个例子，位于西安城墙脚下的永兴坊"摔碗酒"是被某短视频平台捧红的众多"网红"景点之一。"摔碗酒"配上一曲欢快又洗脑的《西安人的歌》在网络上迅速蹿红，吸引八方网友纷纷前来"打卡"——饮一碗古城老米酒，做一回"西安社会人"。其他短视"网红"景点还有重庆的"轻轨穿楼"、厦门鼓浪屿的"土耳其冰淇淋"、山东济南宽厚里的"连音社"、张家界的天门山等。短视频的价值远不止于商业营销，还有很多待开发的模块，相信不久的将来，会有越来越多的人致力于研究这一领域，将其归纳整理，使其真正成为一个前沿领域。

2. 直播营销

随着互联网的发展和智能设备的普及，众多商家将目光越来越多地集中到直播营销上面。明星、红人、潮人的跻身让直播的形式丰富多彩起来，而企业的青睐更让直播成为名副其实的营销利器。直播营销是指在现场随着事件的发生、发展进程同时制作和播出节目的播出方式。直播营销活动以直播平台为载体，目的是提升品牌或增加销量。

2016年作为直播元年，各媒体也开始步入"直播"时代，越来越多的企业希望借助直播进行立体化的营销。直播营销是一种营销形式上的重要创新，也是非常能体现出互联网视频特色的板块。

3. 社群营销

社群营销是基于圈子、人脉、六度空间理论⊖而产生的营销模式。通过将有共同兴趣爱好的人聚集在一起，将一个兴趣圈打造成为消费家园。社群营销是一个口碑传播的过程，其一般模式为：IP + 社群 + 平台。利用社群做社群旅游、社群教育、社群电商，其实这些都是社群的一种商业应用。

社群营销成功的关键：核心价值。对于社群成员来说，加入一个社群需要考虑的是社群的共同价值；而对于企业来说，建立一个社群需要考虑的不仅有共同价值，还包括社群的核心价值，这个核心价值既是自己建立社群生存的基础，也是社群未来发展的方向和定位。例如：一个做旅游产品的企业，他建立的社群自然是"旅游爱好者"社群。"旅游爱好者"只是社群的共同价值点，考虑是否应该加入社群的人会参考这个共同价值点。

对于企业来说，互联网上关于旅游的社群不计其数，企业如何让自己的社群保持活跃度？是自己的社群经常举行线下旅游活动，还是能提供最新的旅游相关资讯？这就是旅游企业需要思考的问题，而问题的答案就是该旅游社群的核心价值，也是企业玩转社群营销的关键所在。这里还需要强调一点：旅游社群的核心价值必须和自己的产品卖点相关联，这样才能带动旅游产品的销售。

（三）旅游新媒体营销的优势

1. 有效降低了营销成本

新媒体不仅宣传品牌的方式多元化，而且更好地降低了营销成本。比如，新媒体提供了更多免费的开放平台，能够资源共享。同时，新媒体提供了低成本的传播。只要内容有创意，网民觉得有趣或有价值，就会免费传播，传播的速度令人惊讶。

2. 能够实现与用户的实时互动

相较传统电视，互联网视频的一大优势为：能够满足用户更为多元化的需求。不仅仅是单向的观看，还能一起发"弹幕"，喜欢谁就直接"打赏"，甚至还能动用民意的力量改变节目进程。这种互动的真实性和立体性，也只有在直播的时候能够完全展现。

3. 深入沟通，情感共鸣

在这个碎片化的时代里，人们在日常生活中的交集越来越少，尤其是情感层面的交流越来越浅。有仪式感的传播形式能让一批具有相同志趣的人聚集在一起，聚焦在共同的爱好

⊖ 六度空间理论是一个数学领域的猜想，该理论指出：你和任何一个陌生人之间所间隔的人不会超过六个。——编者注

上，情绪相互感染，达成情感气氛上的高位时刻。如果旅游企业能在这种氛围下做到恰到好处的"推波助澜"，其营销效果可谓"四两拨千斤"。

(四) 新媒体营销存在的客观问题

1. 对新媒体营销的认识不足

新媒体运作常过于注重销量的提升，对于受众信任度、满意度和网络黏性的提升却不够重视。前者带给企业的是现实利益，而后者带给企业的是长远利益。因此，应正确认识新媒体的作用，合理进行消费引导、产品促销、服务优化，追求客户满意度最大化才应该是值得追求的。

2. 与目标受众的交流互动不足

新媒体营销与传统媒体有很大的不同，传统媒体更多是一种单向的信息传播，也就是厂商向消费者发送信息；而网络营销则不同，由于网络是一种开放式媒体，受众参与非常便利而且参与度非常高，因此，网络受众已经不仅仅满足于单方面地接受信息，还有强烈的参与其中的愿望。

3. 缺乏对新媒体营销的合理投入

新媒体营销能否运作良好受制于四个因素：内容、资源、技术和投入，即要有好的内容、丰富的资源、精湛的技术和合理的投入。新媒体营销的投入分为两个方面：一是传播的媒体费用，比如视频排名、网站发文等；二是新媒体营销战略和战术的策划费用。就目前来讲，因为很多企业缺乏新媒体营销的专业人才和经验，所以不得不借助专业咨询服务机构的经验和能力来开展新媒体营销。

【学习拓展】

六度空间（Six Degrees of Separation）理论也称六度分割理论。该理论可以通俗地描述为："您和这个地球上任何一个陌生人之间所间隔的人数不会超过六个。也就是说，最多通过五个人，您就能够认识世界上任何一个陌生人。"该理论最早产生于20世纪60年代，是由美国心理学家米尔格兰姆提出。该设想透露出这样一个概念：两个素不相识的人，通过一定的方式，总能够产生必然的联系或形成相应的关系。

近年来，六度空间理论的应用价值越来越受到更多人的关注。不管是现实生活中的人际网络还是Web的构架，或者是通过超文本链接的网络，再如经济活动中的商业联系网络，以及生态系统中的食物链等，甚至是人类脑神经元以及细胞内的分子交互作用网络，都有着非常相似的组织结构。利用计算机网络使六度空间理论在人与人之间构成"弱纽带"，通过弱纽带会让人与人之间的距离变得更为"贴近"，这在整个社会关系中可以发挥强大的作用。

[资料来源：袁宇丽. 六度空间理论的图论法证明及应用，计算机时代，2019（2）。]

二、旅游新媒体与传统营销模式的比较

在传统的媒体经济中，群众被看成只是单纯接受信息和娱乐的"受众"。从大众心理来看，相比接受信息，大众更愿意创造信息去影响别人。传统媒体（报纸、杂志等）的技术特征决定了传播行为的专业化和规模化，而新媒体通过数字技术和网络技术，缩减了信息传播的规模、经济和制度成本，使大众传播需求可以很容易得到满足，从而在大众范围内迅速

得到扩展和应用,对媒体产业产生了深远的影响。

旅游新媒体营销是利用新媒体平台进行营销的模式。由于互联网带来的巨大变革,营销也发生了许多变化。在巨大革新的年代,营销理论的发展从 4P、4C、4R、4S 等到现在也发生了巨大的改变,其中一个最重要的特点是用户的地位在不断提高。旅游新媒体营销就是在这种环境下产生的,它与传统营销相比,具有以下特点。

1. 成本低廉

与传统营销相比,旅游新媒体营销成本减少了许多。从经济成本来说,旅游新媒体营销可以通过网络平台进行传播,借助多媒体技术手段,以文字、图片、视频等方式对产品和服务进行宣传,以生动的形象直接到达用户终端。目前,康辉、运通、国旅等旅行社已开通企业微信公众号,企业方可以直接使用公众号平台进行信息发布及回复。从时间成本来说,旅行社运用新媒体发布信息简化了传播的程序,可随时发布消息,不像传统的电视、报纸那样需要经过层层审批。同时,旅行社的营销信息一旦在网络平台上发布,便可以得到许多人的关注,而人们如果觉得信息有用又会转发,信息就从"单向输出"向"双向传播"转变,消费者接触到多种媒体和信息,越来越多地参与到信息传播的过程中来,信息传播链上的互动性越来越强,参与度越来越高,企业信息传播也就有了"一传十、十传百"的效果。因此,这种传播方式的成本比传统媒体低了很多。

2. 更加注重创意

许多传统的旅游企业通过借助新媒体进行营销,使原本对于用户来说高高在上的企业变得可爱、接地气,更加接近用户。以故宫博物院为例,故宫博物院从 2013 年开始开设微博,最开始都是发布一些故宫的相关知识,相关文创产品也很平常;但是从 2015 年开始,故宫博物院火爆起来。故宫的文创产品并不新奇,很多都是我们常见的手机壳、针线盒、折扇、盆栽等,但是在产品包装的创意上,加上了故宫元素,比如皇帝、宫女、大臣等的卡通形象,并且加以调侃,这样将有趣的文案、原创绘画与产品结合之后,就有了乐趣,会让用户感觉这是一个好玩的产品。因此,新媒体营销更加注重创意,将更多创意注入营销中,对于企业战略转型和整合营销传播的完善和发展都具有关键意义。

3. 精准定位、多元整合

信息技术的不断发展为旅游新媒体营销的精准定位提供了技术支持。基于大数据分析,不管是门户网站的广告、搜索引擎的关键词广告还是短视频的推送,都能帮助旅游企业更加精准地定位用户,满足用户的个性化需求。新媒体营销利用大数据分析,帮助企业分析用户的消费习惯,为企业更好地精准定位。为应对激烈竞争导致的媒体市场"碎片化"态势,传统媒体正通过横向整合和纵向整合来整合整个媒体产业。横向整合是减少当前竞争状态的一种手段,并增加了协同效应;纵向整合则对产业链进行梳理,使产业链更加高效。

4. 从"大众市场"向"小众市场"的转变

传统的以大众市场为目标受众的媒体传播,在层出不穷的新媒体形态中已经受到了严峻挑战。消费者对于信息传播的要求在提高,在不同的媒体形态和传播状态之间切换的速度也越来越快。大众市场被分割成很多小众市场,这些小众市场倾向于使用不同的传播媒体和传播方式。

第三节 技术驱动的旅游营销探索

一、5G时代技术变革带来的新变化

(一) 5G的发展背景

第五代移动电话行动通信标准,也称第五代移动通信技术,也就是人们常说的5G。2019年是全球5G起航之年,也是中国5G商用元年。5G对经济增长会有显著的推动作用。埃士信咨询公司(IHS)2019年出具的报告显示,到2035年,5G将会带动全球GDP增加7%;对中国而言,5G助增的GDP将超过1万亿美元。

5G之所以能带来巨大的经济效益,一方面是因为其所具有的高速率、低时延、高可靠性以及大连接性的特点,可以加速融合新技术的发展,进而对传统行业进行改造,并为各行各业的数字化转型发展创造新的机会。比如,5G与8K、AR/VR等技术融合,能够促进云旅游、3D视频、云游戏、远程医疗等应用发展;5G与人工智能及物联网融合,可以支撑产业协同设计、机器视觉、车联网等应用发展;5G与区块链融合,可以支撑数字货币、产品溯源等。此外,5G还将推动工业专用信息技术的融合,诸如传感器与反应器、可编程逻辑控制器PLC、制造执行系统MES、企业资源规划ERP等,支撑工业生产中的诸多生产要素,包括材料、机器、测量、管理、建模等,助推工业互联网发展。

另一方面,5G作为新一代移动通信技术,将成为信息时代的基础设施,为各种新应用的诞生提供坚实的平台。移动通信与互联网的融合已经成为移动通信发展的趋势,3G时代,淘宝、京东等移动电子商务相继崛起,微信等自媒体业务和社交应用蔚为大观;4G时代激发了视频业务和移动支付,催生了扫码支付、刷脸支付,点燃了共享经济,推动了短视频业务的发展。那么5G时代的重点应用将会是什么呢?这是无法预先规划的。但只要我们准备好了5G网络能力,就一定会催生目前无法想象的新应用,而这些新应用将把5G的能力发挥得淋漓尽致。并且,这些应用的影响不仅限于生活,而是会延伸到社会的方方面面,比如智慧城市和各行各业,人们的社会生活和工作形态也会因此发生巨大的变化。这正是"5G改变社会"的基本内涵。

(二) 旅游市场的需求变化

我国是人口大国、文化大国,更是旅游业大国。互联网的发展使人们接收各种资讯的能力呈指数级提高,人们充分利用互联网享受各种信息的便捷,新的营销模式也随之而来,尤其是各种新媒体充分挖掘流量,旅游企业的营销方式也与时俱进,带来新的增长,旅游业不再是一个独立产业,而是逐渐成为一个集观光、酒店、交通、饮食、文化及周边为一体的综合性产业,行业间的一系列化学反应,使各种跨界营销与合作成为一种常规表现,如城市规划、保险、教育、运动、娱乐、房地产、医疗,甚至制造业等行业都随着旅游文化产业的带动而有了不同的表现,并且充分结合,使旅游的跨界营销成为现实。未来,随着5G时代的到来,大数据算法、人工智能及所有5G相关前沿科技设备的发展和提升,将给旅游行业带来更为深远的影响。

二、5G 时代旅游营销发展的探索

(一) 5G + 旅游的初体验

早在 2018 年 12 月,中国联通就已在河南红旗渠率先试水了"5G + 智慧景区"新项目,结合红旗渠景区的特点和需求,5G + VR 全景直播、5G + AR 慧眼、5G + AI 社交分享、5G 智慧鹰眼等新技术已经在景区局部试点。

1. 5G + VR 全景直播

VR 在旅游领域使用度相对较高,但受限于技术的原因,在自然风光型景区想要实现 VR 全景直播难度比较大。但在 5G 时代,结合无人机的使用,5G + VR 体验效果更为明显。当无人机盘旋在红旗渠景区百米上空时,通过 5G 实时传回红旗渠的全景高清画面,使得游客即使在千里之外,带上 VR 眼镜,也像已经身在无人机上,不但能够通过 4K 高清镜头 720°清晰俯瞰人工天河红旗渠,还丝毫没有卡顿、晕眩等 4G 时代副作用,体验感大幅提升。

长江索道是很多游客到重庆必去的"打卡"圣地。随着 5G 技术的到来,体验长江索道有了全新的方式。游客带上 VR 眼镜,感觉身体悬浮于两江上空,随着缆车缓缓前行,两岸风光尽收眼底,在短短 3 分多钟的时间里体验 360°全方位一镜到底。这道"无阻碍风景线"让鸟瞰重庆有了新的视角。当地各大景区都在积极运用 5G、物联网、大数据等技术,助力山城智慧旅游产业的发展,吸引越来越多的游客来到重庆体验山水之美。

2019 年 3 月,据中国电信高级产品经理高兆庆介绍:"在文旅领域,我们在黄山把 5G 和无人机结合,在黄山上设置了两个无人机站,用无人机 360°拍摄黄山景观,通过 5G 技术实时传输给 VR 终端,最高能够达到 8K 超高清视频。游客可以通过 VR 实时欣赏黄山美景,很有感染力。我们还为相关培训机构建设了党建演示厅,用 5G、VR 技术复原了红军过草地、爬雪山的震撼场景,这些都可以用于红色旅游领域。"

2. 5G + AR 慧眼

可以通过语音、文字、图片、高清视频和 3D 模型等素材形式,借助 AR 眼镜让游客进一步"看懂"景区。

3. 5G + AI 社交分享

通过鹰眼和人工智能技术,可以为游客一键快速生成一份包含图片、文字和视频的游记,并支持删减修改成为游客自己的游记用于分享。这一新的场景应用会增加旅游的趣味性,这必然会催生一大批新的旅游爱好者前来打卡。基于旅游的另一款应用 5G 智慧鹰眼会对景区管理水平带来更大的提升,智慧鹰眼能够利用图像采集终端加 5G 通信模组的方式,完成视频及图像回传,再通过 5G + MEC + AI 进行分析,可以捕捉到进入景区的每一位游客、车辆,并能够覆盖到景区复杂的区域,让景区的管理更加精细化,提高景区对于人员车辆的管理。

这些新技术的应用可以让游客在景区游玩的体验大幅提升,让游客的游玩更为深度和方便。

(二) 5G 时代旅游新的增长点

2019 年 3 月 15 日,故宫博物院和华为签署战略合作协议,共同开展 5G 应用示范、故宫智慧院区、人工智能大赛等业务,进一步推动故宫博物院的数字化、信息化、智慧化建设。华为方面的负责人表示:"在 5G 网络基础设施建设上,我们将充分利用云计算、区块链、物联网等先进技术和设备，推动故宫院区管理与观众服务、古建筑保护与监测、文物数字化展示、文化创意资源管理等创新应用产品落地实施，重点做好故宫安防智能体系的建设，并将故宫打造成全面、立体、数字化的智慧院区。"

随着5G技术的深入融入，游客体验将进一步提升。比如，可以让世界各地的观众随时身临其境地体验参观故宫博物院的乐趣；让观众享受到更高速的网络服务和高清视频内容；对文物出入库、修复、运输、展览的全流程进行实时安全监控……故宫作为世界上管理难度较大的博物馆之一，5G的成功试点意味该技术可以向全国各地的文物古建类景区推广。

未来难以预测，但长远来看，随着5G技术的发展成熟以及终端设备的普及，5G为终端消费者带来的体验升级会更加明显，届时消费者也将成为5G内容的生产者，亦如当年手机拍照逐步取代了数码相机，5G时代，游客也可能直接使用手机等终端实现VR高清全景直播。

尽管目前关于5G已经讨论得相当热烈，但从根本上来说，5G还并不完善，存在需要进一步拓展和明确的空间。所以5G究竟能够为旅游行业做些什么，还需要跟行业需求方共同探讨和摸索。而这些，就是需要旅游从业者用智慧去思考的问题了：到底如何实现5G技术与旅游更好的结合，形成实实在在的增长点？

(二) 5G时代旅游的未来

尽管5G现阶段发展态势如火如荼，但也应注意到，目前来看，5G带来的影响和改变更多将是在B端，是对行业的影响，对于C端消费者来说，现阶段能够感受到的变化有限。5G被大规模商用还需要时间。具体到旅游行业，尽管部分景区已经开始布局5G，甚至覆盖5G网络，但由于目前大多数游客的手机作为终端设备不支持5G，在体验感上不能达到完美效果。现阶段来看，5A级景区是各大通信公司5G重点扩展目标，但是由于各个景区情况各异，如何让"5G＋"功能以更好的形式落地，如何维护迭代、如何选择第三方合作伙伴，这些都需要时间。

但可以肯定的是，5G正快步向旅游行业走来，各大通信公司正在加紧布局，成为5G与旅游行业结合的赋能者和推动者。未来，通信公司对于5G的应用能力开发是开放的，会有更多企业来平台上开发各种各样的应用，无论是ToC还是ToB，只有开放的态度，才能推动5G的快速发展。"5G＋"旅游非常值得期待，那么，让我们热烈拥抱即将到来的5G旅游时代吧！

【思考题】

1. 请结合目前旅游市场的特点，谈谈跨界营销的意义。
2. 请结合三亚的城市特点制作旅游新媒体营销方案。
3. 如何理解直播营销的优势？
4. 5G下的旅游市场营销的发展有哪些趋势？

【案例分析】

智慧旅游发展获支持

国务院常务会议指出，旅游消费潜力巨大，并确定了支持"互联网＋旅游"发展的措施,包括支持智慧旅游景区建设、鼓励景区加大线上营销力度、加强旅游安全监测和线上投诉处理等。未来,我国旅游的数字化发展将迎来又一次"提速"。近年来,"云旅游"成为热门"出游"方式。国家博物馆、敦煌研究院等推出"在家云游博物馆"项目,不仅让游客坐在家中即可看到国宝级文物,还带动了博物馆文创产品的销售。

此外,江西龙虎山宣布将打造全国首个 AI 全域智慧景区,将智慧元素融入景区服务、景区管理、营销宣传等多方面,未来 3 年将依靠大数据及 AI 人工智能技术,逐步进行精细化地图、AI 智能导游、AR 实景、VR 全景、智慧观光车、智慧停车场、安防管理、人员调度的数据互动和 AI 赋能,为游客提供真正的 AI 全域智慧旅游。

(资料来源:根据中国经济网文章整理。)

[案例思考]

结合案例,谈谈未来新媒体营销的走向,你得到了什么样的启迪?

参考文献

[1] 舒伯阳. 旅游市场营销 [M]. 2版. 北京：清华大学出版社，2020.
[2] 李天元，曲颖. 旅游市场营销理论与实务 [M]. 北京：中国人民大学出版社，2020.
[3] 李博洋. 旅游市场营销 [M]. 2版. 北京：清华大学出版社，2019.
[4] 龙雨萍. 旅游市场营销理论与实务 [M]. 武汉：华中科技大学出版社，2019.
[5] 陈丹红. 旅游市场营销学 [M]. 北京：清华大学出版社，2019.
[6] 黄裕华. 旅游市场营销 [M]. 北京：中国劳动社会保障出版社，2019.
[7] 操阳，纪文静. 旅游市场营销 [M]. 2版. 大连：东北财经大学出版社，2019.
[8] 刘晓琳，谢璐，徐富民. 旅游市场营销 [M]. 2版. 南京：南京师范大学出版社，2019.
[9] 梁昭. 旅游市场营销 [M]. 3版. 北京：中国人民大学出版社，2019.
[10] 韩燕平. 旅游市场营销 [M]. 武汉：华中科技大学出版社，2018.
[11] 周义龙. 旅游市场营销 [M]. 武汉：武汉理工大学出版社，2018.
[12] 李晓. 当代旅游市场营销方式的综合研究 [M]. 北京：中国水利水电出版社，2018.
[13] 李学芝. 旅游市场营销与策划：理论、实务、案例、实训 [M]. 3版. 大连：东北财经大学出版社，2018.
[14] 张颖，伍新蕾. 旅游市场营销 [M]. 2版. 大连：东北财经大学出版社，2018.
[15] 殷开明，张毓威，邓广山，等. 旅游市场营销学 [M]. 天津：天津大学出版社，2018.
[16] 贾利军. 旅游市场营销学 [M]. 上海：华东师范大学出版社，2017.
[17] 魏正兴，等. 旅游市场营销学 [M]. 北京：电子工业出版社，2017.
[18] 杨艳蓉. 旅游市场营销与实务 [M]. 北京：北京理工大学出版社，2016.
[19] 王钰，黎莉，霍妍如. 旅游市场营销学 [M]. 北京：电子工业出版社，2015.
[20] 刘长英. 旅游市场营销学 [M]. 北京：北京大学出版社，2015.
[21] 鲍富元. 旅游市场营销学 [M]. 北京：机械工业出版社，2015.
[22] 谷慧敏. 旅游市场营销 [M]. 4版. 北京：旅游教育出版社，2014.
[23] 吴金林. 旅游市场营销 [M]. 3版. 北京：高等教育出版社，2014.
[24] 陈学清，徐勇. 酒店市场营销 [M]. 北京：清华大学出版社，2014.
[25] 张丽娟. 旅游市场营销 [M]. 北京：清华大学出版社，2014.
[26] 赵志霞，于英丽. 旅游市场营销 [M]. 北京：中国轻工业出版社，2014.
[27] 祝善忠，贾云峰. 营销中国：亲历中国旅游营销三十年 [M]. 北京：中国旅游出版社，2013.
[28] 杜书云. 旅游市场营销理论与实务 [M]. 郑州：郑州大学出版社，2013.
[29] 蒋述东. 旅游市场营销 [M]. 上海：格致出版社，2013.
[30] 丁林，余珊珊. 旅游市场营销 [M]. 北京：机械工业出版社，2013.
[31] 张超广，王中雨. 旅游市场营销 [M]. 北京：机械工业出版社，2013.
[32] 秦宇，邱鸣. 旅游饭店经典案例 [M]. 天津：南开大学出版社，2013.
[33] 李天元，曲颖. 旅游市场营销 [M]. 北京：中国人民大学出版社，2013.